Thakar Singh
Leben als Seele

THAKAR SINGH

LEBEN
ALS
SEELE

Ausgewählte Vorträge aus
Europa und Nordamerika 1998

EDITION

NAAM

Die Deutsche Bibliothek - CIP-Einheitsaufnahme

Singh, Thakar:
Leben als Seele:
Ausgewählte Vorträge aus Europa und Nordamerika 1998
[übersetzt aus dem englischen Originaltext]/Thakar Singh.-
Augsburg: Ed. Naam, 1999
ISBN 3-930103-41-9

Übersetzt aus dem englischen Originaltext

Umschlag: Heide Birkelbach, Wangen
Druck: Offset Druckerei Pohland, Augsburg

ISBN-3-930103-41-9

Inhaltsverzeichnis

Vorwort

Wir freuen uns, einen umfassenden Querschnitt der Vorträge veröffentlichen zu können, die Sant Thakar Singh in den Monaten Mai bis Juli 1998 in Europa und Nordamerika gehalten hat.

Zwei Monate lang fanden in Odessa/Ukraine, Jesolo/Italien, Toronto/Kanada sowie in den USA in Florida, Oregon und Kalifornien nahezu hundert Begegnungen mit Schülern und Interessenten statt. Der Meister erklärte dabei ausführlich und eindringlich die Möglichkeit der Überwindung negativer Kräfte in dieser Welt durch ein aktives Leben als Seele.

Dabei betonte er die Notwendigkeit der inneren Führung durch einen kompetenten, lebenden Lehrer und erläuterte die konkrete und aufopfernde Hilfe, die dieser zu geben vermag. Auf dieser Reise schien er die Neugierde seiner Zuhörer ganz besonders wecken zu wollen: Ausführlich wie nie zuvor schildert er die Bedeutung der spirituellen, inneren Ebenen und das, was die Seele dort erwartet.

Bei der Fülle des Stoffes und um Wiederholungen zu vermeiden, haben wir, wo es die inhaltlichen Zusammenhänge erlaubten, bei einem Teil der Vorträge Kürzungen vorgenommen.

Wir wünschen dem Leser Erbauung und Freude bei der Lektüre. Möge sie ihm helfen, mit persönlichen Schwierigkeiten besser umzugehen und Fragen auf dem Weg zu beantworten.

April 1999   Edition Naam

Leben als Seele

27. Mai 1998, Abendsatsang Jesolo

Meine lieben Kinder Gottes, es gibt eine Information, die euch mitgeteilt werden muss und die ihr in dieser Welt nicht erhalten könnt. Alle anderen Lebewesen haben nur das Leben im physischen Körper, und nur was ihm zugänglich ist, existiert für sie. An ihm gibt es nichts Geheimes, worüber man reden müsste. Der Mensch aber ist ein sehr großes Geheimnis, und wenn er imstande war, seine eigenen Geheimnisse zu erforschen, bleibt ihm nichts mehr zu erforschen übrig.

Was zum inneren Selbst gehört, ist euer eigenes Selbst. Euer äußeres Selbst gleicht einem Gewand. Damit wir aber erkennen, was wir sind, und auch dazu werden, müssen wir unser inneres Selbst finden. Auch in der Bibel steht: „Gott schuf den Menschen als sein Abbild; als Abbild Gottes schuf er ihn." Dieser Satz „als Abbild Gottes schuf er ihn" hat eine besondere Bedeutung. Es heißt, Gott machte den Menschen zu dem, was er selbst ist. Er machte ihn wie sein eigenes Selbst und gab ihm dann eine Umhüllung: „Als Mann und Frau schuf er sie."

Diese Hüllen um Gott herum - männlich oder weiblich - treten also in Erscheinung. Wenn wir uns bei einer Orange nur mit ihrer Schale beschäftigen, machen wir einen Fehler und finden nichts Gutes an ihr; denn der Saft im Inneren macht den Wert der Orange aus, den man von außen gar nicht sieht. Betrachten wir also unseren Körper - sei er nun männlich oder weiblich - ist dieser nicht unser eigenes Selbst. Unser wahres Selbst ist in unserem Inneren. Manchmal geben wir zwar irgendwelche Erklärungen ab, dass wir nicht der Körper seien, aber unser Gemüt akzeptiert das nicht. Nehmt einmal an, ihr schlaft und habt einen Traum. In diesem Traum geht ihr irgendwohin und genießt etwas oder aber ihr leidet unter einem Alptraum. Nun, der Körper bleibt auf dem Bett liegen, aber wenn ihr aufwacht, sagt ihr: „Ich habe einen so schönen Traum gehabt" oder: „Ich habe schreckliche Alpträume durchgemacht." Woher kommt denn diese Information? Wer war denn woanders? Wir schliefen, hatten einen Traum, und die Augen des Körpers waren nicht geöffnet; der Körper war nicht weg, sondern lag wie tot da.

Wie steht es also um die Wissenschaft der Träume? In unserem weltlichen Wissen gibt es keine Information darüber, denn es geht hier um eine Ebene, die ein wenig über der Ebene des physischen Körpers und der Materie liegt, und der weltliche Wissensstand ist auf die Materie beschränkt. Deshalb schweigt sich alles weltliche Wissen darüber aus und verhält sich gleichgültig, wenn etwas über seine Grenzen hinausgeht; von ihm werden wir nichts Nützliches erfahren. Es ist gerade so, als ob jemand hochhängende Trauben nicht erreicht und dann sagt: „Die Trauben sind sowieso sauer."

Aber alles entspricht dem Plan Gottes. Gott ist so wunderbar und etwas so Wundervolles, dass alle Wunder seiner eigenen Ebene entsprechen, die so unendlich fein und subtil ist. Sie ist die subtilste aller feinstofflichen Ebenen. Ein physischer Körper in dieser Welt hingegen ist das Gröbste und Schrecklichste, er ist voller Leiden und nur tote Materie. Wenn wir das Gefühl haben, dass unser Körper aktiv ist, so ist das nicht der Körper, sondern es ist die Seele, die in ihm lebt. Dies wird auch in den Schriften erklärt. In der Bibel heißt es, dass Gott den Menschen aus dem Staub dieser Erde erschuf und ihm seinen Lebensimpuls einhauchte, und daraufhin wurde der Mensch eine lebendige Seele. Es heißt nicht, dass der Mensch ein lebendiger Körper wurde, sondern nach wie vor, dass er eine ‚lebendige Seele' wurde.

All diese Informationen besagen eindeutig: „Lebt ihr? Ja, ihr lebt, aber als Seele." Über den Körper heißt es: „Staub bist du, und zum Staub musst du zurück." Es ist wie bei einem Töpfer, der Lehm nimmt und daraus viele verschiedene Töpfe macht. Genauso wurde auch unser Körper von Gott auf verschiedene Art und Weise aus dem Staub dieser Erde geschaffen. Doch das, was Bewußtsein, Bewegung und Aktivität bedeutet, ist einzig auf jenes Leben zurückzuführen, das von Gott stammt.

Es wurde auch eindeutig erklärt: „In ihm war das Leben, und das Leben war das Licht der Menschen." Der heilige Johannes und andere gottverwirklichte Menschen kannten also das Geheimnis des menschlichen Lebens und wußten, was der Mensch wirklich ist. Im allgemeinen sagen wir auch in der Welt: „Halbwissen ist gefährlich." Wo immer wir hingehen - in unser eigenes Haus oder in das Haus eines anderen - wir sollten über alles Bescheid wissen, denn nur dann sind wir sicher. Wenn wir die Existenz unseres physischen Körpers mit dem großen, grenzenlosen inneren Selbst vergleichen, ist dieser Körper hier geradezu nichts - er ist nicht nur bedeutungslos, sondern tatsächlich nichts. Ihr könnt euch das besser vorstellen, wenn ihr bedenkt, was ihr als einzelner im Vergleich zur Gesamtheit der Weltbevölkerung seid. Da habt ihr auch das Gefühl: „Was bin ich denn schon? Ich bin doch nichts." Wenn es aber Millionen solcher Universen und höheren Mikrokosmen und Makrokosmen gibt, was ist dann schon unsere Existenz im Vergleich zu ihnen?

Die Meister haben uns wirklich gewarnt: „Was nützt es einem Menschen, wenn er die ganze Welt gewinnt, dabei aber sein Leben verliert?" Doch wir sind sehr, sehr unwissend, kann man sagen, und wir besitzen rein gar nichts. Wir sind sehr stolz auf einen schönen, großartigen Körper, auf ein schönes Haus, einen großen Besitz oder auf unser Geld. Es ist gerade so, als gehörte euch ein riesiger Berg von Juwelen und Diamanten und man gäbe euch daraus ein Sandkörnchen und ihr würdet damit zufrieden sein und denken: „Ich habe alles Wundervolle."

Wenn wir aber schon gewarnt worden sind, dass wir nichts sind, auch falls wir die ganze Welt gewinnen, wie wenig sind wir dann erst mit unseren gegenwärtigen Besitztümern? Sollten wir uns um dieses Sandkörnchen bemühen oder sollten wir für unseren großen Berg von Juwelen und Diamanten kämpfen? Angenommen also, wir kämpfen um dieses Sandkörnchen: Im allgemeinen werden wir es nicht finden, aber selbst wenn, was haben wir dann schon? Nur ein Sandkörnchen. Kämpfen wir aber um diesen großen Berg von Juwelen und Diamanten, werden wir ihn gewiss erringen, denn er gehört uns im Grunde genommen schon. Er wurde nur in unserer Abwesenheit von irgendeiner Kraft in Besitz genommen.

Wenn uns unser Vater, Gott, einen Meister schickt und der Meister uns dieses Wissen und auch die Verbindung zu unserem eigenen großen Selbst vermittelt, das gänzlich verlorengegangen war, dann werden wir daran arbeiten und diesen Schatz finden. Aufgrund unserer eigenen Absichten und Anstrengungen können wir das nicht ganz glauben. Doch wenn der Meister eine Seele initiiert, verpflichtet er sich, dass diese Seele die Vollkommenheit erlangen muss, mit allem, was ihr zusteht. Nach der Initiation ist der Meister also nicht frei, sondern wirklich an seine Pflicht gebunden. Ihr solltet mit ihm zusammenarbeiten.

Fahrt einfach damit fort, seine Gebote zu halten, und er wird weiterhin alles für euch tun. Vielleicht wird es euch gelingen, in diesem Leben, bis zu welchem Grad auch immer, vollkommen zu werden. Wenn ihr es in diesem Leben nicht schafft, wird der Meister dafür sorgen, dass eure Seele nach dem Verlassen des physischen Körpers gereinigt wird, und euch eins mit Gott werden lassen. In seinem System wird alles mühelos vollendet, nichts ist für ihn schwierig. Es ist nur eine Entwicklung, die stattfinden muss, und er führt diesen Vorgang ganz normal durch und ist mit Sicherheit erfolgreich. Er ist sich seiner Kraft und seines Erfolges ganz sicher und wird sein Ziel erreichen. Aber wir glauben nicht an ihn.

„Seid vollkommen, wie euer Vater im Himmel vollkommen ist!" Diese Information oder dieses Gebot der Meister ist für jeden einzelnen von uns bestimmt. Wer soll vollkommen sein? Kann man auf der Ebene des Körpers vollkommen sein? Der Körper wird sich niemals ändern; er wird immer derselbe bleiben: „Staub bist du, und zum Staub musst du zurück." Auch die Körper von Königen und Kaisern konnten nicht weiterentwickelt werden, und die Körper der Meister blieben ebenfalls, was sie waren. Worum geht es dann? Es geht nicht um den Körper, sondern um unsere Seele, worüber wir ganz klar informiert werden: „Ihr seid Seele, und eure Seele trägt das Siegel Gottes. Sie gehört Gott, also gebt sie Gott!"

Dieselbe Information steht in allen anderen Schriften. In der Bhagavad Gita vermittelt Krishna als Meister seinem Schüler Arjuna dieses Wissen und diese Weisheit. Er erklärt ihm: „Mein lieber Arjuna, weißt du, was du bist? Du bist nicht der Körper. Du bist Seele! Und die Seele ist ewig, jenseits jeder Art von Krankheit, Problem, Sorge, Leid oder Not.Die Seele benötigt nichts. Sie ist in sich selbst vollkommen. Alle Soldaten, die im Krieg kämpfen, sind ebenfalls Seelen. Der Körper kommt und wird vernichtet, er verschwindet. Doch dies geschieht nur auf der Ebene des Körpers, nicht auf der Ebene der Seele. Als Seelen, als ihr wahres Selbst, bestanden sie seit Ewigkeit, bestehen sie jetzt und werden weiter bestehen. Es gibt keinen Anfang und kein Ende für sie. Genauso haben auch ,ich' und ,du' keinen Anfang und kein Ende. Wir existieren seit aller Ewigkeit und werden auch weiterhin existieren. Unzählige Male schon haben wir Körper erhalten und waren miteinander verbunden. Die Körper vergingen jedesmal wieder, und wir wurden getrennt. Doch als Seelen leben wir immer und stehen miteinander in Verbindung."

Auf diese Weise stellte Krishna das Phänomen der Seele und ihrer Eigenschaften dar. Und dann erklärt er in wenigen Worten den Körper: „Der Körper ist bereits tot. Wenn die Seele ihn verläßt, wird er in seinen Grundzustand zurückfallen. Seine Eigenschaft besteht einzig darin, dass er stirbt. Wenn er nicht auf dem Schlachtfeld stirbt oder getötet wird, kehrt er vielleicht heim, und dort wird er ebenfalls sterben."

Das charakteristische Merkmal des Körpers ist also, zu leiden und zu sterben. Doch ihr seid nicht Körper, ihr seid Seele. Lernt also, als Seele zu leben und erfreut euch daran! Das ist wirklich die Lektion, die uns gelehrt wird: „Lernt als Seele zu leben und erfreut euch in Ewigkeit!"

Welche Art von Leben sollen wir genießen? Nicht die der Könige oder Kaiser dieser Welt. Wir haben den Auftrag erhalten: „Seid vollkommen." Was ist das für eine Vollkommenheit? „So wie euer Vater im Himmel vollkommen ist." Denn auf dieser Welt war, ist oder wird niemals irgendjemand als physischer Körper mit den weltlichen Möglichkeiten vollkommen sein. Alles, was vollkommen ist, ist nützlich und kann genossen werden. Gibt es irgendeine Schwierigkeit oder ein Problem, folgt daraus nur Leid. Wenn ihr körperliche Probleme habt, könnt ihr an eurem eigenen Körper sehen, dass ihr nicht vollkommen seid. Ich möchte damit sagen, dass ihr als Körper nicht vollkommen seid.

Wollt ihr euer Fahrrad benutzen und es ist keine Luft im Reifen, bereitet euch das auch Kopfschmerzen; das Rad ist nicht intakt und taugt somit nichts. Jede Maschine, die in ihrer Konstruktion unvollkommen ist, funktioniert nicht richtig. Alles, was von den Menschen und weltlichen Einrichtungen geschaffen wurde, ist letztlich nicht vollkommen.

Doch wie verhält es sich mit dem Menschen? Für seine Vollkommenheit müssen äußerst umfangreiche Vorkehrungen getroffen werden. Erst wenn der Mensch alles in sich vereinigt, was es auf dieser Welt sowie in den anderen Welten, den Astralwelten, Kausalwelten und Superkausalwelten, und jenseits von ihnen, im Reich Gottes und bei Gott selbst gibt, ist er vollkommen.

„Gott schuf also den Menschen als sein Abbild; als Abbild Gottes schuf er ihn." Ein solcher Mensch, der wie Gott ist - vollständig und vollkommen, mit allen Befugnissen, allen Kräften, aller Weisheit und allem Wissen Gottes -, ist ein vollkommener Mensch. Solange ihr nicht vollkommen seid, solange auch nur eine Sache fehlt, wird es Schwierigkeiten und Probleme geben. Wenn aber lediglich der physische Körper vorhanden ist und alles Übrige fehlt, bedeutet dies eine einzige Ansammlung von Leiden.

Hier auf dieser Welt leiden wir nicht wirklich. Würden wir nämlich wirklich leiden, könnte das keiner von uns aushalten. Und fänden wir in der Welt keine Abhilfe, würden wir alle zu Gott laufen, da man von Gott weiß, dass er uns von Schmerzen befreien kann.

Jene Kraft, die diese irdische Ebene hier beherrscht, hat es also so eingerichtet, dass die Leiden hier zwar vorhanden sind, aber nur bis zu einem erträglichen Ausmaß. Manchmal gibt es unerträgliche Leiden, doch nur für einige Zeit. Danach werden sie wieder auf ein erträgliches Maß zurückgeschraubt. Doch man kann sagen, dass nach dem Verlassen des physischen Körpers mindestens 99 Prozent der Menschen in den Höllen landen. Von den Höllenfeuern ist immer wieder die Rede, und es gibt sie wirklich. Im Astralkörper, der unzerstörbar ist, werden wir in überaus schreckliche Feuer gesteckt, in denen unsere Seele leiden muss.

Beispiele dafür könnt ihr schon in dieser Welt beobachten. In Krankenhäusern könnt ihr Leute beobachten, die große Leiden durchmachen. Aber das ist noch gar nichts. Wenn ihr die Qualen in den Höllen seht, dann wisst ihr wirklich, was Leid ist. Dort fühlt sich die Negative Kraft frei, weil es so etwas wie Gott dort nicht gibt - weder eine Information über ihn noch die Verbindung zu ihm sind zu haben. Die Seelen mögen Millionen und Abermillionen Jahre lang entsetzlich leiden und lautes Wehgeschrei von sich geben, aber niemand ist da, der sie erhört. Das zeichnet das Leben des physischen Körpers auf dieser Welt aus.

In den Schriften wurden von den Menschen, die sich hier ihres Lebens aufs Beste erfreuen, schreckliche Bilder gezeichnet. Normalerweise genießen die Reichen und Mächtigen das Leben hier auf dieser Welt, während die Armen gewöhnlich ein Leben mit Beschwerden führen. Das angenehme Leben dauert zwanzig, dreißig, vierzig oder fünfzig Jahre, doch danach kommt das Gesetz zum Tragen, das da heißt: „Eher geht ein Kamel durch ein Nadelöhr, als dass ein Reicher in das Reich Gottes gelangt", wo man sich erfreuen könnte.

In den indischen Schriften wird das ebenso erklärt. Der heilige Kabir sagt, dass der Weg zur Erlösung nicht mehr als etwa ein hundertstel Millimeter breit ist, und nur wenn ihr als Seele höchst subtil und fein seid, seid ihr in der Lage, dort durchzukommen. Doch euer Gemüt ist einem Elefanten gleich geworden: „Ich bin König, ich bin Kaiser, ich bin Arzt, ich bin Ingenieur, ich bin dies und ich bin jenes", und deshalb gibt es keine Möglichkeit für euch, diesen Ort, wo

Freude herrscht, zu betreten. Ihr seid nur dazu geeignet, die weit offen stehenden Tore zu durchschreiten: „Weit ist der Weg, der ins Verderben führt".

Wir müssen das Phänomen des Lebens, welches wir jetzt hier auf dieser Welt führen, richtig verstehen. Die Welt an sich ist nichts. Sie ist nur ein Ort, an dem ihr eure Zukunft vorbereitet. Seid achtsam, dass ihr euer zukünftiges Leben nicht verderbt, sondern es zu etwas Wunderbarem, Nützlichem und Erfreulichem macht! Die Welt und das Leben in ihr sind nicht zum Vergnügen da, sondern wir müssen uns die Freude verdienen, die wir nach dem Verlassen dieser Welt genießen werden. Was auch immer ihr besitzt, seid damit zufrieden und versucht nicht, etwas Besseres zu erkämpfen!

Wenn ihr schon für etwas Besseres arbeiten müsst, dann sollte es für etwas sein, das im Inneren auf der Ebene der Seele liegt. An eurer Entwicklung solltet ihr Tag und Nacht arbeiten. In den Schriften sagen die Heiligen, dass wir Entsagende und wunschlos sein sollen. Doch wenn wir zu den Heiligen gehen, bemerken wir, dass sie selber sehr gierig sind und eine Menge Wünsche haben. Sie sind so habgierig, dass sie immer noch mehr wollen und noch mehr und noch mehr! Ihre Richtung unterscheidet sich jedoch von der unseren. Wir verlangen nach den Dingen dieser Welt, sie aber sehnen sich nach den Schätzen im Reich Gottes. Sie wollen Gott werden und möchten so viele Ozeane und Meere der göttlichen Liebe haben, wie es sie nur gibt. Solange sie nicht alles von Gott und dem Reich Gottes erhalten haben, werden sie niemals zufrieden sein. Diese Art von Begehren, diese ‚Gier' ist segensreich.

Was aber schaffen wir uns hier alles an? Mit allem, was wir erwerben, entwickeln wir eine Verbindung mit Skorpionen, Schlangen, Löwen und Todesengeln. Und ihr wisst sehr gut, dass kein Meister oder Heiliger je etwas von dieser Welt geliebt hat. Wenn sie etwas besaßen, benutzten sie es. Ging aber etwas verloren, ließen sie es los. Auch mir erging es so. Mein Meister hinterließ mir den Ashram in Delhi und einige Manav Kendra-Zentren. Solange ich mich für sie verantwortlich fühlte, habe ich gelitten.

Eines Nachts dachte ich darüber nach, was wohl dahinter steckte und wie ich aus einer solch komplizierten Situation herauskommen könnte. Die Antwort war, dass diese weltlichen Besitztümer die Einrichtungen sind, durch die die Negativkraft einem wirklich alles Schlimme und Schreckliche antun kann. Am nächsten Morgen nahm ich von allem Abschied - ich verließ den Ashram, so wie ich war, nur ich allein, mit nichts außer drei Kleidungsstücken. Von da an fühlte ich mich wieder wohl, voller Frieden und mehr mit meinem eigenen großen Selbst verbunden. Auch jetzt leide ich keinerlei Mangel an Geld oder Besitz und dergleichen. So viel Neues ist entstanden. Wir sollen hier auf der Welt nicht auf das bauen, was von der Negativen Kraft stammt.

Hat die Negativkraft die Absicht, euch alles wegzunehmen, könnt ihr sagen: „Okay, nimm es weg", weil ihr jemand anderen habt, der euch versorgt, nämlich euer Gott-Selbst. Gott kommt und wird alles für euch tun, und ihr werdet keinerlei Mangel an irgendetwas leiden, nicht einmal an etwas Weltlichem. Gott wird sich für euch um alles kümmern. Es gibt keine Störung von seiten der Negativkraft, weil wir diese Dinge dann nicht durch ihre Mittel bekommen haben, sondern durch göttliche Maßnahmen.

Wenn wir also etwas von den höheren, inneren Ebenen oder etwas von dieser Welt brauchen, reicht dieses göttliche Vorgehen für uns aus. Diese Dinge möchte ich euren Herzen am liebsten einprägen, damit ihr Bescheid wisst und es begreift und entsprechend lebt. Doch leider muss ich sagen, dass ihr bis jetzt, trotz häufiger Besuche meinerseits und so vieler Informationen, die ich euch auf vielfältige Art und Weise zuteil werden ließ, das Thema noch nicht begriffen habt.

Wenn ein Gärtner eine Pflanze in die Erde setzt, fügt sich die Pflanze und wächst und gedeiht, der Gärtner braucht sich weiter keine Sorgen zu machen. Würde aber die Pflanze, sobald der Gärtner weg ist, herausspringen und sich hier und dort vergnügen, stünde er jeden Tag vor neuen Problemen.

Der Meister gibt euch also hier oben diese Verbindung *(der Meister zeigt auf die Stirnmitte)* in der Absicht, dass ihr alles, was dort ist, genießt. Ihr seid jedoch nur fünf oder zehn Minuten da, dann wandert ihr herum und seid nirgendwo mehr zu finden. Heute fanden einige Treffen mit den Spaniern und Franzosen statt. Das Hauptproblem in jenen Ländern ist, dass die Leute sich initiieren lassen, die Verbindung erhalten und sich anschließend nicht mehr sehen lassen. Sie gehen in die Welt zurück, verloren im Sumpf von Gemüt und Materie und leiden erneut. Wir selbst sind also die Ursache unserer Leiden. Doch wir können auch die Ursache für Freude und Frieden in uns sein, wenn wir den Weg des Lebens einschlagen, wie ihn uns der Meister weist.

In den Schriften heißt es, dass die Worte des Meisters wahrhaft Worte der Weisheit sind. Ihr müsst sie nur hören, verstehen und euch ganz genau an sie halten, dann wird es euch wirklich nur noch gutgehen. Wenn ihr sie aber nicht befolgt und wieder nur eurem Gemüt hinterherlauft, werdet ihr nichts Gutes finden können. Und fordert euch jemand im Äußeren zu etwas auf, nachdem ihr innen verbunden worden seid und den inneren Weg des Lebens verstanden habt, dann überprüft es! Ist es mit eurer inneren Information im Einklang, dann akzeptiert es! Weicht es ein wenig davon ab, so lehnt es ab!

Der heilige Kabir sagt: „Glücklicherweise habe ich den Meister gefunden, und er hat mich angenommen. Jetzt bin ich sorglos, ohne Probleme, ohne Leiden und Krankheit, und es gibt nichts Schlechtes für mich, weil er mich angenommen hat und ich ihn." Ähnlich wird es in der Offenbarung beschrieben: „Gott wird bei ihnen wohnen, und sie bei ihm." Nun hat der Meister euch zwar angenommen, aber nicht ihr ihn. Das ist die Ursache eures Problems und der Grund dafür, dass dieses noch nicht gelöst werden konnte. Beide Seiten sollten also darauf ansprechen, denn Liebe kann nicht einseitig sein. Sie ist immer beidseitig, sie kommt von beiden Seiten.

Wenn ein Magnet ein Stück Eisen anziehen soll, muss das Eisenstück zuerst in einen Magneten umgewandelt werden. Dann zieht der Magnet das Eisen an, und das Eisen ist kein Eisen mehr; es ist ein Magnet und zieht den anderen Magneten ebenfalls an. Beide werden also zu Magneten, und beide werden zueinander hingezogen. Auf diese Weise kommen sie beide zusammen. So ist es auch bei uns der Fall. Gott liebt uns, der Meister liebt uns, aber wir müssen diese Lektion der Liebe von ihnen lernen und damit beginnen, sie zu mögen, dann werden wir zusammenkommen.

Die Meister haben gesagt: „Solange ihr irgendetwas mehr liebt als mich, gehört ihr nicht zu mir." Unsere Liebe zu Gott, zum Meister sollte also so stark sein, dass sie an allererster Stelle bei uns steht und die anderen Dinge keine Anziehungskraft mehr auf uns ausüben. Die Liebe zu den weltlichen Dingen, zu weltlicher Schönheit oder anderem ist bereits sehr stark entwickelt. Deshalb werden uns der Ton und das Licht gegeben, damit wir unser Gemüt reinigen, das alle äußeren Dinge anzieht und von ihnen angezogen wird.

Wir erhalten eine Beziehung zu unserem inneren Gott-Selbst, die wir dann immer mehr und mehr entwickeln; und zu einer bestimmten Zeit wird sie so stark, dass die äußeren Reize oder Zerstreuungen sich nicht mehr auf uns auswirken. Es ist wie mit einem Baum und seiner Frucht. Wenn die Frucht noch unreif ist, besteht eine sehr feste Verbindung zwischen den beiden. Die Frucht möchte nicht vom Baum getrennt werden, und der Baum möchte nicht, dass die Frucht abgetrennt wird. Doch nach einiger Zeit, wenn die Frucht reif ist, wird die Verbindung von selbst schwächer, und im Stengel bildet sich eine Art Säure. Infolgedessen fällt die reife Frucht ganz von selbst ab; ihr braucht sie nicht zu pflücken. Das ist weder für den Baum noch für die Frucht schwierig.

Es ist also das Werk des Meisters, dass die Anziehungskraft von außen ganz durch die Liebe zu Gott ersetzt wird. Wenn unsere weltlichen Beziehungen und Bindungen auseinandergehen, ohne dass uns die innere Verbindung gegeben wurde, werden wir sehr leiden. Wir erleben das auch, wenn wir unglücklich sind, weil wir jemanden oder etwas von dieser Welt vermissen. Sind wir aber mit dem inneren Gott-Selbst verbunden und richtig darin entwickelt, besitzen wir die weltlichen Dinge nicht mehr. Verlassen sie uns, das heißt, ist jemand oder etwas nicht mehr da, werden wir nichts vermissen. Wir werden glücklicher sein als vorher und denken: „Diese Dinge beanspruchten meine Aufmerksamkeit und nun bin ich davon befreit." Das Gesetz dieser Welt ist so: Ihr müsst euch um allen Besitz, um alle Verwandten und Freunde, die ihr habt, kümmern. Tut ihr das nicht, gibt es Probleme. Dies sind also die notwendigen Übel und Schwierigkeiten, die zwar nicht nützlich sind, ohne die wir aber auch nicht leben können.

Im Inneren jedoch befinden sich die Liebe des Meisters und die Dienste des Reiches Gottes. Wir können sie mit der Liebe der Mutter vergleichen, die ihr kleines Kind versorgt. Nur die Mutter dient ihm. Sie ist verantwortlich, sie ist sich ihrer Pflichten bewusst. Das Kind darf alles, was von ihr kommt, genießen und ist ihr gegenüber zu nichts verpflichtet. Dies sind auch die großen Vorteile und Privilegien im Reich Gottes, in dem wir vollkommen sein können.

Im Vergleich dazu - es tut mir leid, dies sagen zu müssen - sind wir, wenn wir diese Welt als gewöhnliche Menschen verlassen, nur im Erleiden der Höllen vollkommen. Dort sind die Qualen wirklich vollkommen und von höchster Intensität. Größeres Leid als dort kann es nicht geben. Die Höllen sind auch von unterschiedlicher Art und Intensität. Es gibt einige, die von höchster Brutalität sind. Dort ist das Endstadium der Leiden erreicht, und viele Menschen ziehen diese auf sich. Wenn wir uns aber nach den Anweisungen des Meisters auf Gott zubewegen, sind wir vollkommen in der Freude und im Frieden.

Nun, meine Lieben, das sind die beiden Wege: der Weg des Lebens und der Weg der Zerstörung. Welchen Weg werdet ihr nun einschlagen? Denkt selber über diese Frage nach: „Gehe ich wirklich auf dem Weg des Lebens oder bin ich immer noch auf dem Weg der Zerstörung?" Wir schreiten nur halbherzig voran. Wir gehen eine Meile auf dem Weg des Lebens, fallen zurück und gehen zwei Meilen auf dem Weg der Zerstörung.

Mein Meister fragte einmal einen seiner Initiierten, der ihn besuchte: „Wie steht es mit deinen Meditationen?" Da antwortete der Mann ziemlich stolz: „Ja,ja, ich meditiere schon." „Wieviel Zeit setzt du dafür ein?", fragte der Meister. „Nun ja, manchmal sind es zehn Minuten, manchmal fünfzehn Minuten, und ich habe das Gefühl, dass ich wirklich etwas ganz Wunderbares tue."

Da erklärte der Meister: „Warum verschwendest du diese zehn oder fünfzehn Minuten? Benutze sie doch ebenfalls für weltliche Zwecke, dann wirst du dabei wenigstens etwas verdienen." Eine solche Einstellung ist wirklich eine schreckliche, vielleicht sogar die allerschlimmste Hölle.

Wenn wir ein oder zwei Stunden meditieren, gehen wir den Weg des Lebens, was aber machen wir während der übrigen 22 oder 23 Stunden? Wir gehen genau in die Gegenrichtung. Also, meine Lieben, wenn ihr etwas finden wollt, müsst ihr euch ununterbrochen bemühen, in die richtige Richtung zu gehen. Bäume und Pflanzen, die sich auf dem Weg des Lebens befinden, sind mit ihren Wurzeln 24 Stunden täglich in der Erde verankert.

Genauso atmen wir während unseres Lebens im physischen Körper, der von den äußeren Vorkehrungen abhängig ist. 24 Stunden am Tag, 24 Stunden strömt unser Blut, und 24 Stunden arbeitet unser Verdauungssystem. Fällt innerhalb dieser 24 Stunden eine dieser drei Funktionen auch nur für einige Sekunden aus, können wir auf der Stelle tot sein.

Ähnlich verhält es sich mit dem Leben der Seele. Sie muss andauernd mit dem heiligen Ton verbunden gehalten werden. Seid ihr in der Lage, den Ton zu entwickeln, wird er euch 24 Stunden zur Verfügung stehen. Er wird ziemlich stark und anziehend sein, erfüllt von allem Elixier, aller Süße und allem Frieden, mit dem euer Gemüt dann auch verbunden bleiben möchte. Solange dieser Zustand nicht erreicht ist, müssen wir damit fortfahren, immer mehr Zeit für die Tonmeditation einzusetzen, so gut es uns möglich ist.

Jetzt lauschen wir dem Ton nur mit verschlossenen Ohren. Das ist gerade so, als ob die Mutter ihrem Kind beim Stehen oder Gehen hilft. Wenn das Kind von alleine in der Lage ist, zu stehen und zu gehen, braucht die Mutter keine Hilfestellung mehr zu leisten. Ob sie dann da ist oder nicht, das Kind macht allein mit seinen Bemühungen weiter. Dieser heilige Ton und dieses heilige Licht sind Tag und Nacht unsere ständigen Begleiter und werden uns nie verlassen. Ihr werdet immer vom Licht und dieser Musik umgeben sein. Das wird euer Lebensstandard sein, den ihr dann selbst erreicht habt und genießen könnt. Damit werdet ihr in der Lage sein, wirklich zu leben.

Auch im weltlichen Leben gibt es Errungenschaften. Solange wir nichts erreicht haben, woraus uns etwas Nützliches erwächst, nichts, das für uns arbeitet, werden auch Halbheiten nicht helfen. Versucht also, euch in jeder Beziehung vollkommen zu entwickeln, so dass alles wirklich vollkommen ist, und dann könnt ihr euch entspannen. Eine sehr gute Gelegenheit ist, dass ihr alle hier seid, wo ihr viel Hilfe erhaltet, um einen solchen Status für euer Leben zu erreichen.

Besucht also die Vorträge am Morgen und auch am Abend. Dabei erfolgt eine umfassende Reinigung, und ihr seid gut auf die Meditationen vorbereitet. Wenn ihr nach dem Satsang in eure Unterkunft zurückkehrt, verschwendet eure Zeit nicht mit irgendwelchen müßigen Geschäften, sondern meditiert dort weiter. Wenn ihr einmal jährlich zehn Tage auf diese Weise verbringt, wird das eine große Hilfe für euch sein. Das ist wie die Generalüberholung einer Maschine. Danach wird sie euch ungefähr ein Jahr lang wieder ohne Schwierigkeiten dienen.

Versucht also, einmal oder zweimal im Jahr an einem solchen Retreat teilzunehmen, damit euer ‚System' überarbeitet wird. Es beginnt dann, mühelos und reibungslos zu arbeiten, ohne besondere Anstrengungen und ohne Probleme. Ich bin da, um euch zu helfen und euch in jedem Augenblick eures Lebens zur Seite zu stehen.

Der Meister ist immer da - außen und auch in euch. Bittet um Hilfe jeglicher Art, und er wird euch gerne helfen. Außerdem möchte er euch mit allem ausrüsten, so dass ihr unabhängig seid und eure Vollkommenheit genießt. Ich versuche also, meine Pflicht zu tun; versucht bitte auch ihr, eurer Pflicht nachzukommen, nämlich die Worte des Meisters an die erste Stelle zu setzen, wie Jesus Christus gesagt hat: „Wenn ihr mich liebt, haltet meine Gebote!" Ich sage nicht ‚Gebote', ich sage nur ‚meine bescheidenen Bitten'. Das wird euch wirklich helfen.

Gott sieht nur das Gute

19.5.1998, Morgensatsang Odessa

Wann sind die Dinge gut? Wenn wir glücklich, entspannt und voller Frieden sind. Wenn ihr in der Nacht schöne Träume hattet, euch daran und auch an schönen Meditationen erfreut habt, werdet ihr sagen: „Ich hatte eine gute Nacht." Unser Leben hat zwei Seiten, eine innere und eine äußere. Auch in der Welt gibt es diese Zweiteilung - zum einen unser Zuhause und zum anderen unser Geschäftsleben. Beides muss gut laufen. Ist eines von beiden gestört, gleich welches, dann wird es für uns schwierig.

Der Grund, warum wir Menschen hier ununterbrochen und unentwegt leiden, liegt darin, dass wir aus dem Inneren nichts Hilfreiches erhalten. Das fehlt uns, und infolgedessen fehlt uns auch im Äußeren etwas. Kommt ein Kind zu seiner Mutter, schließt die Mutter es liebevoll in die Arme und gibt ihm dann erst zu essen. Sie füttert es liebevoll und freundlich. Das Kind wird satt, ist zufrieden und genießt dabei die Liebe der Mutter. Fehlt eines davon, ist das Kind nicht glücklich, denn es braucht nicht nur Nahrung, sondern auch Zuneigung und eine liebevolle Atmosphäre.

Die Liebe ist dabei noch ein bisschen wichtiger als das Essen. Eine Mahlzeit mag gar nicht so besonders gut schmecken und nicht schön serviert oder hochwertig sein - durch die Liebe fließt so viel Gutes mit hinein, dass sie uns sehr gut schmeckt. Wird hingegen irgendwo teure Feinkost angeboten, die ohne Liebe zubereitet wurde, schmeckt sie fade; man spürt keine Liebe darin und kann sie nicht so recht genießen.

So lebt auch der Mensch hauptsächlich aus dem Inneren. Das Äußere ist der Schatten der inneren Realität. Mit eurem eigenen Schatten verhält es sich ebenso; es gibt ihn zwar, aber er ist nicht greifbar. Wollt ihr einen Schatten anfassen, habt ihr nichts in Händen. Findet ihr aber die Ursache, also denjenigen, der den Schatten wirft, dann kann es sein, dass ihr den Schatten gar nicht seht, aber ihr habt etwas Wirkliches gefunden.

Das ist das Geheimnis des Lebens, welches der Mensch erkennen muss. Dieses Wissen kommt direkt von Gott, und der Mensch ist das Kind Gottes. Er ist mit Gott verbunden, mit Gott verwandt. Jedes Partikelchen seines Lebens kommt allein von Gott und muss mit Gott verbunden sein. Er muss Gott essen, Gott trinken, Gott einatmen, Gott sehen, mit Gott sprechen - er selbst ist Gott. Er bringt alle Voraussetzungen dafür mit, Gott zu besitzen. Und was ist Gott? Nichts Verschwommenes und nicht, wie die Leute meinen, ein großes Rätsel. Gott ist euer eigenes Selbst. Wir haben es nur nicht verstanden, unser eigenes Selbst wahrzunehmen, zu erkennen und zu genießen.

Was macht eine Frucht aus? Presst ihr den Saft einer Orange aus, kommt der Rest in den Abfall. Das heißt, als wir die Frucht vom Markt geholt haben, ging es uns nicht um ihre äußere Schale oder das Fruchtfleisch im Inneren, sondern wir haben sie wegen des Saftes gekauft. Ein anderes Beispiel verdeutlicht das: Wenn ihr Nahrungsmittel oder eine Frucht mit nach Hause bringt und sie esst, nehmt ihr ihre Süße und ihren Wohlgeschmack wahr und bezieht auch Vitalität und Energie daraus, die ihr noch nach dem Essen in euch spürt. Was ihr von der Nahrung oder der Frucht braucht, ist ihr guter Geschmack, ihre Vitalität und ihre Energie. Was der Körper nicht verwertet, scheidet er wieder aus.

Das ist der Unterschied zwischen der Materie und eurem eigenen höheren, großen Selbst. In eurem Selbst seid ihr selber Wohlgeschmack, Vitalität, Energie und Kraft, und ihr müsst nichts Stoffliches von außen zu euch nehmen. Aus äußerer Nahrung braucht ihr Geschmack, Vitalität oder Energie nicht zu beziehen. Ihr seid dies in euch alles selbst, und zwar in reinster Form, ohne Zusätze, ohne Spritzmittel oder ähnliches, und zwar von einer solch feinen Qualität, dass jede Zelle eures Körpers versorgt und in der richtigen Weise gepflegt wird. Diese innere Nahrung ist nicht für das eine Organ eures Körpers schädlich und für ein anderes nützlich. Ihr könnt immerzu davon essen, sie schadet euch nie. Nie werdet ihr davon krank werden, denn sie ist nicht nur Nahrung, sondern auch ein Heilmittel. Esst ihr jedoch im Äußeren etwas besonders Schmackhaftes, genießt ihr es zwar, aber danach bekommt ihr vielleicht Kopfweh, Magenschmerzen oder Verdauungsprobleme. Was ihr aber aus eurem eigenen großen Selbst, dem göttlichen Selbst erhaltet, das ist vollkommen rein und ganz und gar von Nutzen für euch.

Wenn wir im Äußeren von hier und da etwas zusammentragen, haben wir lauter verschiedene Dinge, ein Stück davon ist vielleicht gut und 99 sind furchtbar. Der Geschmack der Leute ist sehr unterschiedlich. Leider genießen manche Menschen auch Rauschgift, berauschende Getränke wie Wein und Bier oder ähnliches. Sie glauben sterben zu müssen, wenn sie dies nicht bekommen. Mit dem Rauchen ist es das gleiche. Von Kaffee, Coca-Cola oder Tee möchte ich lieber nicht reden, auch Schokolade will ich nicht erwähnen *(lachend)*. Darüber möchte ich nichts sagen. Ich weiß auch nicht, ob sie gut schmecken oder nicht.

Aber empfehlenswert sind diese Dinge nicht. Kein Arzt und kein vernünftiger Mensch wird behaupten, dass Rauchen oder das Trinken von Alkohol gesund sei, sie haben eine negative Wirkung. Tee und Kaffee sind noch milde Gifte, auch Schokolade gehört in diese Kategorie. Deswegen verbiete ich sie auch nicht. Wir wissen zwar, dass sie schädlich sind, aber trotzdem sind wir gierig danach. Die Leute sind so an sie gewöhnt und süchtig nach ihnen, dass es schwer für sie ist, sie aufzugeben, denn der Körper gewöhnt sich mit der Zeit an diese Gifte und vermittelt uns das Gefühl: „Ohne das kann ich nicht leben."

Die Negativkraft hat das so eingerichtet und geht so mit uns, den unschuldigen Menschen auf dieser Welt, um. Die Menschen hier verfügen also nicht über echtes Wissen und Weisheit. Was wir auch tun, wir können nicht erkennen, ob etwas nützlich oder schädlich ist. Alles birgt sowohl Gutes als auch zu einem gewissen Prozentsatz Schlechtes in sich. Eltern sind beispielsweise sehr gut, aber manchmal auch unangenehm. Wann sind sie gut? Wenn die Kinder hungrig oder durstig sind oder ihnen etwas fehlt, brauchen sie ihre Eltern: Dann sind diese sehr gut! Doch wenn die Kinder irgendetwas anstellen oder Lärm machen, müssen die Eltern ihnen Einhalt gebieten - dann sind sie schlecht. In Wirklichkeit aber ist nichts gut oder schlecht; es ist das Gemüt, das es dazu macht. Das Gemüt macht sich bemerkbar, und man kann es nicht ignorieren. Es ist außerordentlich stark.

Meine Lieben, nur Gott ist immer gut und nützlich, immer freundlich und liebevoll. Selbst euer eigener Körper ist manchmal euer Freund und manchmal euer Feind. Solange er gut funktioniert und sich wohlfühlt, freut ihr euch an ihm, ihr habt ihn gern und empfindet ihn als angenehm. Wird der Körper aber krank oder haben wir Schmerzen, tut uns der Kopf weh oder sind Leber, Nieren oder Lungen nicht in Ordnung oder haben wir sonst eine Krankheit, die uns Tag und Nacht quält, dann möchten wir uns am liebsten umbringen. Denn der Körper ist nun so beschwerlich und bereitet uns nur noch Mühe und Plage, so dass wir es nicht mehr aushalten können. Was heute noch von Nutzen und gut für uns ist, kann morgen schon ein Handikap sein. Derselbe Körper, an dem wir in jungen Jahren unsere Freude haben, mag uns im Alter oder vielleicht auch schon in den nächsten Tagen eine große Last sein.

Auch mit den Beziehungen verhält es sich so. Manchmal bringen sie uns Vorteile und manchmal kosten sie jemanden sogar das Leben. Ich habe sehr viele Beispiele dafür erlebt. Aber solche negativen Dinge möchte ich nicht erwähnen, denn sobald wir negative Dinge erzählen, verstärken wir das Negative. Wenn ihr etwas sagen möchtet, so sagt nur Gutes über jemanden.

In Indien gibt es ein Sprichwort, das folgendes besagt: Wenn man heiraten will - einen Mann oder eine Frau -, sollte man seine Augen ganz weit öffnen und sich den anderen genau anschauen, bevor man beschließt, sich das Jawort zu geben. Aber wenn ihr euch füreinander entschieden habt, dann haltet die Augen halb geschlossen, halb offen! *(Lachen.)* Was ist mit ‚halb offen' gemeint? Das heißt, dass ihr an eurem Freund nur das Gute sehen und alles ignorieren sollt, was der andere schlecht oder falsch macht. Erwähnt es niemals, nicht einmal gegenüber dem Betreffenden! Sagt nie: „Warum behandelst du mich so schlecht? Warum hast du nicht getan, worum ich dich gebeten habe?" Sagt so etwas nie! Sagt immer: „Du bist so nett, du bist wirklich wunderbar, du bist so liebevoll! Du bist wunderbar und wundervoll." Und fügt noch hinzu: „Mein Lieber, aber versuche doch, noch wunderbarer, noch liebevoller und noch netter zu sein! Ich werde dir sehr dankbar dafür sein." *(Lachen.)* Der andere wird sich denken: „Manchmal habe ich schon meine Fehler. So gut bin ich eigentlich nicht."

Seid also sehr zurückhaltend, sehr vorsichtig! Wenn ihr einen Freund habt, bedenkt, dass es leicht ist, einen Freund zu gewinnen, aber sehr schwer, eine Freundschaft aufrechtzuerhalten. Das ist der Grund, warum es in unseren Beziehungen so oft Streit, Auseinandersetzungen und Missstimmungen gibt. Wir haben nicht gelernt, wie wir eine Freundschaft richtig pflegen können.

Gott, euer höheres Selbst, hat den großen Vorteil, dass er nie auf eure Unzulänglichkeiten schaut, sondern euch immer nur beständig mit allem, was er an Gutem hat, erfüllt. Ich habe Leute getroffen, die aus Jähzorn gemordet haben und durch und durch schlecht waren. Als sie aber initiiert wurden, änderten sie sich allmählich, insbesondere durch die Verbindung mit dem heiligen Ton. Nach einiger Zeit waren sie völlig gewandelt.

Euer eigenes höheres Selbst, das man auch ‚Gott' nennt, hat die Neigung, euch von allem Negativen wie Ärger, Gier, Ego, Bindungen, Haß oder Täuschung zu reinigen und euch auch von allen Störungen eures Körpers und Gemüts zu befreien, die so schlimm geworden sind, dass ihr gar nicht richtig leben könnt. Gott flößt euch immerzu alle seine eigenen Tugenden ein, wie Liebe, Frieden, Hingabe und den Wunsch, anderen zu dienen, so dass jeder über euch glücklich sein und von euch Nutzen haben wird. Auch ihr selbst werdet euch an euren guten Eigenschaften erfreuen.

In dieser Welt jedoch herrscht das genaue Gegenteil davon. Es gibt Beispiele von Eltern, die ihre Kinder zehn, fünfzehn Jahre lang zur Anständigkeit und gut erzogen haben. Als die Kinder aber in die Welt hinausgelassen wurden, ging das alles in nur zehn, fünfzehn Tagen verloren; im Nu waren sie restlos verdorben, und das Negative hielt ihre Herzen vollständig besetzt.

Leider ist es so, dass immer irgendetwas Negatives da sein wird, wohin ihr auch geht. Nirgends findet ihr etwas Gutes vor. In jeder Gesellschaft ist das Negative immer sehr stark am Wirken, gleichgültig ob ihr nun mit zwei, fünf oder fünfzig Leuten zusammen seid. Die Atmosphäre jedoch, wie ihr sie hier *(beim Meister)* vorfindet, werdet ihr sonst nirgendwo antreffen. Wo gibt es denn eine Umgebung, die für euch geeignet ist und in der ihr nur Gutes empfindet? In euch! Euer höheres Selbst ist euer wahres Selbst. Mit ihm seid ihr verbunden und braucht es nur zu genießen, ihr müsst euch um nichts sorgen. Euer Selbst ist beides: Zum einen ist es gut und zum anderen auch mächtig. Einem guten Menschen, der aber schwach ist, wird es von schlechten Menschen unmöglich gemacht zu leben, denn ein Schwacher kann es sich nicht leisten, gut zu sein. Er kann sein Gutsein nicht aufrechterhalten, weil es von einem negativen Menschen zerstört werden wird. Unter den Menschen dieser Welt begegnet ihr daher keinem guten Menschen, und gibt es doch irgendwo einen, von dem ihr Positives erhalten könnt, werdet ihr hundert weitere treffen, die das Gute an ihm verwünschen.

Ich weiß dies aus eigener persönlicher Erfahrung. Während meiner Berufstätigkeit als Ingenieur im indischen Staatsdienst versuchte ich, ein ehrliches Leben zu führen. Doch die gesamte Atmosphäre um mich herum war negativ. Ich passte nicht zu den anderen und hatte während meiner gesamten Berufstätigkeit darunter zu leiden. Selbst einige meiner Freunde wandten sich an mich: „Du bist ein Dummkopf! Du verstehst es nicht, Geld zu genießen. Du weist Geld zurück und leidest lieber in Armut." Ich kannte ja die Naturgesetze, die für unredlich verdientes Geld, das einem nicht zusteht, gelten. Keine noch so faulen Tricks können uns jemals davor bewahren. Dieses Geld kommt als süßes Gift zu uns. Es gefällt euch und ihr würdet es gern genießen, aber in Wirklichkeit wird es euch zerstören.

Wie konnte ich die Ehrlichkeit durchhalten? Es war schier unmöglich. Zudem habe ich folgende Beobachtung gemacht: Als ich 1951 den Dienst aufnahm, traf ich viele Leute an, die einen guten Charakter hatten. Aber nach 25 Jahren - im Jahre 1976 - als ich ausschied, stellte ich bei den Mitarbeitern in meiner Abteilung eine große Veränderung fest. Es gab nur noch sehr wenige, die gute Grundsätze hatten, alle anderen waren von der negativen Welle aus Lust und Gier überrollt worden. In dieser Welt, in der wir im Äußeren leben, drängt sich uns das Negative mit großer Macht auf. Unser kleines, armes Gemüt und unser Intellekt können dem nicht standhalten, und so müssen wir mit dem Strom schwimmen. Wie gesagt, ich konnte äußerst schlimmen und harten Situationen trotzen und meine Ehrlichkeit beibehalten, doch die anderen verloren das Durchhaltevermögen und übernahmen die Verhaltensweise der weltlichen Leute. Wie gelang mir das? Mit Hilfe der inneren Kräfte aus meinem höheren Selbst, das mit dem inneren Licht und Ton verbunden ist.

Während meiner Dienstjahre hatte ich einen Angestellten in meinem Büro, der mir erzählte: „Es gibt einen Mann in dieser Stadt, der noch nie gelogen hat." Das ist etwas Ungewöhnliches. Ihr werdet wohl keinen Menschen kennen oder finden, der noch nie gelogen hat. Auf so jemanden war ich gespannt. Ich sagte: „Wenn es einen solchen Menschen gibt, der noch nie gelogen hat, dann möchte ich ihn gern kennenlernen. Das muss ja ein wunderbarer Mensch sein." Mein Mitarbeiter führte mich zu diesem Mann. Er arbeitete in einer Spedition als Buchhalter. Wir gingen in sein Büro im ersten Stock, wo er uns Tee anbot und uns ganz formell empfing. Wir tranken eine Tasse Tee, dann fragte ich ihn: „Ist es wirklich wahr, dass Sie bis heute noch nie gelogen haben?"

Daraufhin erwiderte er: „Ob ich in meinen jungen Jahren, als ich noch unbewußt war, gelogen habe, weiß ich nicht; aber von der Zeit an, als ich bewußt gelebt habe, weiß ich ganz genau, dass ich nie die Unwahrheit gesagt habe." Und er fuhr fort: „Aber ich musste einen sehr, sehr hohen Preis dafür zahlen und große Verluste hinnehmen, um dieses Ideal aufrechtzuerhalten. Später aber, als dies allen bekannt war, passten sich mir alle an. Niemand wollte mich mehr dazu zwingen, mich auf seine eigene Stufe hinabzubegeben. Dann gab es keine Schwierigkeiten und Probleme mehr damit, und ich konnte auch den Vorzug genießen, ein Mensch zu sein, von dem man sagt, dass er nur die Wahrheit spricht und nie lügt.

Wenn irgendwelche Leute zu mir kamen und fragten: ‚Wie verhält es sich in diesem Fall tatsächlich?‘, dann wurde das, was ich als einzelner sagte, akzeptiert. Immer wenn etwas verworren war, kamen die Leute zu mir, um zu fragen: ‚Wie verhält sich die Geschichte wirklich?‘ Und sie glaubten dann, was ich sagte. Auch wenn also hundert Leute eine andere, entgegengesetzte Version der Geschichte erzählten, so glaubte man ihnen nicht, sondern es hieß: ‚Ihnen kann man nicht glauben. Aber dieser Mann ist zuverlässig, auf seine Aussage verlassen wir uns.‘"

Auf dieser Welt ist es also wirklich schwer, wenn nicht gar unmöglich, gut zu sein. Ich befragte den Mann dann weiter: „Mein Lieber, haben Sie irgendeinen Meister? Machen Sie so etwas wie Meditation oder etwas ähnliches?" Da erklärte er, dass er einen Meister habe und dass er täglich frühmorgens um zwei Uhr aufstehe, ein Bad nehme und sich dann für drei, vier Stunden zur Meditation setze. Da war ich zufrieden, herausgefunden zu haben, was es mit diesem Mann auf sich hatte.

Wenn nämlich jemand irgendwelche Vorzüge hat und wenn er gut und rechtschaffen ist, dann ist dies nie ohne die Unterstützung durch das große, mächtige, göttliche Selbst, unser eigenes Selbst möglich. Ist dagegen jemand schlecht, das heißt negativ, kann er dadurch gereinigt und in einen freundlichen, wahren Menschen verwandelt werden.

Dies ist also unser wahres Leben, ein Leben auf der höheren Ebene. Diese niedrigere Ebene - der physische Körper, Gemüt und Intellekt - sind nicht wirklich von Bedeutung; sie sind nur dazu da, benutzt zu werden. Körper, Gemüt und Intellekt sind wie ein Pferd. Ein Pferd kann das Pferd eines Königs oder eines Verbrechers sein. Ist es das Pferd eines Königs, so wird es sehr aufwendig und prächtig, ja wirklich wunderbar geschmückt sein, es ist schön und flößt Respekt ein. Nimmt dasselbe Pferd aber ein Räuber mit, sieht es bald verwahrlost aus. Keiner wird es mögen, es ist hässlich und in elendem Zustand. Genauso verhält es sich mit uns. Unser Körper, Gemüt und Intellekt werden im allgemeinen von der Negativen Kraft benutzt, da wir mit unserem höheren, göttlichen Selbst keine Verbindung haben, und deshalb leiden unser Körper und unser Gemüt wirklich sehr. Wenn ihr Freundschaft mit einem Verbrecher oder Dieb schließt, könnt ihr ständig von der Polizei beobachtet, vor Gericht gebracht und vielleicht sogar ins Gefängnis gesteckt werden. Entwickelt ihr jedoch Freundschaft zu einem König oder Minister, wird euch überall Ehre erwiesen werden.

Euer Körper ist ein Haus. Es wurde von Gott zu seiner eigenen Wohnstatt geschaffen, aber ihr habt es nicht so instandgehalten, dass es für ihn geeignet wäre. In der indischen Mythologie wird ganz eindeutig gesagt, dass eine Seele, sobald sie im menschlichen Körper in diese Welt herabkommt, einzig und allein den Wunsch hat: „Ich werde meinen Körper zur Wohnstatt Gottes machen. Gott wird kommen, wird darin wohnen, mich reinigen und annehmen, und ich werde für immer Freude genießen, sowohl hier als auch im Jenseits."

Doch sobald man auf diese Welt geboren wird, überwältigt einen sofort der weltliche Lebensstil der Negativen Kraft, und sie macht unseren Körper ausschließlich zur Wohnung des Negativen. Ihr könnt dies ja bei den weltlichen Leuten sehen, sie reden über nichts anderes als über irgendwelche weltlichen Dinge, nie geht es ihnen um Gott. Meine Lieben, wenn ihr zu einem Bettler geht, wird er euch nur vom Betteln erzählen und nicht von einem König, denn er ist ja Bettler und versteht nur etwas von seinem eigenen Bettlerdasein. Geht ihr jedoch zu einem König, wird er von seinem Königreich erzählen, über das er regiert und in dem er ein prunkvolles Leben führt, und ihr werdet bei ihm nichts von Betteln hören, denn das gehört nicht zu seinem Leben und ist für ihn kein Thema.

In alten Zeiten und auch noch als ich ein kleiner Junge war, gab es viele sogenannte Heilige, die in unserer Gegend in der Wildnis lebten. Einer von ihnen lebte zwei oder drei Meilen von unserem Dorf entfernt, außer ihm gab es noch viele andere solcher Männer. An Wochenenden oder Feiertagen oder wenn wir frei hatten, besuchten wir sie, um damit den göttlichen, höheren Aspekt unseres Lebens zu stärken, um rechtschaffen und gut zu bleiben und uns für Gott geeignet zu machen. Doch als ich nach fünfzig Jahren wieder in diese Gegend kam, war kein einziger mehr da. Alle diese Heiligen waren verstorben oder vertrieben worden, und so ist jetzt niemand mehr dort. Alles wurde von der Negativen Kraft in Beschlag genommen. Jetzt gibt es also keinen Ort mehr, wohin die weltlichen Leute gehen könnten, um geläutert zu werden oder Hilfe zu erhalten und um ihr Leben auf Gott auszurichten. Eine solche Abwärtsentwicklung hat die Welt durchgemacht! Daraus entstehen nichts als Probleme.

Doch jetzt sind wir unsererseits auf den Plan getreten! Jetzt sollt ihr die Heiligen werden, ihr sollt die Heiligen sein, denn es ist nicht so, dass man als Heiliger geboren wird, nein, man wird erst dazu gemacht. Wenn ein Kind geboren wird, ist es weder gut noch schlecht. Ein Mensch wird durch die

Gesellschaft geprägt, in der er sich befindet. In schlechter Gesellschaft wird ein Kind schlechte Dinge lernen und selbst schlecht werden. Im Zusammensein mit frommen, guten, göttlichen Menschen jedoch wird es heilig und göttlich wie sie. Aber auch ihr Erwachsenen müsst gewandelt werden. Wenn ihr nicht wirklich gut seid und wenn sich schlechte Gesellschaft auf euch ausgewirkt hat, könnt ihr davon gereinigt werden. Findet ihr im Äußeren niemanden, der ein göttlich aufgeladener, starker Mensch ist, könnt ihr dies aus eurem eigenen Selbst erhalten. Die höchste Kraft des Guten liegt in eurem eigenen Selbst. Fahrt fort, die Verbindung mit dem inneren göttlichen Licht und Ton zu entwickeln! Sie wird euch von allem Schmutz dieser Welt des Negativen reinigen und euch fortwährend mit göttlichen Tugenden anfüllen. Ihr werdet dadurch immer stärker werden, und in einem bestimmten Stadium des Lebens könnt ihr sogar die ganze Welt beherrschen. Ihr werdet ein wundervolles, ganz leichtes und erfreuliches Leben führen und dies auch andere lehren. Dies wird der ‚Weg des Lebens' genannt, der euch gegeben wurde. Entwickelt ihn und werdet alles!

Diese Situation möchte ich wieder auf der Welt herbeiführen. Wenn es auch jetzt keine heiligen, guten Menschen gibt, so befindet ihr euch doch alle in Vorbereitung für diese großartige Lebensweise. Die äußere Sonne erhellt die äußere Welt, und euer göttliches Selbst lässt euer inneres Selbst erstrahlen. Im äußeren Licht der Sonne gibt es gute, aber auch schlechte Menschen. Doch von denjenigen, die Verbindung mit dem inneren Licht haben, wird niemand schlecht bleiben. Jeder wird besser und immer besser, bis ihr so wunderbar und gut seid wie Gott. Deswegen wurdet ihr mit diesem heiligen Licht und Ton verbunden; ihr sollt geheiligt werden und heilig werden wie Gott. Dann werdet ihr nicht nur hier wirklich geachtet oder angesehen sein, sondern auch im Reich Gottes und bei Gott. Ihr werdet für euch selbst nützlich sein und auch für alle anderen.

Die Aufgabe ist nicht schwer, aber Regelmäßigkeit ist vonnöten. Wenn ihr anfangt, Autofahren zu lernen, ist das zunächst schwierig. Manchmal bringt ihr euch selbst in Gefahr, manchmal werden andere durch euch verletzt, und ihr müsst umsichtig sein und genau aufpassen. Wenn ihr es aber lange genug geübt habt, wird es zu einem Vergnügen. Dieselbe Tätigkeit, die euch sehr schwer gefallen ist und gefährlich war und bei der ihr konzentriert sein musstet, ist nun nicht mehr schwierig oder gefährlich, weil ihr euch so weit entwickelt habt, dass diese Tätigkeit zu eurer eigenen Sache, eurem eigenen Beruf geworden ist. Dennoch ist es sehr schwer, von der weltlichen zur göttlichen Lebensweise überzuwechseln.

Wenn ein Dieb das Stehlen aufgibt und sich nicht mehr als Dieb betätigt, werden all seine Freunde zu ihm kommen und fragen: „Was ist los mit dir? Was hast du denn? Bitte komm mit uns. Warum hast du uns verlassen?", und es ist sehr schwer, diese Freunde loszuwerden. Genauso werden uns, wenn wir das weltliche Leben verlassen und den Schritt in das göttliche Leben machen, alle unsere Verwandten, Freunde, Nachbarn und so weiter anschauen und sagen: „Was ist denn mit dir passiert?" Sie werden unendlich viel zu sagen haben wie: „Vor ein paar Tagen warst du noch so nett, so angenehm und unkompliziert. Was ist mit dir passiert?" Sogar euer eigenes Gemüt, euer Intellekt und Körper werden ebenfalls denken: „Damals war es besser. Diese neue Sache ist schwierig und eigentlich gar nicht zu verwirklichen."

Aber meine Lieben, wenn eine Rakete vom Erdboden startet, wirkt noch die Anziehungskraft der Erde auf sie, und sie möchte sich von selbst wieder zum Boden hinabsinken. Doch durch den Einsatz ihrer Kräfte steigt sie höher und höher und die Erde unter ihr verliert an Anziehungskraft, ihre Zentripetalkraft verliert an Wirkung und die Rakete zieht es nicht mehr nach unten. Ab einem gewissen Punkt herrscht keine Anziehungskraft mehr, um die Rakete nach unten zu ziehen. Wenn sie dann diesen neutralen Punkt überschreitet, gelangt sie unter den Einfluß der Zentripetalkraft eines anderen Planeten. Dann braucht sie keine Energie mehr aufzuwenden, um von der Erde wegzukommen, sondern wird automatisch von dem anderen Planeten angezogen. Die Erde verliert ihre Kraft gegenüber dem anderen Planeten, und die Rakete wird von seiner Kraft beeinflusst. So wie hier auf dieser Erde die automatische Anziehungskraft bewirkt, dass wir hier bleiben wollen, werden wir mit der Zeit von selbst zu dem anderen Planeten hingezogen, damit wir bei ihm bleiben. Das ist der Weg.

Um mit den Meditationen zu beginnen, müssen wir uns von dieser Welt zurückziehen und uns der inneren Welt zuwenden. Das fällt schwer, weil die äußere Anziehungskraft viel stärker ist. Mit euren eigenen Anstrengungen ist das wirklich aussichtslos, doch mit Hilfe des Meisters ist nichts unmöglich. Es ist also außerordentlich nötig, dass ihr, wenn ihr in Meditation sitzt, zuerst zum Meister betet: „Bitte, hilf mir. Ich möchte diese schwere Arbeit tun. Nur mit deiner Hilfe kann ich sie vollbringen." Auch wenn ihr im Inneren auf Schwierigkeiten oder Probleme stoßt, bittet den Meister um Hilfe, und er ist immer da und wird euch helfen. Mit seiner Hilfe werdet ihr gewiss erfolgreich sein.

Zweifellos ist nichts, was ihr auf dieser Welt tut, leicht - alles ist schwierig. Ihr mögt beispielsweise schon zwanzig oder dreißig Jahre Arzt sein, doch wenn ein Patient eure Praxis betritt, bereitet euch das immer noch ein Problem, und ihr fragt euch: „Was kommt da auf mich zu?" Ihr könnt nicht alles meistern. Jeder Fall muss sorgfältig untersucht werden, und es kann sein, dass uns die Behandlung gelingt, vielleicht hat sie aber auch keinen Erfolg. Das weltliche Leben ist also kein Bett aus Rosen! Ebenso fällt euch auch das göttliche Leben am Anfang ein bisschen schwer, aber danach wird es sehr erfreulich und wunderbar, und alles läuft wie von selbst ab.

Wenn ihr es euch zur Gewohnheit macht, zu einer bestimmten Zeit frühmorgens oder spät in der Nacht aufzustehen und wenn ihr ein oder zwei Jahre lang täglich zu diesen Zeiten meditiert und dann eines Tages aufgrund einer dringenden Angelegenheit euren Tagesplan nicht einhalten könnt, wird etwas in euch geschehen. Wenn ihr im Auto unterwegs seid, vielleicht sogar selbst am Steuer sitzt, oder im Bus, Flugzeug oder auch im Zug, wird zu dieser entsprechenden Zeit euer Bewusstsein beginnen, sich aus dem Körper zurückzuziehen. Eure Augen werden sich schließen und eure Seele wird anfangen aufzusteigen, weil diese Gewohnheit geschaffen worden ist. Nun seid ihr von den Meditationen abhängig und könnt sie nicht lassen! Selbst wenn ihr nicht in der Stimmung seid zu meditieren, wird die Gewohnheit euch dazu zwingen.

Es ist also für unsere Meditationen sehr wichtig, dass wir möglichst bestimmte Tageszeiten festlegen. Auch der Ort sollte immer derselbe sein. Allmählich werden die Dinge immer leichter, bis es schließlich ganz von selbst geht. Automatisch werdet ihr nach oben gehen und den physischen Körper verlassen wollen. Innen befindet sich ein solch wundervolles Leben, dass ihr es nicht aufgeben wollt. Angesichts dieser großen Schönheit wird diese Welt hier all ihren Reiz verlieren. Dennoch wird der Meister euch mit eurer Familie, euren beruflichen Verpflichtungen und eurem physischen Leben verbunden halten, weil wir unsere Schicksalskarmas alle abbezahlen müssen.

Es erscheint also vielleicht unmöglich, diesen Weg des Lebens zu gehen, da er etwas sehr, sehr Hohes, sehr Erhabenes ist. Wenn uns jemand sagt, dass wir Arbeiter, Geschäftsmann oder vielleicht auch noch Facharbeiter werden können, so fällt es nicht schwer, ihm dies zu glauben. Wenn euch aber jemand sagt: „Du sollst König werden!", werdet ihr entgegnen: „Nein, das kann nicht sein. Das kann ich nicht. Das ist unmöglich." Wenn ihr nun aber Gott werden sollt - wie kann das mit euren eigenen begrenzten Vorkehrungen und Kräften möglich sein? Doch mit der Hilfe eures Vaters, Gottes, mit seiner hundertprozentigen Hilfe werdet ihr in der Lage sein, dies zu erreichen. Nur ein Prozent wird von euch benötigt, ihr müsst euch nur vom Körper außen und der Welt zurückziehen und euch ihm im Inneren widmen. Wir haben also dieses eine Prozent zu verrichten, während er 99 Prozent vollbringt, und es wird ein voller Erfolg sein.

Nun gut, meine Lieben, versucht euer Bestes und überlasst den Erfolg dem Meister! Wenn ihr einen Karren anschiebt, wird der Meister sagen: „Gut, schieb fester, noch fester, noch fester. Bitte streng dich ein bisschen mehr an!" Aber an einem bestimmten Punkt denkt ihr: „Nein, ich kann nicht mehr, er steckt fest!" Dann wird der Meister sagen: „In Ordnung, ich werde helfen anzuschieben. Versuche es jetzt, versuche es noch konzentrierter!" - und euer Wagen fährt wieder! Wenn ihr also wirklich niedergeschlagen seid und es keine Hoffnung für euch gibt, dann kommt der Meister, um euch zu helfen, und ihr steckt nirgendwo mehr fest.

Aber eure Anstrengungen sind ebenfalls sehr wichtig, weil ihr selbst so wichtig seid. Ihr sollt nicht einfach nur ein Nichts sein, sondern ihr müsst etwas tun, weil ihr es tun könnt und es euch bestimmt ist, etwas zu tun. Gott ist der Handelnde, und ihr seid ebenfalls ein Handelnder. Gott sagt: „Abhängig zu sein ist ein Fluch. Seid von niemandem abhängig, nicht einmal von mir. Entwickelt also die Kräfte, die ich euch gegeben habe! Wenn sie gering sind, bittet mich um mehr, und ich werde euch noch mehr geben. Seid selber aktiv, damit ihr Gott seid und nicht nur von mir abhängig seid."

Gute Eltern sorgen dafür, dass ihre Kinder selbständig werden. Obwohl die Eltern ihre Kinder unterstützen können, wollen sie nicht, dass sie immer von ihnen abhängig sind, denn Selbstachtung und Selbstwertgefühl, die ihr sonst verlieren würdet, sind sehr wichtig. Wenn ihr ohne Selbstbewusstsein zu jemandem gehen würdet, wäre euer Kopf gesenkt. Euer Haupt sollte immer erhoben sein! Ihr sollt wissen: „Ich kann dies tun. Ich werde das tun. Ich kann jenes tun. Ich werde jenes tun. Ich kann auch dir helfen!" Das ist kein Ego. Ego ist das, was nicht funktioniert. Ego ist nur Angeberei auf der Ebene des Gemüts.

Das höhere Selbst arbeitet nicht im Ego; es arbeitet oder hilft anderen nur in Demut und Liebe, wie man es auch von der Hilfe der Eltern für ihre Kinder behaupten kann. Sie helfen ihren Kindern in Liebe und Hingabe, während andere Leute euch immer zu Dank verpflichten werden. Ein solcher Mensch, der göttliche Kräfte und alle göttlichen Quellen besitzt, wird anderen helfen und außerdem sagen: „Mein Lieber, auch du hast das Vorrecht, dasselbe zu haben wie ich. Finde du es ebenfalls! Versuche es selbst! Vor einiger Zeit ging es mir auch wie dir; ich war hoffnungslos und hilflos, aber jetzt bin ich für andere zu einer Hoffnung geworden. Du kannst genauso werden."

Stärker als Engel und Götter

1. Juni 1998, Abendsatsang Jesolo, gekürzt

Meine Lieben, ich bin nun auch schon siebzig Jahre auf dieser Welt und habe gesehen, wie es um das Leben hier bestellt ist. Es ist wirklich schlimm oder wie ein Fluch, arm zu sein, schwach zu sein und als Drittes von jemandem abhängig zu sein. Wenn alle Dinge ihre Richtigkeit haben und wir wirklich die Stärksten sind, alles besitzen und außer dem, was wir haben, nichts brauchen, wenn wir zudem von niemandem abhängig sind, das heißt, wenn alles unter unserer Kontrolle ist, dann ist dies der Zustand, den man Vollkommenheit nennen kann. Dem Menschen wird gesagt, dass er ohne Vollkommenheit nicht leben kann: „Seid vollkommen, wie euer Vater im Himmel vollkommen ist!"

Auch ich stamme aus einer armen Familie. Ich war körperlich sehr schwach und wie alle Kinder von den Eltern abhängig. Das Leben war sehr hart und trostlos. Aber als ich größer wurde, nahm ich an Stärke, Kraft und auch an Besitz zu. Die Abhängigkeit war zwar nicht mehr so groß, aber dennoch konnte man das noch nicht als ein vollkommenes Leben bezeichnen. Das ist es nur, wenn niemand stärker ist als ihr, wenn euch also niemand beherrscht und kontrolliert, und wenn es nichts gibt, was ihr von irgendjemandem braucht. Das hieße dann, dass ihr alles selbst habt und von niemandes Hilfe abhängig seid. Aber selbst Könige müssen sich auf ihre Armeen, Minister und andere Leute verlassen, und so ist auch ihr Leben nicht ideal.

Gott ist das Beispiel wahrer Vollkommenheit. Er ist der Stärkste. Es gibt niemanden, der ihm gleichkommt oder mächtiger ist als er; niemand kann ihn beherrschen, aber er kann alles kontrollieren. Er besitzt alles; er hat Meere über

Meere von allem, was er braucht, auf Vorrat und nur er allein ist der Gebende. Jeder, der etwas benötigt, kann es von ihm haben, und er muss niemanden um etwas bitten. Er genießt das Leben frei von allen Problemen, Sorgen, Krankheiten und Leiden, und auch den Tod gibt es für ihn nicht. Er ist ewig! Alles, was zu ihm gehört, ist unwandelbar. Er ist nie schwach oder auch nur alt, er muss sich nie auf fremde Hilfe verlassen.

Herrscher fühlen sich nur sicher und haben nur Macht, wenn sie Armeen oder Festungen um sich haben und auf Leute zurückgreifen können, die ihnen helfen und Beistand geben. In der Weltgeschichte liest man, dass es sehr starke, mächtige Könige gab. Doch auch sie wurden von noch mächtigeren Königen angegriffen.

Es gibt auch noch andere Dinge, die dem Menschen nicht bekannt sind, und dennoch gibt es sie. Worum handelt es sich dabei? Es sind Astral- und Kausalwesen, die sich auch in unserer Atmosphäre aufhalten. Sie haben ebenfalls eine gewisse Macht. Sie können zum Beispiel einen Bettler zum König und einen König zum Bettler machen. Es ist ja gewöhnlich so, dass ihr mit Schwächeren in beliebiger Weise verfahren könnt, ohne dass die Betreffenden etwas dagegen unternehmen können. Kommt aber jemand, der stärker ist als ihr, habt ihr nichts mehr zu sagen.

Diese Astral- und Kausalwesen sind uns wirklich überlegen, weil sie nicht durch einen physischen Körper begrenzt sind. Da sie ihn hinter sich gelassen haben, sind sie tatsächlich mächtiger als jeder Mensch, der sich noch im Körper befindet. Sie übertreffen sogar die mächtigsten Herrscher, weil es auf dieser Welt nichts gibt, das sie kontrollieren kann. Die Armeen, Waffen, Festungen oder sonstige irdische Maßnahmen können sie nicht aufhalten. Sie haben ihre eigenen besonderen Fähigkeiten.

Wann können wir also wirklich vollkommen sein und unser eigentliches Leben führen, das von niemandem behindert wird? Das geht erst, wenn wir uns nicht nur die weltlichen Dinge untertan gemacht haben, sondern auch alles, was den höheren Astral- und Kausalebenen angehört.

In der indischen Mythologie wird von einem König berichtet - ich glaube, er lebte im Silbernen Zeitalter -, der ein Teufelskönig war. Er hatte Zugang zu allen Ebenen bis zu den Kausalebenen und infolgedessen hatte er alle Engel, Götter und Göttinnen unter Kontrolle. Er besaß nicht nur die Herrschaft über diese Welt, sondern auch über die Astral- und Kausalkräfte. Er hielt sich unzählige Engel als Sklaven in seiner Küche und in seinem Haus, zur Reinigung und zu anderen Zwecken.

Wir können unser Leben erst genießen, wenn wir in dieser Schöpfung über allem stehen. Für uns stellen hauptsächlich diese drei Ebenen - die physische, astrale und kausale - ein Problem dar. Wir müssen sie beherrschen! Wenn sich auch nur eine dieser Ebenen jenseits unserer Kontrolle befindet, können wir nicht in Frieden leben.

Die Meister, die zu Gott aufgestiegen sind und dort das Leben der Vollendung kennengelernt haben, empfahlen ausschließlich ein Leben der Vollkommenheit, das auch tatsächlich vollkommen ist. Sie sagten uns nicht: „Bemüht euch König der gesamten Welt zu werden und genießt es!" oder: „Werdet wie der Schöpfer, der Erhalter und der Zerstörer - Brahma, Vishnu, Shiva!" Obwohl diese außerordentlich große Befugnisse haben, ist ein Leben, wie sie es führen, auch nicht zu empfehlen. Es gibt zwar noch höhere Gewalten, höhere Mächte als diese drei Gottheiten, doch ihre Art von Vollkommenheit wird dem Menschen nicht angeraten. Alle Meister, die von Gott kamen, sprachen also nur von der Vollkommenheit eines göttlichen Lebens, in Gottes heiligem Reich, mit all seinen Einrichtungen. Dieses Reich wird uns gehören, weil wir es von ihm, unserem Vater, erhalten haben. Gottvater hält wirklich seine ganz besondere Aufmerksamkeit auf uns gerichtet, und er hatte überlegt: „Der Mensch, den ich hinabsende, ist mein eigenes Selbst. Wenn er schon irgendwohin geschickt werden soll, sollte er mit den gleichen Annehmlichkeiten und Einrichtungen ausgestattet sein, die ich hier habe, oder er sollte sie hier bei mir genießen."

Also gab Gott sein eigenes Selbst in den Körper des Menschen, damit dieser heilig sei und, ausgerüstet mit allen Vorkehrungen und Privilegien, auf diesem Erdenplan, in seinem irdischen Körper, das Leben der Vollkommenheit genießen könne. Diejenigen, die ins Körperinnere eingetreten sind, konnten finden, was dort ist, und sie verkündeten es auch. Sogar in den Schriften wird darüber gesprochen - zum Beispiel in einigen Teilen des Adi Granth. Dort könnt ihr lesen, was Heilige, die dies erlebt und praktisch erfahren haben, sagen: „Wir haben diese wunderbare Vollkommenheit gefunden. Ihr seid nicht wie die Tiere, die auf die irdischen Angebote angewiesen sind, um leben zu können, und fortwährend leiden. Für sie gibt es keine Hoffnung. Gott sagt zu euch: ‚Euch gilt meine besondere Aufmerksamkeit, und ihr liegt mir ganz besonders am Herzen. Ich kann euch nicht leiden sehen. Ihr seid nicht der physische Körper, ihr seid nicht Astralkörper, ihr seid nicht Kausalkörper, ihr seid nicht Gemüt und auch nicht Intellekt.' Diese Dinge habt ihr erhalten, damit ihr euch ihrer bedienen und an ihnen erfreuen könnt. Auch die Engel und selbst die Gottheiten wurden euch gegeben, damit sie sich um euch kümmern und euch dienen. Was seid ihr wirklich? Ihr seid Seele, ihr seid vom selben Wesen wie mein eigenes Selbst. Ich werde es so einrichten, dass eure Seele, die euer großes Selbst ist, durch einen kompetenten Meister erweckt wird und ihr in mein Reich eintreten könnt, wo ich euch erwarten werde. Welche Stellung werdet ihr dann innehaben, wenn ihr in meinem heiligen Schoß seid? Ich bin Gott, euer Vater, und ihr seid meine Kinder."

Wenn ein Königskind auf dem Schoß seines königlichen Vaters sitzt, gehört ihm seine ganze Liebe und zudem alles, was der königliche Palast zu bieten hat. Aber auch das gesamte Reich seines Vaters steht ihm zu Gebote, und worum immer es bittet, das wird bereitgestellt. Natürlich ist sein Vater der König und Herrscher, doch das Kind ist im vollen Maße dazu berechtigt, jede Einrichtung des väterlichen Königreiches zu benutzen.

Genauso ist es mit uns: Sobald wir im Schoß unseres Vaters, Gottes, angekommen sind, ist alles, was in seinem heiligen Himmel existiert, auch für uns da, es ist unser eigen. Doch auch seine gesamte Schöpfung wird uns zur Verfügung stehen, und nichts wird geschehen, was uns nicht gefällt. Unser Wille wird mit dem Willen Gottes übereinstimmen, doch Gott wird sich auch unserer Wünsche annehmen. Was wir auch von ihm erbitten, wird uns gegeben werden, denn in Gott ist nichts unmöglich. Er hat unermessliche Kräfte, und glücklicherweise gehört er zu uns.

Angenommen ihr wisst, dass jemand Präsident eines bestimmten Landes ist - was kümmert das euch? Was kann euch das nützen? Schließlich habt ihr keine Verbindung und keine Beziehung zu diesem Präsidenten. Aber für den Sohn oder die Tochter dieses Präsidenten hat das eine große Bedeutung. Sie haben eine enge Beziehung zu einem wichtigen Mann, einem Staatsoberhaupt, und sind natürlich stolz darauf, dass dies ihr Vater ist. Was immer sie von dem Präsidenten erbitten, wird erfüllt.

Von Gottvater heißt es, dass er sehr bedeutend, wunderbar, mächtig, großartig und voll unzähliger Tugenden sei. Berge von Büchern wurden zu seinem Lobpreis geschrieben, aber all das konnte seiner Größe nicht gerecht werden. In der indischen Mythologie gibt es ein schlangenartiges Wesen, ‚Sheshna' genannt. Es hat tausend Mäuler und preist Gott seit Anbeginn der Welt, doch es konnte nie zu der Genugtuung gelangen, sagen zu können: „Ich bin seiner Größe gerecht geworden. Er ist noch größer, noch viel, viel größer, das konnte ich bis jetzt nicht beschreiben."

Es stimmt, dass sich unser Verstand und Intellekt Gottes volle Größe, all seine Fähigkeiten und Eigenschaften nicht vorstellen können. Doch er ist unser Vater, und er liebt uns mehr als sich selbst. Sollten wir da nicht stolz auf ihn sein? Und wenn wir stolz auf ihn sind, werden wir ganz von ihm umsorgt werden. Gibt es irgendetwas anderes, auf das wir unsere Hoffnung setzen könnten? Ihm ist keiner gleich, und es gibt niemanden sonst, zu dem wir auch nur irgendeine Beziehung haben.

Es gibt zwar Engel, Götter, Göttinnen oder Gottheiten, aber sie sind uns fremd. Wir haben keine Verbindung zu ihnen. Wollen wir ihnen gefallen, um von ihnen etwas zu erhalten, werden wir wirklich sehr, sehr hart arbeiten müssen. Doch bei Gott, unserem Vater, brauchen wir nichts zu leisten. Wir müssen ihm nur unser Gesicht zuwenden, ihn anschauen, und er sagt: „Kommt her zu mir, die ihr mühselig und beladen seid, ich werde euch erquicken, ich werde euch Frieden geben."

Wir brauchen uns nicht abzukämpfen, um zu ihm zu kommen, sondern uns nur im Herzen ein wenig mit ihm verbunden zu fühlen und zu spüren, dass wir seiner bedürfen, und schon ist er da. Lediglich unser Gemüt schafft Schwierigkeiten, weil es nicht verstehen kann, was eine Verbindung mit Gott bedeutet. Es ist einzig dazu geschaffen, Beziehungen zur äußeren Welt zu unterhalten und auf diese seine ganze Hoffnung zu setzen.

Was bereitet euch denn Probleme in eurem Leben oder beim Meditieren? Sobald ihr euch hinsetzt, um eure Aufmerksamkeit von außen zurückzuziehen und eure Augen zu schließen, und versucht, auf Gott zu schauen, lenkt euer Gemüt eure Aufmerksamkeit augenblicklich woanders hin, auf diese und jene Seite, in hundertundeine Richtungen. Es schafft völlig verschwommene, nutzlose Gedanken, die zu gar nichts gut sind. Die einzige Schwierigkeit besteht darin, dass ihr euren Gefährten *(das Gemüt)*, mit dem ihr von der Negativen Kraft ausgestattet worden seid, annehmen müsst. Ansonsten ist es unmöglich, sich von seiner Feindschaft und Herrschaft zu lösen, frei zu werden, um zu Gott zu gehen oder wenigstens an ihn denken zu können. Er ist ein so starker Feind, so trügerisch und hinterlistig, dass ihr ihn nicht durchschaut. Er ist unbezwingbar.

In der indischen Mythologie gibt es entsprechende Beispiele. Es heißt, dass das Leben des Menschen im Goldenen Zeitalter hunderttausend Jahre währte. Da gab es einen Mann, der begann, sein Gemüt zu schulen, um es unter Kontrolle zu bringen. Er arbeitete achtzigtausend Jahre daran. Nach Ablauf dieser Zeitspanne konnte er immer noch nicht von sich behaupten: „Es ist mir gelungen, mein Gemüt zu kontrollieren." Da sagte das Gemüt zu ihm: „Jetzt hast du achtzigtausend Jahre an mir herumgearbeitet, darf ich jetzt auch einmal etwas mit dir machen?" Der Mann schloss die Augen: „Nun gut, ich werde mich zu schützen wissen, ich werde an nichts Äußeres denken, ich werde dich unter Kontrolle behalten."

Da brachte das Gemüt eine hübsche, bezaubernde Fee herbei. Sie trug Glöckchen an den Füßen, tanzte und sang mit einer wunderschönen, wohlklingenden Stimme. Als sie mit ihrem Lied begann und gerade ihren Fuß zum ersten Mal aufsetzte und die Glöckchen so rhythmisch erklangen, schaute der Mann auf: „Oh, was ist denn das?" Und seine Bemühungen von achtzigtausend Jahren waren dahin. Wieder schloss er die Augen: „Nein, nein, nein, nein! Ich darf die Augen nicht öffnen. Ich muss sie geschlossen halten. - Nur ein kleines bisschen, nicht so weit." Am Ende wurde er Vater eines Kindes!

Ja, meine Lieben, das ist die Macht des Gemüts, niemand konnte und niemand kann es beherrschen. Aber es gibt Vorkehrungen, mit deren Hilfe ihr es doch könnt. Und welche? Mit dem Tonstrom in euch. Er ist eine so starke göttliche Waffe, er ist Gott selbst, und das Gemüt kann ihm nicht standhalten. Im Adi Granth wurde mit allem Nachdruck erklärt: „Mach dir keine Sorgen über irgendwelche Teufel oder böse Geister oder irgendwelche Kräfte des Gemüts! Beginne, dem Ton in dir zu lauschen!" Dann werden das Gemüt oder andere Kräfte nicht nur aufhören, euch zu attackieren. Sie werden davonlaufen müssen, weil dieser Ton sie tötet. Er wird all eure Schmerzen, Sorgen, Leiden, Krankheiten, jegliche Schwierigkeiten von euch nehmen und all eure Angelegenheiten erledigen. Wo immer irgendeine Schwierigkeit oder ein Problem besteht, wird er für euch arbeiten.

Leidet ihr Mangel an Geld, Gold, Silber oder Lebensmitteln in eurem Haus, so wird er den Notstand beenden. Nachdem er euch dann in eurem gesamten weltlichen Leben geholfen hat, wird er etwas ganz, ganz Wunderbares tun. Er wird eine überwältigende Anziehung zu Gott herstellen. In der Bibel steht das Gebot: „Liebe Gott, deinen Vater, von ganzer Seele, von ganzem Herzen, von ganzem Gemüt." Dieser Zustand wird durch das Hören auf den Tonstrom herbeigeführt. Er wird euer Interesse an den weltlichen Dingen und Gegenständen erlöschen lassen und euch mit so viel Liebe, so viel Sehnsucht nach Gott erfüllen, dass ihr ihn niemals vergessen könnt.

Auch der Tonstrom selbst wird von einer solchen Anziehungskraft erfüllt sein, mit solchem Frieden, solcher Herrlichkeit und Süße und elixierähnlichen Kräften, dass ihr ganz einfach vollständig in ihm gefangen seid. Es ist, als ob ihr in einem Flugzeug sitzt: Es trägt euch nach oben. Genauso wird der Tonstrom euch aus dem physischen Körper, den Astral- und auch Kausalkörpern herausnehmen und euch immer höher und höher hinaufbringen. Ihr werdet zu Gott aufsteigen, eingehüllt in diesen heiligen Ton.

Jetzt sieht die Sache allerdings umgekehrt aus. Obwohl uns Gott immer wieder mit den Worten „Liebe deinen Vater, Gott, mit ganzer Seele, mit ganzem Herzen, mit ganzem Gemüt", nahegebracht wird, konnte dies niemand umsetzen, und niemand kann es. Denn unser Gemüt hat eine derart starke hypnotische Kraft, dass unsere Seele unfähig ist zu handeln und wir nicht einmal an Gott denken können. Immerzu und ausschließlich müssen unsere Gedanken um die Dinge dieses nutzlosen und schrecklichen weltlichen Lebens kreisen.

Ich selbst habe, als ich noch nicht initiiert war, viele heilige Schriften, vor allem auch den Adi Granth, durchstudiert. Er war für mich wirklich sehr gut verständlich. Es war keine Übersetzung erforderlich. Das Original von den Meistern selbst, erst vor etwa vierhundert Jahren niedergeschrieben, stand mir zur Verfügung. Ich habe den kompletten Adi Granth *(mehr als 3000 Seiten)* viele Male durchgearbeitet, aber ich konnte nicht begreifen, dass dieser Körper der Tempel Gottes ist, dass Gott in ihm wohnt, dass sich das Reich Gottes darin befindet und auch wir als Seele in ihm sind, und dass der Sinn unseres Lebens darin besteht, Gott im Inneren zu finden.

Obwohl mein Herz nach Gott verlangte, gab ich mich mit den damals üblichen äußeren Ritualen und Gebräuchen zufrieden. Der Adi Granth verurteilt diese: „Ihr sollt dies nicht tun, es wird keine Früchte tragen." Das war ganz eindeutig zu verstehen, aber erst, nachdem ich initiiert war, vorher noch nicht. Wenngleich ich den Adi Granth gelesen hatte, tat ich alles, was darin verboten war, und nichts von dem, was man tun sollte. Warum war das so? Weil das Gemüt so beschaffen ist, dass wir ausschließlich seinen Befehlen folgen müssen, und diese stehen im Widerspruch zu der von den Meistern verkündeten, Gott geweihten Lebensweise.

Ohne die Hilfe und Führung des Meisters kann es uns nie gelingen, dem Weg des wahren Lebens zu folgen. Schließlich brachte mich Gott doch zu meinem Meister, und ich wurde initiiert. Wenn ich danach irgendwelche Hymnen aus dem Adi Granth oder anderen Schriften las, konnte ich wirklich verstehen, was der jeweilige Meister meinte. Es war mir klar, dass ich das, was er sagt, tun sollte, und das, was er untersagt, nicht tun durfte - genau umgekehrt wie in meinem Leben bisher. Denn der Meister erweckt bei der Initiation unsere Seele, die als einzige die Fähigkeit hat, Gott und die göttliche Lebensweise zu verstehen. Außerdem erhält die Seele Nahrung und jegliche Führung, um mit Hilfe des heiligen Tons und des heiligen Lichts weiterzuwachsen.

So wie wir als Seele stärker werden, wird unser Gemüt immer schwächer und schwächer. Wenn wir regelmäßig damit fortfahren, die Meditation auf den heiligen Ton und das heilige Licht zu üben, werden wir das Gemüt wirklich besiegen; es wird aufhören zu existieren. Sollte es noch weiter vorhanden sein, dann nur, um uns als Sklave zu dienen. Wir als Seele werden unabhängig sein, um das großartige Leben der Seele mit Gott in seinem Reich zu genießen. Doch auch das Gemüt wird nicht im Leid zurückgelassen, denn die Seele und Gott können nicht anders, als zu jedermann von Herzen liebevoll und mitfühlend zu sein. Dem Gemüt, das nur die Dinge dieser oder der beiden nächsthöheren Welten, die voller Leiden und Probleme sind, wahrnehmen kann, wird ebenfalls ein kleiner Vorgeschmack von der göttlichen Glückseligkeit gewährt. Das Gefäß des Gemüts, das nach unten geöffnet ist, wird umgedreht und die Öffnung nach oben gehalten. Dadurch fängt auch das Gemüt an, sich am göttlichen Elixier zu erfreuen. Im weiteren Verlauf kann es dann nie mehr etwas gegen uns unternehmen und wird in Ewigkeit glücklich sein.

Meine Lieben, das ist die Art und Weise, wie wir unser Leben zu unseren Gunsten lenken können, was uns in dieser Welt möglich ist. Es wurde in der Bibel mit allem Nachdruck betont: „Was nützt es einem Menschen, wenn er die ganze Welt gewinnt, dabei aber seine Seele verliert?" Nun, diese Frage können auch wir uns stellen! Um eine Antwort sind wir jedoch äußerst verlegen, weil unsere Seele verlorengegangen ist und wir weltlichen Besitz gewinnen wollen, der uns aber nicht zugänglich ist. Wir konnten also hier nichts erreichen und haben auch noch das verloren, was uns gehörte und was wir hätten erkennen und genießen sollen.

Hierzu folgende Geschichte: In einem Tempel wird im allgemeinen nach dem Verrichten bestimmter täglicher Gebete ein süßer Brei an die Leute verteilt. Einmal hatte ein Junge bereits seinen Anteil bekommen, doch er war ein bisschen gierig. Er wollte eine doppelte Ration. Also hielt er die eine Hand mit dem Brei hinter seinen Rücken und streckte die andere Hand aus, um mehr zu bekommen. Der Mann, der den Brei austeilte, stellte fest: „Ich habe ihm bereits etwas gegeben", und er sprach: „Mein Lieber, du hast schon etwas bekommen." Enttäuscht musste der Junge also seine Hand zurückziehen, und als er seine andere Hand vom Rücken nahm, hatte ein Hund hinter ihm alles aufgefressen.Das ist unser Los. Was uns eigentlich gehört, haben wir nicht angenommen, und mit dem, was wir nicht haben können, was uns nicht gehört und was nur ein trügerisches Spiel ist, damit haben wir uns das Leben verdorben. Man weiß sehr wohl, dass alles, was man auf dieser Welt verdient hat, seien es Besitztümer, Geld oder sonst etwas, zurückgelassen werden muss, wenn man stirbt. Wir gehen mit leeren Händen und bloßen Füßen. Sogar unser Körper, von dem wir annehmen, dass zumindest er unser ständiger Begleiter ist, wird zurückgelassen. Denn die Negativkraft sagt: „Er gehört dir nicht, er gehört zu dieser Erde. Von ihm heißt es: ‚Staub bist du.' Er ist aus dem Staub der Erde gemacht, wie kannst du ihn anderswohin mitnehmen? Er muss dort zurückgelassen werden, wohin er gehört."

Habt ihr schon einmal gesehen, dass jemand etwas mitgenommen hat, als er diese Welt verließ? Wenn ein Initiierter den Körper verlässt, erscheint der Meister im letzten Augenblick und nimmt die Seele des Initiierten mit. Wohin nimmt er euch mit? Dorthin, wo er ist. „Wo ich bin, da sollt auch ihr sein." Ihr müsst nicht gerichtet werden. Ihr braucht nicht in Höllen oder Himmel gebracht zu werden. Ihr werdet direkt ins Reich Gottes, zu Gottes Füßen geleitet. Er wird euch emporheben und an sein Herz drücken. Glaubt ihr, dass es, nachdem ihr diese Welt verlassen habt, irgendetwas gibt, was ihr nicht habt und was ihr braucht oder vermisst? Bestimmt fehlen uns Leid, Probleme, Sorgen, Krankheiten und alle möglichen Schwierigkeiten! Das sind die einzigen Dinge, die ihr dort nicht finden werdet.

Es waren einmal vier Marihuana-Süchtige oder sagen wir lieber Kaffeetrinker. Ein Engel erschien ihnen und sagte: „Ich möchte euch zu Gott bringen. Wollt ihr euch an Gott erfreuen?" Sie hatten bereits die schönsten Dinge über Gott gehört und antworteten: „Ja, das wollen wir." Da sagte der Engel: „Also gut, haltet euch an mir fest und kommt mit!" Als der

Engel losflog, ergriff einer die Füße des Engels und der nächste hielt sich an den Füßen des ersten fest. Auf diese Weise bildeten sie eine Kette aus fünf Gliedern und flogen immer höher und höher hinauf.

Der unterste war ein nachdenklicher Mensch und sagte: „Oh, wir sind da einfach so ganz unbedacht zum Reich Gottes losgeflogen. Fragt doch mal den Engel, ob es dort oben auch Kaffee gibt. Wenn es keinen Kaffee gibt, wollen wir nicht mitkommen." Auch den anderen wurde klar, dass es ein Fehler gewesen war, dies nicht nachgeprüft zu haben, bevor sie ihre Reise nach oben antraten. So wurde also die Nachricht wie in einer Leitung von einem zum anderen bis zum Engel weitergeleitet. Da verkündete der Engel: „Macht euch keine Sorgen, dort gibt es riesengroße Kannen voller Kaffee." Der erste in der Kette rief ganz begeistert nach unten: „Oh, meine Lieben, solch riesengroße Töpfe!", und er breitete seine Arme weit aus, um die Größe der Kanne zu zeigen...

Also, meine Lieben, macht euch keine Sorgen, im Reich Gottes steht euch alles zur Verfügung, was euer Herz begehrt. Diesbezüglich kann ich euch beruhigen; macht euch darüber keine Gedanken. Es spricht also nichts dagegen, zu Gott zu gehen, aber alles spricht dagegen, hier zu bleiben. Warum wollen wir nicht das Reich Gottes finden und unser Leid beenden? Dem allgemeinen Empfinden nach meinen die Leute, dass alle Zusicherungen in den heiligen Schriften erst nach dem Tod eintreffen, doch Tatsache ist das genaue Gegenteil. Alles, was ihr meint, erst im Reich Gottes zu finden, müsst ihr in Wirklichkeit hier finden und dann damit dorthin gehen. Das ist dann eine echte Befriedigung. Was ihr erhalten sollt, wohin ihr gehen sollt, das sollt ihr erst hier in Empfang nehmen und euch dann, damit ausgerüstet, auf den Weg machen. Gott wird bei euch sein, das Reich Gottes wird euch gehören, und alle Engel werden euch begleiten. Auch der Meister wird bei euch sein, und ihr werdet bereits, während ihr hier in der Welt im menschlichen Körper seid, alles Schöne und Wunderbare genießen.

So war es auch bei mir. Ich war erst dann in der Beziehung zu meinem Meister zufrieden, als ich nach der Initiation etwa sechs Monate lang an der heiligen Verbindung mit Licht und Ton im Inneren gearbeitet hatte. Dann erst war ich überzeugt, dass sie wirklich funktioniert. In der indischen Mythologie heißt es, dass die ersten fünfundzwanzig Jahre eines Menschen dazu da sind, Gott und das Reich Gottes zu finden. Im allgemeinen kann dies bis zum Alter von ungefähr zwanzig Jahren erreicht werden, doch bis zu einem Alter von fünfundzwanzig ist es wirklich leicht möglich. Sobald ihr Gott und das Reich Gottes gefunden habt, könnt ihr mit dem weltlichen Leben hier fortfahren. Dann kann es wirklich keinerlei Schwierigkeiten oder Probleme mehr geben, weil die Kraft, welche die Herrschaft über alles in den drei Welten hat, euer Begleiter ist.

Die Kräfte, die uns Probleme schaffen, werden nicht an euch herankommen, und das Leben hier wird vollkommen von der Kontrolle durch das Gesetz des Karmas befreit sein. Ihr werdet euch unmittelbar der Barmherzigkeit, Vergebung und Gnade erfreuen und fähig sein, in Liebe zu leben, in einem Ozean von Liebe. Alle Menschen hier werden durch euch dieselbe Einstellung genießen, derer ihr euch erfreut. Ihr werdet nicht nur in der Lage sein, „euren Vater, Gott, von ganzer Seele, von ganzem Herzen, von ganzem Gemüt zu lieben", sondern ebenso „euren Nächsten wie euch selbst und auch eure Feinde".

Wer kann denn euer Feind sein? Jemand, der stärker ist als ihr und euch verletzen kann. Wenn sich jemand irgendwo unten in einem Brunnenschacht befindet und sich bemüht, euch zu verletzen oder etwas anzutun, könnt ihr zwar sagen: „Das ist mein Feind." Doch ihr werdet es nicht mit voller Überzeugung sagen, denn ihr spürt: „Was kann er mir schon tun? Soll er doch weiterkämpfen! Lass ihn ruhig mein Feind sein, ich empfinde nichts dergleichen." Ihr werdet so erhoben und in Gott beschützt sein, dass ihr, selbst wenn die ganze Welt euer Feind wäre, nicht das Gefühl hättet, es gäbe jemanden, der euch etwas antun, euch schlagen und verletzen könnte und dass ihr euch fürchten müsstet, weil es hier Feinde gäbe.

Auf diese Weise kommt es euch überhaupt nicht in den Sinn, dass irgendjemand euer Feind sein könnte. Vielmehr werdet ihr Mitgefühl empfinden, weil ihr erfüllt seid von Liebe zu allen, denn die göttliche Liebe ist bedingungslos und schließt jeden ein. Eure erfolgreiche Karriere wird so aussehen, dass ihr in jener Liebe lebt, die nie endet, sondern die von Ewigkeit zu Ewigkeit besteht und die ihr genießen könnt. Dies müssen wir hier erfahren!

Diese Liebe ist auch der Grund, warum der Meister so viele Seelen anziehen kann. Die göttliche Liebe besitzt eine magnetische Anziehungskraft, die alle Herzen erreicht, und so werden sie widerstandslos zum Meister hingezogen. Manchmal schafft das Gemüt irgendein Hindernis, doch ab einem bestimmten Stadium scheitert es in seinen Bemühungen. Der Meister ist ein vor Liebe überfließendes Gefäß, besser noch eine Quelle, die Millionen von Meilen weit sprudelt. Wer den Meister anblickt und insbesondere in seine Augen sieht, und sei es auch nur für einen Augenblick, wird von der Liebe des Meisters, der Liebe Gottes erfüllt. Die Beziehung ist hergestellt und kann nie mehr aufgelöst werden.

Die Verbindung mit dem Meister wirkt unmerklich in uns weiter und bereitet unsere Seele auf jene enge Beziehung vor, die zum Zeitpunkt der Initiation hergestellt wird. Dieses Zusammentreffen eines einzigen kurzen Augenblicks wirkt sich so wunderbar aus, dass ein ewiges Band geknüpft wird, das keine Einrichtung der Negativkraft je aufzulösen vermag. Früher oder später werdet ihr initiiert, sei es in diesem Leben oder in einem anderen, denn in Gottes Plan ist die Anzahl der physischen Körper nicht so wichtig. Wir sagen zum Beispiel: „Ich werde es morgen tun", und dieses ,Morgen', wie wir es hier meinen, entspricht in der Vorsehung Gottes unserem nächsten Leben. Diese göttliche Kraft wirkt unfehlbar und ununterbrochen zu unseren Gunsten weiter, und wir werden früher oder später angenommen und brauchen nie mehr zu leiden.

Es gibt Schwierigkeiten und Probleme, die insbesondere durch das Gemüt, weltliche Angelegenheiten und auch durch euren physischen Körper hervorgerufen werden, aber nichts von alledem wird uns hier festhalten können; all diese weltlichen Dinge der Negativkraft werden ihre Wirkung verlieren. Die Gotteskraft wird erfolgreich sein, besonders durch den Tonstrom. Sollte es Luft- oder Bombenangriffe geben, Panzerinvasionen, blutige Gemetzel und Explosionen, so setzt euch in Meditation, und alles wird sich ganz wunderbar für euch fügen! Euch wird nichts geschehen!

Als ich in Nordindien war, fand, ich glaube es war 1971, der Überfall Pakistans auf Indien statt. Ich befand mich damals an der Grenze. Wenn ein Luftangriff bevorstand, wurden die Leute per Bombenalarm dazu aufgefordert, ihre Schützengräben aufzusuchen. Dort waren auch zwei benachbarte Familien, eine initiierte und eine nicht-initiierte Familie. Alle acht Mitglieder der nicht-initiierten Familie rannten in ihren Schützengraben, aber auch ein Sohn der initiierten Familie war in der Eile in deren Schützengraben gesprungen, während seine übrige Familie in ihrem eigenen Graben war. Die Mitglieder der nicht-initiierten Familie behandelten ihren Nachbarn sehr unfreundlich: „Warum bist du in unseren Graben gekommen? Verschwinde und geh hinüber zu deiner Familie!"

Er bat sehr demütig: „Es ist ja nur für zwei, drei Minuten! Wenn der Luftangriff vorbei ist, gehe ich sofort. Ich bin doch euer Nachbar!" Der Mann erzählte später: „Sie haben mich mit Gewalt hinausgedrängt." So musste er im gefährlichsten Moment zum Graben seiner eigenen Familie laufen. In dem Augenblick aber, als der Mann dort hineinsprang, fiel eine Bombe direkt in den Graben der nicht-initiierten Familie, und sie wurden alle in Stücke gerissen. Ich habe selbst den tragischen Anblick dieser achtköpfigen Familie gesehen. Daraus könnt ihr die beschützende Kraft erkennen, die diesem Menschen das Leben rettete. Eine solche Kraft braucht ihr! Sie befindet sich in euch. Ihr braucht nur die Verbindung zu ihr zu entwickeln.

Ich bin euch sehr dankbar, dass ihr meinem Ruf gefolgt seid und ich euch alle sehen konnte, so dass wir etwas mehr vom wahren Leben erfahren. Einige gute Dinge werden uns dazugegeben, und einige schreckliche, unangenehme oder gefährliche werden von uns genommen, und wir brauchen uns nur noch zu entspannen und einen Seufzer der Erleichterung auszustoßen.

Es gibt also jemanden, in dessen Schoß ihr die Augen schließen und euch entspannen könnt, und dieser Jemand ist hier in euch am Augenbrennpunkt. Er ist da! Hundertprozentig! Es ist meine bescheidene Bitte an euch alle: Bitte, akzeptiert diese Tatsache und glaubt sie mir einstweilen, und wenn ihr es tatsächlich erfahren habt, glaubt wirklich daran! Ich sage euch dies aus meiner eigenen praktischen Erfahrung heraus, nicht aufgrund einer Zweithandinformation.

Kritik und Verleumdung

Meine lieben Brüder und Schwestern, zweifellos sind wir mit dem zentralen Lebensimpuls, der alles beinhaltet, verbunden worden. In den indischen Schriften steht geschrieben, dass jeder, der seine eigene Seele gefunden hat, alles gefunden hat, mehr als das kann man nicht erfahren. Wer seine Seele erkannt hat, hat alles erkannt; darüber hinaus gibt es nichts zu erkennen. Alle Weisheit, alles Wissen, jede Errungenschaft ist vollständig in unserem eigenen Seelen-Selbst enthalten. Deshalb wird in allen Schriften betont: „Sucht zuerst das Reich Gottes, alles andere wird euch dazugegeben."

Wenn wir uns in der Dunkelheit des Körpers und der Welt befinden, geht der Kontakt zu unserer Seele verloren. Wiedergefunden wird die Seele durch Gott im Reich Gottes, wo sie dann für immer verankert sein wird. Die Vorkehrung dazu wurde im Inneren des menschlichen Körpers eingerichtet, so dass wir bereits hier in der Welt die Vollkommenheit, also jenen allwissenden und allweisen Zustand sowie alle damit verbundenen Errungenschaften genießen können. Alle Heiligen und Meister, die mit dem inneren Gottselbst und dem Reich Gottes in Verbindung standen, empfingen direkte Intuition, direktes Wissen und direkte Weisheit. In ihnen sprach Gott. Sie brauchten nicht irgendwelche Schriften der früheren Meister zu studieren oder Kontakt mit einem anderen Meister zu haben, um etwas zu lernen, sondern waren aus sich selbst heraus vollständig und vollkommen.

Ich stelle fest, dass das, was in der heiligen Bibel steht, auch in den Veden und im Adi Granth nachzulesen ist. Ähnliche Informationen über Gott und das Reich Gottes, das heilige Licht und den heiligen Ton gibt es im Buddhismus, im Islam und in anderen religiösen Schriften. Die Meister dieser Religionen kamen in verschiedenen Ländern zur Welt, und in jenen Zeiten gab es keine Kommunikationsmittel, über die sie Informationen aus anderen Ländern hätten bekommen können. Auch die Sprachen waren untereinander gänzlich verschieden. Wie ist es dann möglich, dass zu allen Zeiten die Information von allen Meistern dieselbe ist, ganz gleich in welchem Land sie erschienen? Es ist klar, dass Gott selbst gesprochen hat, indem er sich der Körper dieser Meister, Gottmenschen oder Propheten bediente.

Auch in der Bibel wurde erklärt: „Wie er sprach durch den Mund seiner heiligen Propheten seit Anbeginn der Welt." Wenn also der Vater einigen Kindern etwas sagt, was gut für sie ist, wird er es den anderen Kindern nicht vorenthalten. Die göttliche Botschaft wurde jedem Menschen überbracht, damit er in Verbindung zu seinem großen Selbst treten kann. Auch wenn man dem Gottmenschen nicht persönlich begegnet, kann man alle Informationen, die zu irgendeiner Zeit von den Meistern gegeben wurden, im Inneren erfahren. In alten Zeiten standen den Meisterheiligen keinerlei Verkehrsmittel zur Verfügung. Wie konnte dann den Menschen in anderen Gebieten oder in Ländern, in denen der Meister nicht lebte, geholfen werden? Es ist ganz klar, dass der jeweilige Meister seine inneren höheren, spirituellen Körper zu benutzen pflegte, um mit den Menschen in den verschiedenen Ländern in Verbindung zu kommen - auch, indem er ihnen physisch erschien. Es gibt viele Begebenheiten, bei denen der Meister tatsächlich an einem Ort gesehen wurde, an dem er physisch gar nicht anwesend war.

Das Leben des Menschen beschränkt sich also nicht auf den menschlichen Körper. Der menschliche Körper ist nur eine Art Zentrale, von wo aus der Kontakt mit der ganzen Schöpfung Gottes aufgenommen werden kann - so wie der

Same nur ein Same und an sich von keinerlei Nutzen ist. Wird er aber gesät, bricht er aus der Schale hervor und wird zu einem richtigen Obstbaum, genauso wie der Baum, von dem er abstammte. Der menschliche Körper ist also wie eine Schale, in der sich der Same Gottes befindet, und Gott selbst ist in ihm, um sich um den Samen zu kümmern, damit er im vollen Maße wie Er selbst wird. Die euch gegebenen Anweisungen sind die grundsätzlichen Regeln, mit deren Hilfe ihr wirklich wunderbare Menschen werden könnt. Alle Schriften geben Auskunft über den Menschen und sagen, dass man nicht stolz auf den menschlichen Körper sein soll, denn von ihm heißt es: „Staub bist du, und zum Staub musst du zurück."

Was den Menschen wirklich ausmacht, beginnt mit den inneren Einrichtungen, mit dem Astral-, Kausal- und Superkausalkörper, umfasst andere höhere spirituelle Körper und schließlich das Reich Gottes und Gott. Letztendlich muss die Seele des Menschen vollkommen wie Gott werden, und dann ist er wirklich ein vollständiger, vollkommener Mensch. Das ist die Richtlinie für den Menschen: „Seid vollkommen, wie euer Vater im Himmel vollkommen ist." Wenn ihr vollkommen seid, wie euer Vater im Himmel vollkommen ist, könnt ihr euch wirklich als ‚Mensch' bezeichnen.

Wir sind ohne Bedeutung, solange wir uns nur auf unseren physischen Körper beschränken; er unterscheidet sich nicht vom Körper des Tieres. Wir haben höchstens ein paar zusätzliche Vorteile und auch Leiden. Wie aber definiert Gott den Menschen? Bei ihm wird derjenige als ‚Mensch' bezeichnet, der vollständig und vollkommen ist wie Gott selbst. Die Anweisungen dafür wurden uns von Gott durch die Meister gegeben, und seit Anbeginn der Welt ist auch die entsprechende Hilfe da. Der Mensch soll nicht leiden, sondern sich erfreuen und allen anderen Freude vermitteln. Solange wir

jedoch diesen Zustand der Selbstverwirklichung, des Allwissens und der Allweisheit nicht erreicht haben, gibt es Un-
terweisungen, an die wir uns entsprechend den Worten der
Meister halten müssen.

Vieles habe ich euch schon mitgeteilt, und ihr wisst darüber Bescheid. Doch es gibt noch etwas anderes, worüber
ich mit euch sprechen möchte, und das ist Kritik und Verleumdung. Es gehört zur allgemeinen Lebensart eines Menschen, dass da, wo zwei oder drei zusammen sind, jemand
kritisiert wird, der nicht anwesend ist. Und das Gemüt hat
auch die Verhaltensweise, sich selbst zu loben: „Ich habe
meinen Bekannten so viel Gutes getan, sie aber haben mir
nur Schlechtes zugefügt." Zumindest wird irgendeine Kritik
an der Politik oder derartigem geübt, und man kommt sich
großartig vor: „Ich konnte meine kritische Meinung über einige Leute darlegen."

Im Adi Granth steht, dass das Gemüt des Menschen ganz
und gar verrückt ist, so dass er noch nicht einmal davor zu-
rückschreckt, Gott zu kritisieren oder sehr gute Menschen,
an denen nichts Schlechtes ist und die nur Gutes getan haben. Aber das Gemüt des Menschen möchte alle anderen für
minderwertig erklären und sich selbst als großartig und allen anderen überlegen darstellen. Es ist uns nicht erlaubt,
jemanden zu kritisieren oder zu loben, denn alles wurde von
Gott eingerichtet, auch die Art und Weise, wie jemand handelt, ist seine Vorkehrung. Gott kennt alle und hat sie so
konstruiert, dass sie sich auf bestimmte Weise verhalten
müssen. Das begrenzte menschliche Verständnis ist nicht
geeignet, das zu kritisieren, was Gott entsprechend seinem
erhabenen Plan geschaffen hat.

In den Hymnen des heiligen Kabir werden solche Erklärungen gegeben. Es heißt, dass einige Leute ein Gespräch
führten und zu dem Schluss kamen: „Die Menschen auf die-

ser Welt sind schlecht und tun nur Schreckliches." Der heilige Kabir schwieg dazu, und als sie ihn fragten: „Was ist deine Meinung?", sprach er: „Wenn es jemanden auf dieser Welt gibt, der der Schlechteste ist, dann bin ich es. Ich habe das Gefühl, dass jeder besser ist als ich."

Und so ist es ja auch! Den Inhalt einer verschlossenen Tasche kennt nur derjenige, dem die Tasche gehört, er weiß, was sich Gutes oder Schlechtes darin befindet. Ihr könnt nicht sagen, was sich in der Tasche der anderen befindet, weil ihr es nicht wisst, ihr habt ihre Taschen nicht erforscht. Im allgemeinen haben die Leute selbst sehr viel Negatives getan, doch das wird geheimgehalten, und sie denken: „Niemand weiß etwas davon, ich kann es versteckt halten." Dabei lassen sie keine Gelegenheit aus, andere zu kritisieren, und sei es, dass sie etwas erfinden, was gar nicht der Realität entspricht.

Mein Meister pflegte dies als eine Sünde zu bezeichnen, die nach nichts schmeckt. Es ist eine Sünde, jemanden zu kritisieren oder zu verleumden! Und wenn es Strafen für Vergehen wie Mord, Diebstahl, Raub und andere schlechte Dinge gibt, dann fällt Kritik und Verleumdung unter dieselbe Kategorie. Nehmt einmal an, jemand lügt oder begeht einen Diebstahl oder Raub, dann hat derjenige wenigstens etwas davon, auch wenn er eine Sünde beging. Doch wenn wir ihn kritisieren, sind wir Sünder, aber haben nichts davon. Deshalb pflegte mein Meister dies als ‚geschmacklose' Sünde zu bezeichnen.

Auch der heilige Kabir hat eine ganze Hymne über dieses Thema geschrieben: „Haltet euren Kritiker oder Verleumder nicht für euren Feind oder jemanden, der euch Schaden zufügt! Haltet den Kritiker genauso in Ehren wie eure Mutter oder euren Vater oder eure Verwandten und Freunde, denn wenn es jemanden gibt, der euer bester Freund ist, dann ist es euer Kritiker oder Verleumder." Doch unser Gemüt kann jemanden, der es kritisiert oder verleumdet, nicht akzeptieren. Wir möchten diesem Menschen alles mögliche Schlechte antun, ihn schlagen und ihm sogar den Tod wünschen.

Der Hauptgrund, weshalb wir solch einen Menschen schätzen sollten, ist folgender: Was auch immer ihr an Sünden und Bösem in eurem Leben begangen habt - wenn ihr einen Kritiker oder Verleumder habt, wird er euch von euren Verfehlungen und Missetaten reinigen. Er wird eure schrecklichen Karmas, die ihr verursacht habt, auf sich laden und euch von ihren Auswirkungen befreien. Wenn das stimmt, könnt ihr diesen Menschen dann euren Feind nennen? Ganz gewiss werdet ihr ihn als euren besten Freund bezeichnen. Alle Höllenfeuer, die euch bestimmt waren und in denen ihr lange, lange Zeiten gelitten hättet, hat er euch erspart, indem er sich selbst geopfert und diese auf sich genommen hat. Macht euch also nie Sorgen, wenn euch jemand kritisiert und schlecht über euch redet, lasst diesen Menschen euch auf diese Weise helfen! Aber lasst euch selbst nie auf Kritik oder üble Nachrede ein, damit ihr euch nicht in derselben Situation verfangt!

Wenn ihr andere verleumdet oder kritisiert, breitet sich das Übel zudem in mehr und mehr Herzen aus. In einigen Ländern war es früher nicht üblich, Frauen hart anzufassen. Jemand aus solch einem Land reiste einst in ein Land, wo die Männer die Frauen unterdrückten und sie sehr schlecht behandelten. Als er zurückkam, schilderte er seinen Landsleuten, welche schlimmen und schrecklichen Bräuche es in jenen Ländern gab. Das Ergebnis war jedoch, dass dieselben Verhaltensweisen in diesem Land einsetzten, wo sie zuvor nicht aufgetreten waren, weil so etwas im Gemüt oder Empfinden der Leute nicht existiert hatte. Doch als sie davon hörten, drang der Gedanke auch in ihr Herz. Die Untugenden gedeihen erst richtig, wenn wir über andere Schlechtes weitererzählen. Sprecht also nie schlecht über jemanden! Das ist ein grundlegendes Prinzip für alle. Wir werden nicht nur selbst Sünder sein, sondern auch noch das Laster verstärken, indem wir diese negative Information an ahnungslose Leute weitergeben.

Lobt auch niemanden, denn euer Intellekt ist begrenzt! Wenn ihr jemanden lobt, geht vielleicht der, mit dem ihr gesprochen habt, zu dem Betreffenden, und dieser handelt nun genau entgegengesetzt zu eurem Urteil. Somit seid ihr die Ursache für die Enttäuschung dieses ahnungslosen Menschen. Tadel und Lob widersprechen in der Tat dem Gesetz, dass wir mit unserer weltlichen Klugheit das Reich Gottes nicht ererben können. Es ist ganz klar, dass wir uns, wenn wir jemanden kritisieren, für schlau genug halten, überprüfen zu können, wer schlecht ist. Und wenn wir jemanden loben, ist es dasselbe. Wir glauben auch, beurteilen zu können, wer gut und wer schlecht ist. Handeln wir so, schließen wir uns vom Reiche Gottes aus, und, gemessen an der Größe Gottes, werden wir zurückgewiesen. In allen Schriften heißt es: „Vater, ich danke dir, weil du all dies den Weisen und Klugen verborgen hast, aber den Unmündigen offenbart hast."

Wir besitzen wirklich keine Weisheit, denn diese befindet sich einzig auf der Ebene der Seele. Der Verstand sammelt nur hier und dort Informationen zusammen und versucht, sich darauf einen Reim zu machen, der niemals der Wirklichkeit entspricht, sondern immer nur ein Phantasiegebilde bleibt.

Wenn uns bewusst wird, dass das Gemüt weder Verstand noch Gefühl hat, werden wir es nicht wagen zu behaupten, dass jemand gut oder schlecht ist, jedenfalls nicht, solange wir nicht Wissen und Weisheit auf der Ebene der Seele besitzen. Da ihr die entsprechende Information erhalten habt, müsst ihr sehr achtsam sein, und wenn ihr es bisher nicht wart, bemüht euch in Zukunft darum!

Anstatt unsere Zeit mit solch nutzlosem Geschwätz zu verschwenden, den einen zu kritisieren und den anderen zu loben - es gibt nur diese beiden Gesprächsthemen -, könnten wir versuchen zu meditieren. Wenn ihr etwas sagen müsst, wenn ihr mit jemandem reden müsst, sprecht über Gott, den Meister, das heilige Licht und den heiligen Ton, über das Reich Gottes und Gott selbst! Fahrt fort, diese zu loben und preisen, redet darüber, sprecht darüber Tag und Nacht, Tag und Nacht - und ihr seid gesegnet. Denn das sind mit Sicherheit grundlegende Wahrheiten, daran besteht kein Zweifel, ihr tut wirklich das Richtige und werdet für das, was ihr tut, gesegnet sein und eure Zuhörer ebenfalls.

Eine äußerst eindrucksvolle Beschreibung über dieses Thema wird im Adi Granth gegeben: „Lobe deinen Meister, wenn du wach bist, und lobe deinen Meister, wenn du schläfst!" Euren Meister im Wachzustand zu loben, ist sehr einfach. Aber wie könnt ihr ihn loben, wenn ihr schlaft? Könnt ihr dieses Problem lösen? Schlaft nicht ruhig und friedlich, *(lachend)* versucht zu schnarchen! Wenn ihr schlaft, seid ihr wirklich im Reich Gottes und bei Gott, und ihr werdet so wunderbare Schwingungen an alle Menschen um euch herum aussenden, dass sie diese aufgeladene Atmosphäre genießen werden, denn ihr sprecht nicht nur mit der Zunge, sondern jedes Haar und jede Zelle eures Körpers, euer Astral- und euer Kausalkörper vibrieren in diesen hamonischen Schwingungen des Mitgefühls, der Liebe und des Wissens von Gott und dem Meister.

Eine ähnliche Erklärung gilt für den Lobpreis der Naam-Kraft, des Lichts und Tons und auch Gottes. Nur dafür habt ihr eure Zunge erhalten! Selbst wenn ihr eine Million Zungen hättet, würden diese auch nicht ausreichen, diese Kraft in gebührendem Maße zu rühmen. Wann hättet ihr also Zeit übrig, irgendwelche weltlichen Leute zu kritisieren oder zu loben, wo ihr noch nicht einmal fähig wart, eure Aufgabe zu erfüllen, nämlich Gott, den Meister und die Naam-Kraft zu loben! Dies ist die Pflicht des Menschen. Nur ihm wurde eine Zunge gegeben, die sprechen kann. Alle anderen Lebensformen haben diese Fähigkeit nicht. Sie haben Zungen, aber sie können in keiner Sprache sprechen. Sie haben keinen Gott, kein Naam und keinen Meister, über den die Zunge reden soll; und da sie nichts davon besitzen, haben sie auch nichts zu sagen.

Dem Menschen wurde die Macht zu reden gewährt, um über Gott und die Naam-Kraft zu sprechen und den Meister zu loben. Aber bitte, lobt mich nicht in meiner Gegenwart! *(Scherzend:)* Ich bin sehr schüchtern. Ihr könnt diese Aufgabe erledigen, wenn ich nicht da bin.

Also, meine Lieben, es geht nicht darum, dass der Meister gelobt wird, sondern ihr müsst es tun, um etwas dafür zu erhalten. In den Augenblicken, in denen die anderen Leute von euch etwas über den Meister hören und erfahren, was der Meister ist, was er tut, werden die Gedanken an ihn in ihren Herzen eine Verbindung schaffen, und all diese Herzen werden von der Meister-, von der Gotteskraft aufgegriffen, mit dem Weg des Lebens verbunden und vom Weg der Zerstörung weggeführt.

Einige von euch haben Photos des Meisters in ihren Häusern, in ihren Fahrzeugen oder auch um den Hals hängen. Diese bringen einen sehr, sehr großen Nutzen, denn der Meister ist nichts Materielles. Er steht im Mittelpunkt unserer Gedanken, und wenn wir an ihn denken, fließen uns alle besonderen Gaben und Segnungen von ihm zu. Selbst wenn ihr einen Meister kritisiert und zu jemandem sagt: „Er ist kein guter Mensch", wird dies euch und den anderen segnen, weil ihr an den Meister denkt. Zwar ist auch Kritik da, aber der Gedanke an den Meister wird das Negative der Kritik bezwingen, und das Ergebnis davon wird ein Nutzen für euch sein. Manchmal kamen sogar diejenigen, die die Meister kritisierten, verleumdeten oder gar beleidigten, eher zum Meister als diejenigen, die die Meister lobten. Das war auf die Tatsache zurückzuführen, dass die Kritiker und Spötter viel eifriger waren als diejenigen, die den Meister lobten.

Auch ich habe solche Fälle erlebt. Eine Frau erzählte: „Alle Familienmitglieder sind gegen mich, sie reißen deine Fotos herunter und zerreißen sie und lassen mich nicht meditieren." Ich sagte ihr: „Mach dir keine Sorgen, sie werden bald gewandelt." Und so geschah es, denn die ganze Zeit „meditierten" sie über den Meister, dachten an ihn und entwickelten so eine Verbindung zu ihm. Wenn ihr zum Beispiel Verstopfung habt und ein Abführmittel nehmen müsst, aber in dem Glauben ‚ich nehme ein Abführmittel' ein Mittel gegen Durchfall schluckt, werdet ihr keine abführende Wirkung erzielen, sondern nur noch mehr an Verstopfung leiden. Das eingenommene Mittel wirkt seiner Natur entsprechend, auch wenn ein Versehen vorliegt. Ihr denkt an den Meister, obwohl ihr gegen ihn seid, doch der Gedanke an ihn wird ein Anfang sein, dass ihr daran arbeitet, euch zu verbinden und seine Segnungen zu erhalten. Es werden sich Ergebnisse entgegen euren Erwartungen einstellen.

Diese Gewohnheit der Kritik oder üblen Nachrede wird jedoch aufs Härteste geahndet und sollte in unserem Leben keinen Platz haben. Die indische Mythologie erklärt dieses Phänomen sehr ausführlich. Sie berichtet von einem König, der sehr großzügig war und die Armen zu speisen pflegte. Wenn sie kamen, gab er ihnen zu essen oder was sie sonst brauchten. Eines Tages war er gerade mit dieser Arbeit fertig und ging anschließend in seinen Pferdestall, um nach dem

Rechten zu sehen. Dort war jedoch einiges nicht in Ordnung, und das verdarb ihm die Stimmung. Da tauchte ein ehrwürdiger Mann auf, der vom König etwas zu essen erbat. Da wurde der König wütend und fuhr den Mann an: „Ich war jetzt lange damit beschäftigt, den Bedürftigen zu geben, was sie verlangten. Wo warst du denn da?" In seiner schlechten Laune hob er einige Pferdeäpfel auf, warf sie in das ausgebreitete Tuch des Mannes und sagte: „Jetzt kann ich dir nur das hier geben - bitte, da hast du etwas!" Der Mann nahm schweigend die Pferdeäpfel und verschwand.

Am nächsten Morgen nun meditierte der König wie üblich. In der Meditation sah er denselben frommen Mann, dem er die Pferdeäpfel gegeben hatte. Er lächelte den König an - neben sich einen großen Haufen Pferdeäpfel. Der König wunderte sich: „Mein lieber Heiliger, was bedeutet dieser Haufen Pferdeäpfel?" Da antwortete dieser: „Den hebe ich für dich auf. Er ist dein Eigentum, nicht meines. Was du mir gestern gegeben hast, hat Frucht getragen, es hat sich vervielfacht und ist zu einem großen Haufen für dich angewachsen." Erstaunt fragte der König: „Was wird mit diesem Haufen Pferdeäpfel jetzt geschehen?" Daraufhin sagte der Heilige: „Ich habe dich um etwas Essen gebeten, und du hast mir diese Pferdeäpfel dafür angeboten; jetzt wird das deine Nahrung sein. Du wirst diesen ganzen Haufen nur beseitigen können, indem du ihn aufisst."

Nun war der König in großer Bedrängnis und fiel dem Heiligen zu Füßen: „Ja, ich habe einen großen Fehltritt begangen!Aber kannst du mir nicht sagen, wie ich dieses Problem aus der Welt schaffen kann?" Der Heilige meinte: „Gut, mein Lieber, ich werde es versuchen." Nach kurzem Nachdenken erklärte er: „Nun gut, du kannst dich bemühen, von den Leuten kritisiert zu werden. In dem Umfang, in dem sie dich kritisieren, werden sie diese Pferdeäpfel mit dir teilen."

Der König beendete seine Meditation und zog in Begleitung einer Prostituierten durch die Straßen der Stadt. Er hielt eine gefärbte Flasche in der Hand, so dass es aussah, als würde er Wein trinken. Nun kritisierten und verleumdeten fast alle Leute in der Stadt den König: „Er war doch ein so guter, wunderbarer Mensch, was ist heute mit ihm los? Er hat eine Prostituierte und betrinkt sich in aller Öffentlichkeit."

Als der König am nächsten Morgen in Meditation saß, sah er wiederum diesen Heiligen. Aber nun war da kein großer Haufen mehr, sondern es war nur noch ein kleiner übriggeblieben. Er war dem Heiligen sehr dankbar, fragte aber erneut: „Was geschieht mit diesem restlichen Häufchen?" Die Antwort war: „Das ist der Anteil eines Menschen, der dich nicht kritisiert hat." Und er nannte ihm dessen Namen: „Geh zu ihm und sieh zu, dass du von ihm kritisiert wirst, dann wird er dir diesen Rest abnehmen."

Jener Mann besaß jedoch Wissen und Weisheit, er wußte, wie schrecklich Kritik oder Verleumdung ist. Ohne sich zu erkennen zu geben, schnitt der König also das gleiche Thema an: „Mein lieber Freund, weißt du, was mit unserem König passiert ist? Er war ein so guter Mensch, aber jetzt ist er mit einer Prostituierten durch die Straßen der Stadt gezogen und hat sich in aller Öffentlichkeit betrunken." Der Mann blieb stumm und reagierte in keiner Weise.

Der König begann von neuem: „Mein Lieber, ich habe dir doch etwas Wichtiges mitgeteilt! Wie soll denn das weitergehen, wenn der König so schreckliche Dinge tut, was wird aus dem Volk werden?" Wieder blieb der Mann völlig ungerührt.Der König versuchte es ein drittes Mal: „Lieber Herr, wenn nicht einmal gute Menschen wie du sich darum kümmern, dass sich solche Dinge mit der Position eines Königs nicht vereinen lassen, wer wird sich dann der Sache annehmen? Lass uns darüber nachdenken und versuchen, etwas dagegen zu tun."

Da kam Bewegung in den Mann, und er versetzte dem König eine schallende Ohrfeige: „Iss deine Pferdeäpfel selbst! Ich bin nicht bereit, sie mit dir zu teilen, mein Lieber!" Da musste der König unverrichteter Dinge gehen und hatte zu leiden, das heißt, es wird berichtet, dass er die Pferdeäpfel nahm und sie wie ein Gewürz benutzte, obwohl sie nach nichts schmeckten - so wie Avocados, die aber wenigstens mit ein bisschen Salz oder Zitronenwasser angemacht werden. Als ich das erste Mal eine Avocado aß, dachte ich, ich esse Matsch. Es schmeckte so fade! Es ist zwar immer noch so, aber jetzt mag ich sie schon ein bisschen mehr. Wenigstens sind sie nicht mit Pferdeäpfeln gemischt.

Das ist ein Beispiel dafür, wie schrecklich Kritik oder Verleumdung ist, und wir sollten uns bemühen, diese grundsätzlich zu vermeiden.

Ihr seid Seele

29. Mai 1998, Abendsatsang Jesolo, Auszüge

Meine lieben Kinder, alles Wesentliche, was ihr über das Leben wissen müsst, wird euch hier mitgeteilt. Jene Menschen mit Wissen und Weisheit, durch die Gott selbst sprach, haben uns die richtigen Maßstäbe gesetzt. Die Welt hat zwei Aspekte: einen niedrigeren und einen höheren.

Im Adi Granth gibt es eine anschauliche Beschreibung des Menschenlebens, warum der Mensch leidet und wie er dies überwinden kann. Dort heißt es: „Ihr seid wie Frösche, und wie die Frösche lebt ihr in einem Teich, in dem Lotusblumen wachsen. Entsprechend eurer Lebensweise seid ihr nur mit dem unteren Teil der Pflanzen befasst, wo nur Schlamm und Schmutz und nichts Annehmbares zu finden ist. Manchmal ist es dort etwas besser und manchmal wieder schlechter. Dadurch freut ihr euch manchmal eures Lebens, und dann wieder geht es euch schlecht. Aber es ist euch nicht bewusst, dass die Pflanze, in deren Wurzeln ihr lebt, einen oberen Teil hat, an dem sich eine wunderbare Blüte mit Duft, Zartheit, Reinheit und Schönheit befindet. Biene und Hummel kommen von weit her geflogen und genießen die Blüte, ihre Schönheit, ihren Glanz und alles, was an ihr angenehm ist."

An uns ist es jetzt, unseren Zustand zu verbessern. Wenn wir aus diesem unteren Teil unserer Existenz herauskommen, werden wir in der Lage sein, mit unserem oberen Teil, der Seele, zu arbeiten, die mit Gott und seinem Reich verbunden werden kann. In eurem Körper sind beide Dinge vorhanden. Das eine ist der äußere Körper, der aus Fleisch, Blut und Knochen gemacht ist und nur eine Beziehung zur äußeren Welt unterhalten kann. Er muss leiden, denn diese Welt ist das Tal des Todes, in dem das Böse mit Leiden regiert und uns alle als seine Sklaven hält...

Auch in der über uns liegenden ersten Region, die in der Spiritualität ‚Astralebene' genannt wird, gibt es Leid, denn dort befinden sich die Höllen. Es gibt dort auch etwas weniger schlimme Höllen, die wir Himmel zu nennen pflegen. Wenn wir die beiden Bereiche dieser ersten Ebene mit der Erde vergleichen, erscheinen die Höllenbereiche sehr grausam und die Himmel demgegenüber viel schöner, und wir meinen dann, diese seien ganz akzeptabel. Gelangen wir aber über die erste Ebene hinaus, kommen wir in die Kausalebene, die zweite innere Ebene. Schauen wir von dort aus hinab, unterscheiden sich Höllen und Himmel kaum mehr voneinander, und uns ist klar, dass das in den Astralregionen keineswegs Himmel sind.

In der zweiten Ebene, in der sich die Hauptzentren der Negativkraft befinden, liegen die Dinge anders. Auch dort gibt es beide Seiten: auf der einen die Engel, die Guten, die ihre Existenz genießen, auf der anderen die Teufel, die Bösen, die grauenhaft sind. Sie leiden unter sich selbst, denn ihr eigenes Gift, ihre eigenen Feuer lassen sie leiden. Obwohl die Engel sich dort erfreuen könnten, ist ihnen dies nicht möglich, denn durch die Gegenwart der Teufel wird jeder Anlass zur Freude vergiftet.

In der indischen Mythologie gibt es genaue Schilderungen. Diese Schriften stellen jene oberen und unteren Ebenen äußerst detailliert dar, besonders bis zur zweiten Ebene, die Brahmand genannt wird. Zwischen den Guten und Bösen, zwischen Licht und Finsternis, zwischen den Teufeln und den Engeln herrscht ständig Streit. Nach einiger Zeit des Kampfes sind die Bösen die Sieger, vertreiben die Engel und übernehmen dort die Herrschaft. Dann wenden sich die Engel an Gott, bitten um Hilfe, und diese Hilfe erfolgt durch einen Meister oder Avatar, der hier in diese Welt kommt. Durch ihn werden viele besonders starke und schlimme Teufel beseitigt, so dass das Böse so weit geschwächt wird, dass die Engel wieder ihre ursprünglichen Positionen einnehmen und dort leben können. Damit wird auch die Situation der unteren Welten, der astralen und der physischen, verbessert. Solange aber die Bösen in der zweiten Ebene, in Brahmand, regieren, sind die Umstände nicht nur dort entsetzlich, sondern auch die beiden unteren Ebenen sind in einem ganz schlimmen Zustand. Diese drei Regionen hängen nämlich eng miteinander zusammen. In der Kausalebene liegt die Ursache für alles, was in den beiden darunter liegenden Ebenen - und besonders in der physischen Welt - an Ausschlaggebendem eintritt.

Friede, Glück und Freude beginnen jedoch erst ab der dritten Region, der Superkausalebene. Dort ist das Gemüt, das der Führer und Herr alles Negativen ist, nicht mehr vorhanden. Es bleibt in Brahmand, der zweiten Ebene, zurück. Das bedeutet, dass wir nach dem Verlassen des physischen Körpers von Problemen und Sorgen noch nicht frei sind. Manche Menschen können das Leben hier nicht ertragen und begehen Selbstmord, um mit dem Körper auch ihre Probleme loszuwerden. Aber wo gehen sie denn hin, wenn sie den irdischen Körper verlassen? Sie kommen zwar ohne Zweifel aus der physischen Welt hinaus, aber sie werden vor den Richter gebracht. Dort lautet der Hauptanklagepunkt, den die Negative Kraft vorbringt: „Du hast kein Recht, irgendetwas zu zerstören, das dir nicht gehört. Es gehört mir." Tötet ein Mensch einen anderen, wartet Strafe auf ihn, bringt er sich aber selbst um, zieht das die schärfste Bestrafung nach sich, und er wird darunter lange, lange Zeit zu leiden haben. Jede Seele verlässt nach dem Tod den physischen Körper, aber sie kommt dann in den Astralbereich, wo, wie bereits gesagt, die Leiden und Probleme in den Höllen ganz unsäglich sind. In den Himmeln bestehen zwar ebenfalls Leiden und Probleme, sie sind dort aber geringer. Was hier auf Erden Störungen verursacht, das Gleiche gibt es auch in der Astralregion.

Nichts ist gut oder schlecht, es gibt kein Mehr oder Weniger, es ist nur das Gemüt, das alles durcheinander bringt. Wenn wir schön angezogen und gut aussehend ausgehen, sind wir glücklich. Aber sobald wir jemanden sehen, der besser gekleidet ist als wir und schicker ausschaut, sind wir geknickt. Auf diese Weise macht das Gemüt diese Welt und die inneren Welten bis Brahmand unerquicklich und in jeder Situation schrecklich. Hier in der Welt bestehen große Unterschiede zwischen den Menschen; keiner ist dem anderen gleich. Das Gemüt hat die Angewohnheit, nie zufrieden zu sein, selbst wenn 95 Prozent aller Menschen einen niedrigeren Lebensstandard haben als ihr und nur fünf Prozent höher stehen. Es wird immer nur auf diese fünf Prozent starren: „Ihnen geht es besser als mir! Sie treten großartiger auf! Sie stehen höher! Ich muss das erreichen, was sie erreicht haben, und noch mehr!" So arbeitet das Gemüt. Es ist aber niemals möglich, dass ihr weltweit an erster Stelle steht! Es gibt immer Leute, denen es besser geht, die höher gestellt sind, und so ist das Gemüt immer in einem aufgewühlten Zustand.

Auf diese Weise wirkt es in allen drei Welten - der physischen, der astralen und sogar noch in der kausalen. Es hat dadurch diese drei Ebenen unerträglich gemacht. Aber Gott sei Dank ist es ihm nicht gestattet, uns noch weiter zu begleiten! Sobald wir die zweite Ebene, die Kausalebene oder Brahmand, durchquert haben und Par Brahmand, die dritte oder Superkausalebene, betreten, muss das Gemüt zurückbleiben. Dann hat die Seele zwar immer noch eine Hülle um sich, doch sie kann sehen, dass Gott in allem wirkt und dass keiner der selbständig Handelnde ist, dass keiner hoch und keiner niedrig steht.

Wenn das Ego und die Einstellung, der Handelnde zu sein, uns verlassen haben, hört auch die Macht des Karmas über uns auf. Das Gesetz des Karmas ist auf uns nur anwendbar, solange das Gemüt unser Bewusstsein trübt und im Ego arbeitet: „Ich bin es, der handelt. Ich werde dies machen. Ich kann jenes tun. Er ist schlecht. Der ist gut." Daraus entsteht die Verwirrung, die das Karmagesetz in Aktion treten lässt. Erst wenn also die Macht des Karmas über uns aufhört, können wir aufatmen und aus all den Bindungen befreit werden, und dann werden wir zu nichts mehr blind getrieben, wir werden nicht mehr mit allem möglichen „beworfen" und müssen nicht mehr ohne Vorwarnung ständig nur leiden, ohne Einfluss darauf nehmen zu können. Wir werden nämlich blind gemacht, und die Negative Kraft treibt uns umher und lässt uns leiden, wie es ihr gerade gefällt. Das kommt daher, dass sie in den drei unteren Regionen herrscht...

Die dritte innere Ebene kann als eine Art neutraler Ort angesehen werden, wo Gott in größerem Ausmaß vorhanden ist, aber dennoch können wir uns noch nicht in der Weise erfreuen, wie es möglich ist, wenn wir mit Gott direkt verbunden sind. Selbst wenn wir alles abschütteln, was die Seele bedeckt, und diese dann von ihren Umhüllungen frei ist, besteht das Leid in einem gewissen Ausmaß fort. So wirkt sich zwar dieses schreckliche Gesetz des Karmas nicht mehr auf uns aus, wenn wir die dritte Region erreichen, aber im weiteren Verlauf der Entwicklung muss das wahre Leben entwickelt werden, damit es wirklich vollkommen wird.

Wenn wir im Kreise unserer Familie bei uns zu Hause sind, uns in Sicherheit befinden und Ansehen genießen, geht es uns richtig gut. Vielleicht sind wir nach langer Trennung von unserer Heimat, von unserem Vater und der Familie wieder zurückgekehrt. Oder wir waren lange Zeit fern von unserem wunderbaren Königreich, unseren Palästen und unserem Besitz. Dann fühlen wir uns jetzt, als hätten wir unser Leben wiedergefunden. Denn hier zu Hause gibt es keine Sorgen, keine Probleme, kein Leid, keine Krankheiten, keinen Tod. Und hier gibt es keine Dualität. Keiner kann euch zur Rede stellen: „Wer bist du? Woher kommst du? Warum bist du da?" Jeder kennt euch, liebt euch, begrüßt euch und bedient euch. Hier gibt es auch keine Veränderung. Keiner wird alt oder schwach, niemand leidet an irgendetwas Mangel. Alles ist vollkommen. Nichts muss zu euch kommen und nichts von euch weggehen. Diese Art von Leben kann gar nicht beschrieben werden. Ich erzähle euch nur ein wenig darüber, damit ihr eine kleine Vorstellung von diesem Leben habt. Selbst wenn wir Zutritt zu dieser Welt haben, ist und bleibt sie unbeschreiblich.

Warum also, meine Lieben, haben wir nicht den Wunsch, dorthin zu kommen und dieses Leben zu finden, wenn es doch auf uns wartet? Wir brauchen nur unseren Weg freizumachen, der von der Negativen Kraft verstellt ist; und das ist mit der Hilfe des Meisters sehr einfach. Er bittet uns: „Folgt mir, bitte, und ich werde euch auf euren Thron setzen. Ihr werdet das erhalten, was euch gehört, und ihr werdet voll darüber verfügen können." Sollen denn all die Informationen in den Schriften oder das, was uns die Meister sagen, falsch sein? Ich sage euch dasselbe, nicht auf der Grundlage der heiligen Schriften, sondern aufgrund meiner eigenen Erfahrung.

Beinahe alle von euch, die initiiert worden sind, haben wenigstens eine kleine Erfahrung von der astralen, kausalen oder sogar von der superkausalen Ebene oder noch höheren Ebenen bekommen. Bei der Initiation nimmt euch der

Meister aus dem physischen Körper heraus und lässt euch wenigstens in die erste Region eintreten, wo ihr etwas von dem Licht und Klang Gottes seht und hört. Es kommt direkt von der Gotteskraft. Wir fühlen uns wohler, leichter, angenehmer, empfinden Entspannung und Ruhe im Inneren wie auch im Äußeren. Und wenn wir uns immer stärker mit dem heiligen Licht und Ton verbinden, werden wir immer schönere Erfahrungen machen... Wenn ihr dann weiter wandert, findet ihr wirklich etwas noch viel Schöneres, das alle eure Vorstellungen übertrifft.

Durch den arglistigen Betrug der Negativen Kraft kommt euch die zweite Region, Brahmand - wenn ihr dorthin gelangt und sie euch gezeigt wird - so wunderbar, so schön, so attraktiv vor, dass ihr glaubt, es könne nichts Herrlicheres geben. Dort gibt es Wesen oder Kräfte, die euch mit größter Freundlichkeit empfangen und begrüßen:

„Mein Lieber, nun hast du das Höchste und Wunderbarste erreicht. Etwas Besseres gibt es nichts - kann es gar nicht geben. Komm nur, wir wollen dir einen schönen Empfang bereiten; es wird dir hier gefallen!" Das ist der Grund, weshalb so viele Menschen dieser Welt nur das Ziel vor Augen haben, die zweite Ebene, Brahmand, zu erreichen. Dass es darüber hinaus etwas geben könnte, kommt ihnen gar nicht in den Sinn.

Auch zu meinem Meister kamen einst Leute, die mit ihm diskutieren wollten: „Dein Weg ist falsch. Du behauptest, es gebe noch etwas Höheres als Brahmand. Das ist unmöglich. Jenseits von Brahmand gibt es nichts." Meister lassen sich nicht auf Diskussionen ein, sondern ihnen kommt es auf die Erfahrbarkeit einer Sache an. Der Meister bat sie also: „Bitte, begleitet mich auf meinem Weg. Als Mindestes werdet ihr mit mir Brahmand erreichen. Wenn ihr dort seid, könnt ihr dort bleiben - ob es aber noch mehr gibt, könnt ihr dann ja ausprobieren. Vielleicht findet ihr aber noch etwas Besseres!" Das war eine sehr klare Antwort.

Bitte, bleibt mit dem heiligen Licht und Ton verbunden! Das Licht kommt von vorne, und das bedeutet, dass es von einer Stelle ausgeht, bei der ihr noch nicht angelangt seid. Geht immer weiter! Der Ton wird euch immer vorwärts bringen, bis ihr die Quelle des heiligen Lichts und des heiligen Tons erreicht habt. Dort seid ihr selbst alles Licht und aller Klang und mit jener Quelle eins. Dort sollt ihr euch erfreuen, dort ist Leben, dort ist Frieden. Alles dort gehört euch und ihr gehört zu ihm. Hier gehört uns überhaupt nichts und auch wir gehören zu niemandem. Deshalb müssen wir hier ums Überleben kämpfen und leiden, denn ohne Kampf lässt uns in dieser Welt niemand leben. Aber dort, wo alles in unserer Hand liegt, uns alles gehört, ist alles für uns da. Nichts wird uns vorenthalten.

Meine Lieben, es ist mein Wunsch, euch dorthin zu bringen und euch hinzuführen, und es ist mein fester Wille, dass jeder, der sich bereit erklärt und sich nach meinen Anweisungen richtet, dieses Ziel erreichen wird. Das bedeutet nicht, dass ich etwas Außergewöhnliches wäre. Aber alle Meister, die von Gott gesandt wurden oder in deren Körper Gott hierher kam, hatten dieselbe Botschaft und brachten den Menschen ihrer Zeit die gleiche Hilfe. Ein Arzt, der früher lebte, half den Patienten zu seiner Zeit, und der Arzt, der ihm nachfolgte, muss sich um die Patienten kümmern, die jetzt kommen. Die Heilweise und die Arzneimittel sind dieselben, die Klinik ebenfalls. Die Kraft Gottes und das Herz Gottes sind eins in all den Meistern, die irgendwann hierher kamen...

Ja, meine Lieben, ihr seid großartig und wunderbar. Es gibt nichts Größeres, als ihr es seid. Nicht einmal Gott ist größer als ihr. Auch ihr seid Gott, aber erst dann wirklich, wenn ihr mit ihm eins seid. Dieser Status ist hier in dieser

Welt zu erreichen: Wenn ihr nach innen geht, seid ihr bei Gott und in Gott, ja, ihr seid Gott selbst und erfreut euch an eurem eigenen, hohen Selbst. Seid ihr dann draußen in der Welt, seht ihr zwar wie ein Körper aus, aber in Wirklichkeit seid ihr Gott. Nun werdet ihr nicht mehr von negativen Dingen angezogen, sondern in der Lage sein, allen zu helfen, von der Herrschaft der Negativkraft freizukommen. Ihr werdet die Menschen im Inneren mit Gott in Gestalt von Licht und Ton verbinden können.

In diesem Zustand werdet ihr nie mehr leiden müssen, denn ihr seid verbunden mit jenem wahren Leben, das euch für immer gehört. Ob ihr im physischen Körper seid oder ihn verlasst, es besteht für euch keine Schwierigkeit. Problematisch ist das Verlassen des Körpers nur für Menschen, die ihre wahre Lebensweise noch nicht aufgenommen haben und noch nicht mit Gott verbunden sind. Das ist der Grund, weshalb der physische Körper des Meisters so wichtig und notwendig ist. Ohne einen solchen Körper, der Gott in sich trägt, können wir nicht leben, denn durch ihn wird die Verbindung hergestellt.

Durch den physischen Körper sind wir mit der physischen Welt verbunden, durch den Astralkörper mit den Astralwelten und durch den Kausalkörper mit dem Kausalen, und mit der Seele haben wir Verbindung zu unserem Vater, Gott. Das ist der Grund, weshalb Gott in den physischen Körper, in die physische Form herabkommen muss, anders könnte er in den niedrigeren Ebenen nichts bewirken und schon gar nicht in dieser niedrigsten hier. Wäre er in der Lage, auf den unteren Ebenen zu helfen, während er sich in der höchsten aufhält, hätte er sich nicht der Mühe unterzogen, hierher zu kommen und zu leiden. Niemals kam ein Meister in die Astral-, Kausal- oder Superkausalebene und auch nicht auf andere Ebenen.

Nur in diese materielle Welt, die niedrigste, kommt Gott, denn von hier aus kann er auf allen Ebenen dienen, solange er im physischen Körper eines Menschen wirkt. Wenn er hier in der Welt ist, hat er einen physischen Körper und ist mit der physischen Ebene verbunden; auch hat er den astralen Körper, der mit der astralen Welt verbunden ist, und die höheren Körper für die Verbindung zu den höheren Regionen, und schließlich ist er auch noch Gott selbst, der mit seiner höchsten, der fünften oder sogar achten Ebene in Verbindung steht.

Auch ihr besitzt dieses Vorrecht, dass ihr Schritt für Schritt nach oben gehen und das Höchste erreichen könnt. Von den dazwischen liegenden Ebenen aus ist dies nicht möglich; der Ausgangspunkt liegt an der niedrigsten Stelle. Wenn die Lebewesen der ersten Region, des Astralen oder auch des Kausalen Gott erreichen wollen, müssen sie in die physische Welt herabkommen und einen menschlichen Körper annehmen, mit dem sie sich auf den Weg zum Höchsten machen können.

Nun, meine Lieben, das ist es, was ihr wissen und worauf ihr vertrauen müsst, und ihr habt den Auftrag, an dieser wahren Lebensweise zu arbeiten. Alles, was ich habe, was ich weiß, was ich euch sage, das braucht euch nicht erzählt zu werden, denn ihr werdet es selbst wissen, sobald ihr den Zustand des Allwissens und der Allweisheit erreicht. Ein Herrscher möchte immer, dass sein Volk untergeben bleibt, damit er es lenken kann, er möchte nicht, dass sich jemand über ihn erhebt. Aber ein Meister wünscht sich immer, dass die Seelen so werden wie er und seine eigene Ebene erreichen.

Bemüht euch, den Wert der Gaben zu erkennen, die ihr vom Reich Gottes erhalten habt, und arbeitet an ihnen, dann werdet ihr Wissen erlangen und diese Gaben schätzen.

Die Essenz des Lebens

17. Juni 1998, Morgensatsang Florida, gekürzt

...Angenommen, ihr geht zu euren Eltern, was werden sie zu euch sagen? „Was willst du? Was möchtest du?" Sie werden euch anschauen und sehen, welche Schwierigkeiten und Probleme ihr habt, und euch dienen und helfen wollen, um all eure Krankheiten, Unzulänglichkeiten und euer Unbehagen zu beseitigen. Wenn ihr zu euren Eltern geht, werdet ihr nicht aufgefordert, etwas beizutragen oder zu geben, sondern etwas zu genießen.

Wir waren noch nicht in der Lage, dies zu erreichen. Dafür arbeite ich. Ich habe mein Ziel noch nicht erreicht. Ihr seid die Familie Gottes. Jeder einzelne von euch hat Zugang zur Tasche Gottes. Versteht ihr? Nicht zum Geldbeutel eurer weltlichen Eltern, sondern zu Gottes Portemonnaie. Gott ist bereits da. Ihr braucht nicht einmal die Hand in seine Tasche zu stecken. Er bietet euch ihren Inhalt von selbst an. Aber es ist unsere Schwierigkeit und unser Problem, dass wir bis jetzt nicht imstande waren, an diesen Fundus zu gelangen, und so suchen wir nur in unseren eigenen ärmlichen Taschen.

Auf dieser Welt gibt es niemanden, der reich ist und etwas hergeben kann. Wenn ihr etwas gebt - ich bedaure, dies sagen zu müssen, aber ich weiß es - habt ihr zwangsläufig das Gefühl, es würde euch etwas aus eurem Herzen gerissen. Ihr müsst euer Herz festhalten, dann erst könnt ihr zehn Dollar im Werk des Meisters spenden. Euer Herz tut euch dabei weh! Nein? Das ist gut! Aber ich spüre, dass da etwas ist, weil die weltlichen Bedürfnisse und Probleme sich noch so stark auf euch auswirken, dass ihr sie nicht ignorieren könnt. Eurer großen Hingabe ist es zu verdanken, wenn ihr euch um das Werk des Meisters mehr als um eure eigenen, persönlichen Angelegenheiten kümmert. Das dient letztlich dazu, euch in dieser Welt und auch im Reich Gottes einen guten Namen zu machen.

Dies ist tatsächlich eine Zeit, in der ihr eure innere Größe, euer gutes Herz im Werk des Meisters zeigen könnt. Die Negativkraft beherrscht wirklich alles, aber wenn die Notwendigkeit dazu besteht, tretet ihr in Erscheinung und kümmert euch wie ein Ganzes, wie ein einziger Körper um alle Belange der Mission. Das Werk des Meisters ist wie *ein* Körper. Die ganze Welt ist ein Gott, ein Körper. Jeder ist eine Zelle von Gottes Körper, aber die Verbindung zu ihm ist noch nicht hergestellt. Ihr habt ein gewisses Verständnis und ihr arbeitet auch daran, ihr meditiert und erhaltet auch etwas Hilfe und Führung, und ihr spürt ein Erwachen der Liebe und Hingabe in eurem Herzen. Ihr fühlt es.

Wenn die Negativkraft eure Herzen beherrscht, mögt ihr Millionen besitzen, aber ihr könnt nichts für Gott geben, weil ihr kein Herz für ihn habt. Für nutzlose oder schädliche weltliche Zwecke gebt ihr reichlich Geld aus, wie es der allgemeinen Tendenz heute entspricht, denn die Herzen der Menschen werden von der Negativkraft vollständig beherrscht.

Eure Herzen jedoch öffnen sich, und andere Herzen in dieser Welt werden beizeiten geöffnet. Auch ihr wart vor einiger Zeit noch ganz von der Negativkraft gefangen gehalten, und seit ein, zwei, drei, vier, fünf oder zehn Jahren geht eine Änderung in euch vor. Eure Herzen sind nun erfüllt von der Liebe zu Gott, zum Meister, zum Werk des Meisters und auch zur Menschheit. So wie ihr geändert werden konntet, ist das auch bei anderen Menschen möglich - die gesamte Welt wird umgeformt werden. Es ist nicht unerreichbar, sondern liegt im Bereich des Möglichen.

In der Nacht liegt die ganze Erde im Dunkeln, doch wenn die Sonne aufgeht, verheißt sie: „Ich werde die Finsternis vollkommen vertreiben und Helligkeit ausströmen. Alle, die im Dunkeln umhertappen, werden von Licht umgeben sein, sich an ihm freuen und im Licht, im Wissen und in der Weisheit leben. Sie werden das vorfinden, was Wirklichkeit ist. In dieser kristallklaren Realität werden sie leben können." Wenn nun schon die Sonne für sich in Anspruch nehmen kann, eine solch große Veränderung in der äußeren Welt herbeizuführen, dann verfügt die Meisterkraft erst recht über diese Autorität für die inneren Welten mit dem Wissen: „Ich werde in der Lage sein, die Herzen aller Menschen zu erleuchten, und sie werden alle einzig die Wohnstatt Gottes sein und Gott in jeder Hinsicht angehören."

In Indien sagt man: „Mit Körper, Gedanken und Besitz", das heißt, alles, was wir haben und womit wir arbeiten - unser physischer Körper und sogar unsere Gedanken und Neigungen - wird restlos für die Meisterkraft, für Gott eingesetzt.Die Ausrichtung des Gemüts ist am schwierigsten zu ändern. Ihr könnt physisch und finanziell dienen, aber mental ist dies sehr schwierig, denn das Gemüt wird ständig von der Negativkraft angegriffen. Sobald wir mit dem Werk des Meisters auch mental verbunden sind, wird uns die Negativkraft vollständig zu Füßen liegen. Sie wird uns nur noch dienen können und uns nicht mehr diktieren: „Tu dies! Tu das nicht!", denn unser gesamtes System wird dann vom Willen Gottes gelenkt - ja, vom Willen Gottes! Dann werden alle Menschen auf der Welt wie Botschafter sein und zu uns gehören. Wir werden eine einzige Familie bilden. Das ist möglich! Es wird so weit kommen! Ich bin mir dessen sicher. Mit der Entwicklung der Dinge wird es so kommen.

Ihr wurdet um Spenden gebeten, und ich denke, das ist nicht so kompliziert. Gott ist in euch, und wenn ihr die Absicht habt zu spenden und zu ihm sagt: „Ich möchte etwas geben“, wird er etwas in eure Tasche stecken. Wenn ihr 1000 gebt, wird er euch 5000 erstatten, und es wird euch nicht schwerfallen, diese 1000 zu spenden. Ihr werdet ja immer noch 4000 zusätzlich haben. Er fährt also damit fort, unsere Taschen mit sich zu füllen, während wir ihn mit anderen teilen und an die Schöpferkraft Gottes glauben. Was könnte er nicht vollbringen?

Mein Meister pflegte zu sagen, dass Gott euch zum Herrscher über die ganze Welt machen kann, denn er besitzt die Macht, eine neue Welt für euch zu erschaffen. Er wird die Könige und Regierungen, die bereits in dieser Welt herrschen, nicht stören. Eine ganz neue Welt kann er euch gestalten, und ihr werdet zum Herrscher dieser Welt gemacht. Wie kann das geschehen? Sie kann entstehen, wenn ihr zu Gott geht. Der Zugang zu ihm ist nur als Seele möglich und geschieht über die heiligen Verbindungen, das Licht und den Ton. Wenn diese Verbindung durch die Dunkelheit unterbrochen ist, ist das unsere einzige Schwierigkeit. Wir müssen mit diesem Problem der Finsternis fertig werden, indem wir sie vertreiben. Dann ist sie verschwunden.

So wie die Sonne das Dunkle der Nacht vertreiben kann, so kann auch unsere Seele die innere Finsternis verjagen, denn sie ist bereits durch das heilige Licht und den heiligen Ton mit Gott verbunden. Ihr müsst daran in der Weise arbeiten, wie ich euch gestern gebeten habe. Einige von euch zeigten per Handzeichen, dass sie bis zu zwölf oder vierzehn Stunden meditieren konnten. Das waren nicht irgendwelche fremdartigen Wesen, die fähig waren, sogar bis zu sechzehn Stunden zu meditieren. Es liegt nur an der Entwicklung ihres Herzens. Sie wollen gern etwas tun, und dann arbeiten sie auch entsprechend. Wo ein Wille ist, ist auch ein Weg. Sind wir aber in Bezug auf dieses großartige Leben schwach und haben seine Bedeutung nicht verstanden, messen wir anderen Dingen übermäßige Wichtigkeit bei, die gar nicht richtig funktionieren. Die Meditation aber führt zweifelsfrei zum Erfolg und wird euch immer reicher machen, nicht nur an weltlichem Wohlstand, sondern auch an den Schätzen der drei Welten. Kabir sagte, wenn ihr euch der inneren Verbindung mit Licht und Ton vielleicht eine Minute lang widmet, habt ihr den Reichtum der drei Welten verdient: der physischen, der astralen und der kausalen. Das ist keine falsche Behauptung, sondern das ist wahr. Es wird euch gegeben werden, aber am rechten Ort, wo dieser Besitz richtig eingeschätzt wird.

Leute, die nichts von Gold verstehen und nur Stahl kennen, werden euer Gold wie Stahl einschätzen und auch nur entsprechend wenig dafür zahlen. Verschwendet also nicht euer Gold an solche Leuten! Legt euer Gold dort an, wo man seinen Wert kennt und wo ihr den richtigen Preis dafür erhaltet. Gott und der Meister werden euch fortwährend geben, was ihr hier braucht. Ihr werdet immer damit zurechtkommen. Es wird euch wirklich nichts fehlen! Besonders wenn wir für das Werk des Meisters spenden, werden wir direkt belohnt. Auch mein Meister pflegte zu sagen, dass ihr einen wirklich sehr großen, wundervollen Lohn erhaltet, wenn ihr meditiert - aber erst nachdem ihr den physischen Körper verlassen habt, dann, wenn ihr zu Gott zurückgekehrt seid. Dort befinden sich eure Schätze. So wie es auch in der Bibel heißt: „Sammelt Schätze im Reich Gottes, wo weder Rost noch Motten sie zerstören und keine Diebe sie stehlen können, und auch keine Regierung irgendeinen Anspruch darauf erheben kann." Diese Schätze erhaltet ihr zu gegebener Zeit!

Doch was die physischen oder finanziellen Dienste betrifft, die ihr hier im Werk des Meisters leistet, werdet ihr den Lohn, den ihr mit eurer Rechten gegeben habt, sofort mit eurer Linken in Empfang nehmen. Dies ist auch bei der Negativen Kraft so eingerichtet. Was wir hier auch tun, es gibt einen Ausgleich für Gutes und Schlechtes - also weder für gut noch für schlecht! Das System ist genau das gleiche wie das der Gotteskraft. Welche finanziellen oder physischen Dienste ihr auch in die Mission des Meisters einbringt, ihr werdet sofort belohnt. Ihr werdet wirklich alles bekommen, was ihr braucht, und euer Leben wird unter der Fürsorge der Gotteskraft gut verlaufen.

So ist das wirklich. Das menschliche Gemüt versteht dies vielleicht noch nicht, weil die Finsternis immer noch anhält und uns beeinflusst. Sie lässt uns nicht erkennen, was wichtig und was nützlich ist. Sie drängt uns etwas Unwirkliches, Nutzloses und Wertloses auf und redet uns ein: „Das ist es. Das ist alles. Das ist höchst wundervoll. Das ist sehr gut, sehr schön." Doch das ist nichts als Lug und Trug. Es ist ein Leichtes, den Menschen in der Dunkelheit ständig zu belügen und betrügen...

Der Mensch soll nicht nur mit dem Intellekt, dem Gemüt und Informationen auf der physischen Ebene arbeiten, sondern den wahren Weg des Wissens und der Weisheit finden. Er sollte über alles Bescheid wissen - sogar über die Tiefen der Erde und über das, was in jedem und auch in unserem eigenen Körper vorhanden ist. Wir müssen alles kennen - bis in jede Zelle, jedes kleinste Teilchen, jedes Atom in allem, was auf dieser Erde existiert. Wir müssen über die drei Welten Bescheid wissen. Nur dann werden wir leben können. Andernfalls können wir betrogen und belogen werden. So umfassend ist unser Leben.

Wir haben nicht nur den physischen Körper, uns gehört auch ein Astral-, Kausal- und Superkausalkörper, mit denen wir in Beziehung stehen. Die Verbindung zu unseren Verwandten und Freunden, die den Körper bereits verlassen haben, ist nicht verloren gegangen, und wir haben auch bereits Verbindung zu denjenigen, die noch auf die physische Ebene kommen sollen. Wir müssen damit rechnen, und wir werden uns all diesen Schwierigkeiten und Problemen zu stellen haben, die sie uns bringen werden...

Ihr habt auch keine Ahnung, wann bei euch Kopfschmerzen auftreten werden, wann euch ein Unfall oder Zufall oder irgendein Ereignis - gut oder schlecht oder irgendwelcher Art - zustoßen kann. Das merkt ihr erst, wenn es euch passiert. Dann habt ihr keine Zeit mehr, Maßnahmen zu ergreifen, und ihr leidet. Ihr müsst es einfach akzeptieren. Es gibt keinen Ausweg, und ihr könnt nichts dagegen unternehmen. Wie könnt ihr so leben? Das Dasein des Menschen ist in der Tat sehr verwickelt, sehr kompliziert, wenn er die wahre Lebensweise nicht gelernt hat und nicht weiß, wie man in dieser Welt leben soll. Wenn der Mensch in der Lage war, den Weg des Lebens kennenzulernen, und weiß, wie man wunderbar und angenehm lebt, erfährt er, wie es auch im Adi Granth steht: „Dein Retter, dein Gott ist nun bei dir. Jetzt kannst du die ganze Zeit sanft schlummern, ohne Probleme und Spannungen. Wenn du aufstehst, ist alles heiter und fröhlich und läuft ganz reibungslos. Du wirst blendend leben und schlafen, behütet fortgehen und wiederkommen und dich am Leben erfreuen. Du wirst auf eine vollkommene Art und Weise leben, so dass du weder unter Sorge noch Spannungen leidest. Das alles gibt es nicht mehr, nicht einmal im Traum."...

Meine Lieben, das müssen wir alle wissen: Unser Leben hängt direkt von Gott ab! Wenn wir von irgendetwas Weltlichem das Gefühl haben, dass es uns hilft, dass es unsere Probleme löst, dass wir damit etwas erreicht haben und in Frieden leben können, so ist das ein vollkommener Trugschluss! Jeden Augenblick kann euch etwas völlig Unerwartetes zustoßen. Unser Leben ist voll von Unfällen, Zufällen und Zwischenfällen. Wir führen sie weder herbei noch erwarten wir sie. Sie fallen einfach wie vom Himmel auf uns herab, ohne dass wir eine Ahnung davon hatten. Alles, was wir für unser Leben lang, vielleicht sogar für die nachfolgenden Generationen, aufgebaut haben, kann im Nu verbrannt oder zerstört sein, und etwas anderes tritt an seine Stelle. Wir finden uns in einem Ozean von Problemen und Unheil wieder, in dem wir für immer und ewig leiden. Das ist unsere Lage, wenn wir nicht Gott in unser Leben einführen. Weltliche Einrichtungen oder Hilfsmöglichkeiten können, konnten und werden uns nicht daraus befreien. Das müsst ihr als Tatsache akzeptieren.

Ich freue mich, euch im Licht dieses wahren Wissens alle meine Erkenntnisse und Erfahrungen mitteilen zu können, die ihr auch in den Schriften findet. Doch was im Herzen ist, kann man nicht mit Worten ausdrücken oder in Büchern niederschreiben, und euer Gemüt und Intellekt können diese auch nicht begreifen. Diese Informationen aus dritter und vierter Hand, von denen so vieles bereits verloren gegangen ist, können nicht funktionieren.

Wenn aber der Meister persönlich kommt und direkt in euer Herz dringt, gibt er sogar Gemüt und Intellekt etwas, das sie verstehen. Doch siebzig Prozent davon übermittelt er direkt von Herz zu Herz, und dies kommt auch an und hat eine Wirkung. Die restlichen dreißig Prozent gehen im allgemeinen verloren, denn Gemüt und Intellekt arbeiten so, dass diese Informationen nach einigen Tagen verblassen. Nach einiger Zeit gehen sie sogar restlos verloren, weil sich alles ändert. Auf der Ebene von Gemüt und Intellekt ist das so. Was aber ist in der Seele? Wer dringt in euch ein? Welche Informationen sind darin? Etwas wird in euer Herz hineingelegt, und dieses Etwas ist von unveränderlicher Dauer. Es wird sich nicht wandeln, sondern in Ewigkeit dort bleiben.

Was ist Wissen? Es ist etwas Konkretes, Solides, nicht etwas Flüchtiges, das einfach nur kommt und geht. Nein! Es wird in euer Herz gelegt, in eurem Herzen bleiben und ein Teil eures Herzens werden. Das bedeutet, dass euer Herz ausgewechselt wird. Das egoistische Herz wird fortgenommen und das Herz Gottes in euch hineingegeben, und mit diesem Herzen solltet ihr arbeiten. Dies ist die Arbeitsweise des Meisters, und sie entspricht den Vorkehrungen und Fähigkeiten, die ihm Gott gab. Die Menschen empfangen das Leben und alles andere von Gott und fangen an zu leben, als würden sie in Ewigkeit hier bleiben. Sie müssen dieses wahre Leben jetzt und hier beginnen. Es ist sehr wichtig zu wissen, dass dies die einzige Zeit ist, in der wir unsere Zukunft aufbauen können - oder auch ruinieren. Wenn wir das wahre Leben leben, finden wir das Beste und Höchste. Führen wir es aber nicht, lernen wir von selbst die Kehrseite der Medaille kennen.

Wenn die Sonne scheint, ist es hell und wir genießen die Vorzüge der Sonne. Scheint sie nicht, herrscht nur erschreckende Dunkelheit, die euch tatsächlich umbringen kann. Sie ist so schrecklich! Etwas Dazwischenliegendes, Neutrales gibt es nicht. Dem Menschen ist entweder die tiefste Finsternis oder die höchste Höhe bestimmt. Einen neutralen Bereich gibt es nur für die Tiere und andere Lebensformen. Sie können nicht in die Höllen geworfen werden, die wirklich schrecklich, lichtlos und unerträglich sind - absolut unerträglich, meine Lieben! Solltet ihr zufällig dorthin geraten, könntet ihr feststellen, dass sich nur Menschen darin befinden. Und welche Art von Menschen? Diejenigen, die sich nicht für Gott entschieden haben. Sie sind dort, denn es gibt nur zwei Orte, wohin man gehen kann. Nach dem physischen Tod hat der

Mensch nur zwei Möglichkeiten, die eine ist Gott und die andere die Negativkraft. Wenn ihr nicht die Gotteskraft wählt, was wird dann geschehen? Gott kann euch nicht annehmen, ihr seid nicht in seinem Reich und könnt nicht genießen, was er für euch hat. Wo seid ihr dann? Genau am entgegengesetzten Ort, beim Bösen, bei der Negativen Kraft. Und was bietet sie euch? Auch sie hat ihr eigenes Reich mit unendlich großen, endlosen Höllen, mit unendlich weiten und höchst raffinierten, höllischen Systemen, durch die man die ausgeklügeltsten Qualen und unvorstellbare Torturen erleidet.

Es gibt nur diese eine Alternative, und wir stehen in diesem Leben an einem Scheideweg. Wählt jetzt den Weg des Lebens! Entscheidet ihr euch für keinen Weg, seid ihr bereits verloren. Kennt man den Weg nicht genau, verirrt man sich leicht. Es ist sehr einfach, vom Weg abzukommen. Geht einfach drauflos, und schon habt ihr euch verlaufen. Wollt ihr aber ankommen, so findet heraus, was euch zum Ziel führt, und seid sehr achtsam! Passt bei jedem Schritt genau auf, ob ihr nicht vielleicht in die falsche Richtung geht! Jeden Augenblick werdet ihr aufpassen müssen. Es ist wirklich nicht leicht. Der Pfad ist sehr schmal und beschwerlich. Ihr werdet ihn sehr vorsichtig, sehr aufmerksam beschreiten müssen, sonst verirrt ihr euch noch unterwegs.

Alle Leute, die hier in dieser weltlichen Situation ihren Spaß haben, fahren fort zu essen, zu trinken und in den Tag hineinzuleben, ohne eine Vorstellung davon zu haben, wo sie sind, wohin sie gehen sollen, was sie finden sollen, wovor sie sich in acht nehmen müssen. Sie wissen nicht, was sie erkennen müssen, um leben zu können, und nicht, wo die schreckliche Finsternis herrscht und sie die harten Folgen dieser Nachlässigkeit zu spüren bekommen. Niemand mag sich darum kümmern. Es wurde uns jedoch nur ein vorübergehendes Vergnügen gewährt. Sobald aber diese Zeitspanne abgelaufen und die Lebenszeit vorüber ist, werden wir in das große, gewaltige Räderwerk der Negativkraft fallengelassen, um für lange, lange Zeit zu leiden, zu leiden und zu leiden.

Ich kann euch das gar nicht richtig erklären, meine Lieben, ich sollte es nicht sagen, ich möchte auch gar nicht darüber sprechen, weil es so schlimm ist, diese Dinge auch nur zu hören, auch nur an sie zu denken. Ihr möchtet nichts davon wissen, weil es unerträglich ist, es anhören zu müssen. Wenn ihr es aber erlebt, werdet ihr es nicht nur anhören, sondern aushalten müssen; ihr werdet dort sein müssen. Das tut auch mir weh! Nach diesem weltlichen Vergnügen, das nur einige Tage währt - eure Tage hier sind gezählt, das Leben währt nicht ewig, ihr seid nicht länger als sechzig, siebzig, achtzig, neunzig oder höchstens hundert Jahre hier -, werdet ihr diesen Ort verlassen müssen, und wohin werdet ihr gehen? Was wird dann passieren?

Angenommen euer Leben hier ist ganz erfreulich und angenehm, es wird nicht so bleiben. Der Tag vergeht, und die Nacht bricht herein, eine sehr, sehr lange Nacht, weil wir nicht den wahren Tag gewählt haben - den immerwährenden, ewigen Tag, der nach diesen vergänglichen Zyklen von Tag und Nacht kommt. Für ihn habt ihr euch nicht entschieden, und so herrscht die ewige Nacht, herrschen ewige Probleme, Schwierigkeiten und Leiden. Sie liegen von selbst für euch bereit. Auch das kann ich nicht ertragen. Deshalb muss ich euch bitten: „Haltet ein, meine Lieben! Geht nicht weiter, sondern kommt herauf! Lasst diese Welt! Lasst alles auf dieser Welt und sucht zuerst das Reich Gottes! Was ihr auch braucht, was immer für eure Familien und euren Körper notwendig ist, wird euch ,dazugegeben' werden. Ihr werdet keinerlei Mangel leiden, und als Mindestes wird euch das

Gift dieser Welt nicht eingetrichtert. Das Elixier, das Manna des Lebens, das Brot und Wasser des Lebens, wird euch reichlich zur Verfügung stehen. Es heißt: „Ich bin das Brot und das Wasser des Lebens. Esst mich und trinkt mich!"

Gott, dieser Wort-Gott, spricht dies durch den Meister, denn er, diese Wortkraft Gottes, ist das Brot des Lebens. Er ist das Wasser des Lebens, er ist das Manna, das Elixier und das wahre Leben selbst, wo alle Aktivität, aller Friede, alle Freude, alles Wissen, alle Weisheit und keine Veränderung ist. Es ist von unwandelbarer Dauer. Es ist da und wird andauern.

Ihr könnt sozusagen in einen Raum eintreten, wo alles wunderbar, höchst wunderbar ist. Er wird euch gefallen und sich nicht verändern, sondern für euch so bleiben. Wählen wir jedoch nicht diesen erfreulichen Lebensstil, sind wir automatisch von etwas anderem umgeben. Auf einem Boot oder Schiff seid ihr sicher, aber ihr braucht nur abzuspringen, dann nimmt euch der riesengroße Ozean in Empfang. Er ist bereits da. Ihr müsst auf eurem Schiff bleiben, um in Sicherheit zu sein. In dem Augenblick, in dem ihr es verlasst, geratet ihr in eine verzweifelte Situation. Solange wir aber nach innen ausgerichtet sind, wird es uns wohlergehen. Sobald wir den Kontakt zu unserem Inneren verlieren und nur Verbindung mit dem Äußeren pflegen, sind wir im Sumpf dieser nicht enden wollenden Leiden und Sorgen verloren. Auch dieser Zustand wird unveränderlich sein. Ich kann nicht wirklich sagen, dass er von unveränderlicher Dauer ist. Gott hat nämlich immer noch Vorkehrungen für uns bereit, dass wir nach langen, langen Zeiten, vielleicht nach Millionen von Jahren, in denen wir unsere guten und schlechten Karmas abbezahlen, wieder die Möglichkeit erhalten, in einem physischen Körper zu sein. Dann können wir die Chance der richtigen Wahl wahrnehmen, sofern wir sie nicht in der gleichen Weise verpassen, wie die Menschen es hier auf dieser Welt tun. Wieder könnten wir die Verlierer sein, und wieder leiden wir vielleicht Millionen und Milliarden von Jahren.

Das Spiel geht immer so weiter. Warum es nicht jetzt hier beenden, wenn wir es können? Wir haben nun dieses Leben, in dem wir die Wahl treffen können. Wir besitzen die Möglichkeit, den Weg des Lebens zu finden. Diese Einrichtung Gottes besteht. Jeder, der darum bittet, wird sie erhalten, selbst noch wenn er im Sterben liegt. Hat man sein ganzes Leben hindurch das wahre Leben stets ignoriert und ist von der Negativen Kraft, dem Gemüt und dem Intellekt getrieben worden, fühlt aber im letzten Augenblick: „Ich bin wirklich belogen und betrogen worden, und es wäre tatsächlich wunderbar gewesen, wenn ich den Weg des Lebens gewählt hätte, wie vom Meister und den Schriften verkündet. Ich habe eine große Grausamkeit an mir selbst begangen. Ich konnte meinen Weg des Lebens nicht wählen und werde leiden müssen. O Gott, bitte hilf mir", dann wird er augenblicklich zur Tat schreiten und diesem Menschen sofort die nächste Geburt geben. Er wird es nicht zulassen, dass diese Seele der Negativen Kraft, dem Gericht oder dem Engel des Todes übergeben oder in die Himmel oder Höllen gesandt wird, um dort zu leiden, nein, er wird sie augenblicklich ergreifen und ihr eine Geburt in einer spirituell ausgerichteten Familie schenken, wo sie eine positive Atmosphäre vorfinden wird und Hilfe und Führung da sind. Zu einer bestimmten Zeit wird sie für die Initiation vorbereitet und schließlich initiiert werden.

Der Gedanke im letzten Augenblick, also zum Zeitpunkt des Todes, hat somit sein ganz besonderes Gewicht, er wird von Gott erhört, und man ist gerettet. Gott bietet uns ganz definitive Chancen. Selbst wenn man in der vorletzten Stunde eines Lebens von achtzig, neunzig oder hundert Jahren Dunkelheit nach dem Licht des Lebens verlangt und Reue darüber empfindet, dass man nicht wirklich das Notwendige getan hat, wird diese Reue wirken, und nachdem man bereut hat, erhält man alles! Das ist wirklich wunderbar. Gott ist so großzügig, so wundervoll und immer sehr darauf aus, dass wir ein bisschen zu ihm aufschauen. Wenn wir auf ihn achten, wird er uns im selben Augenblick ergreifen und retten.

Doch die Sache ist die, dass wir nicht auf ihn blicken. Wir betrachten nur diese hässliche und schreckliche weltliche Situation. Sogar nachdem wir die Verbindung zum Meister und das innere Licht und den inneren Ton gefunden haben, sind wir immer noch wie hypnotisiert und werden auf furchtbarste Weise von den weltlichen Umständen angezogen. Das Gemüt rast wirklich blindlings, kopflos immer weiter nach unten, immer tiefer bis in die tiefsten Abgründe der Dunkelheit der Negativkraft und möchte immer noch mehr leiden, weil es keinen Verstand hat. Es denkt an sein Vergnügen, doch es befindet sich in einer Illusion. Was es denkt und was wirklich ist, ist nicht das gleiche.

Nicht alles, was hier glänzt, ist Gold. Was ist Wirklichkeit? Sie befindet sich hier oben am Augenzentrum und wurde euch offenbart. Jetzt seid ihr in den Händen des Meisters. Ihr seid in den Händen Gottes. In welcher Weise das Gemüt auch fortfahren mag, auf euch einzuwirken, Gott wird nicht locker lassen. Selbst wenn ihr den negativen Neigungen nachgebt, anstatt dem Meister zu folgen, hat immer noch er die Kontrolle über euch und wird euch nach oben nehmen, euch früher oder später zurückbringen, und ihr seid erlöst.

Das ist das Großartige, wir haben einen Meister. Nur durch ihn werden wir gerettet, und nicht aufgrund unserer eigenen Handlungen, Wünsche oder Überlegungen wie: „Ich bin in der Lage, mir selbst zu helfen. Ich kann entscheiden, was für mich gut ist. Ich weiß, was schlecht für mich ist und werde es vermeiden." Das funktioniert nicht, weil unser Gemüt und Intellekt auf diesen Bereich keinen Einfluss haben. Wir haben weder Verständnis noch Gefühl.

Worin liegt dann unsere Rettung? Nur in den Händen der Meisterkraft, der Gotteskraft. Nur der Meister im Inneren weiß, was für uns gut ist. Nur er kann uns führen. Nur er kann uns beschützen. Nur er ist unser Wissen. Nur er ist unser Verwandter. Er ist unser Freund. Er ist unser Retter. Jeden Augenblick sollen wir nur in ihm ruhen und uns nicht auf unsere weltlichen Verwandten und Freunde, weltliche Einrichtungen oder auch nur auf unseren eigenen Intellekt und unser Gemüt verlassen. Das sind lauter trügerische Kräfte, die die Negativkraft mit uns verbunden hat - allesamt.

Gott hat den Meister und sein eigenes Selbst in unsere Seele eingebettet. Verbindet euch also immer mehr und immer enger mit dem Inneren und genießt es! Für immer und ewig werden wir diese Freude erfahren, meine Lieben. Das ist in einfachen Worten die Essenz des Lebens, die ich von meinem Meister empfangen habe, und die auch ihr von eurem Meister erhalten habt. Ihr habt Glück. Auch ich habe Glück. Ihr habt wirklich viel Glück! Denn es gibt keine Schwierigkeiten und nichts, worunter ihr leiden müsst. Aber vertieft diese Verbindung, und ihr werdet euch wirklich erfreuen können.

Versucht nun, meine Lieben, diese Worte in eurem Herzen zu bewahren. Sie wurden auf Kassette und auf Video aufgenommen, und ihr könnt diese Lektion täglich oder gelegentlich wiederholen. Aber benutzt das Videogerät nicht für weltliche Zwecke! Dafür besteht kein Bedarf. Auch Nachrichten sind nicht wichtig. Die Neuigkeiten aus dem Inneren sind viel besser, viel wichtiger als die aus dem Äußeren.

Durch die Nachrichtensendungen erfahrt ihr nur, dass es Bombenangriffe, Atomtests, Kämpfe, Morde, Seuchen und dergleichen gibt. Doch innen wird der Meister sagen: „Nun gut, entspanne dich, mein liebes Kind! Ruhe an meinem Herzen, in meinem Herzen!" Das werden gute Nachrichten sein, die besten Neuigkeiten, und im Meister seid ihr vor dieser Welt und auch vor irgendwelchen anderen Kräften, die uns stören könnten, in Sicherheit. Alles ist wunderbar, meine Lieben.

In den Feuern der Hölle

29. Juni 1998, Abendsatsang Oregon, gekürzt

Nun, meine Lieben, ich empfinde alle Zuneigung für euch. Ihr seid völlig ahnungslos, und es gibt Kräfte, die euch vollkommen im Griff haben. Auf diese Weise geschieht eine große Tragödie mit euch. Was ist überhaupt eure wahre Existenz? Wenn euch erlaubt wäre, euer ursprüngliches Leben zu leben, wärt ihr bereits vollkommen wie Gott. Ihr seid nicht weniger als Gott. Gott ist vollkommene Ekstase, aller Friede, vollendetes Leben, Licht, Wissen, Weisheit. Daneben hat er noch drei besondere Eigenschaften: unwandelbare Beständigkeit, Allbewusstsein und Glückseligkeit und Gnade in alle Ewigkeit. Diese Attribute treffen alle auch auf uns zu.

Aber hier auf dieser Welt werdet ihr auch Menschen finden, die solch höllisches Leid ertragen müssen, solch eine Hölle, dass ihr ihren Anblick nicht ertragen könnt. Der Mensch kann so gut sein, so wunderbar und herrlich wie Gott, aber er kann auch zu einem Teufel werden...

Von außen betrachtet sehen die Leute wie menschliche Wesen aus, wie aber sieht es in ihrem Inneren aus? Es tut mir leid, sagen zu müssen, dass wir unser augenblickliches Aussehen nicht kennen und nicht ahnen, wie wir aussehen! Es ist so schrecklich, so entsetzlich, so grauenvoll! Dürften wir uns selbst sehen und erforschen, was wir sind, ja würden wir gar erfahren, welche Konsequenzen uns aus dem Leben, wie wir es führen, erwachsen, dann würden wir augenblicklich tot umfallen.

Eine Initiierte Baba Sawan Singhs äußerte einst den dringenden Wunsch, dass sie die Höllen sehen wollte. Der Meister lachte darüber und sagte: „Was ist das für eine Idee? Was ist das für ein verrückter Gedanke! Du kannst mich bitten, dir einen Blumengarten zu zeigen. Du kannst mich um Süßigkeiten und Schleckereien bitten, das hätte noch einen Sinn. Aber du willst die Höllen sehen? Was versprichst du dir davon?" „Ich möchte nur einen Blick hineinwerfen, um zu sehen, wie es dort aussieht." „Gut", sagte der Meister, „aber es wird dir nichts Gutes einbringen, sondern Leid. Diejenigen, die in den Höllen sind, leiden, aber wer sie auch nur betrachtet, muss ebenfalls leiden, denn der Anblick dieser Situation ist unerträglich." Sie aber bestand auf ihrem Wunsch und Baba Sawan Singh stimmte zu, um sie zufriedenzustellen.

Am Abend, als sie meditierte, gelangte sie aus dem Körper und der Meister sagte zu ihr: „Gerätst du in den Höllen in Schwierigkeiten oder begegnet dir etwas Unerträgliches, denke an den Meister oder halte den Simran. Das wird dir helfen."

Sie befand sich jedoch bereits vor dem Jüngsten Gericht und der Richter war anwesend. Sein Gesicht war zur Hälfte schwarz und zur Hälfte kupferfarben. Wie ein König saß er auf seinem Thron. Auf dem Kopf trug er eine große Krone und über ihm hing ein eindrucksvoller Baldachin, wie bei einem glorreichen Monarchen. Als sich die Frau ihm näherte, sah er sie wortlos an. Es wurde nicht gesprochen, denn in den Astralregionen geschieht alles per Gedankenübertragung.

Er ließ einen Stuhl herbeibringen und sie durfte sich setzen. Sie erklärte dem Richter, dass sie gekommen sei, um einen Blick in die Höllen zu werfen. Er nickte: In Ordnung, ich werde dich begleiten und sie dir zeigen, damit du sehen kannst, wie es dort aussieht. Er führte sie in verschiedene Teile der Höllen, und sie war völlig schockiert über die lodernden Flammen und über das unendlich große Leid der Menschen.

Es ist so, dass die Astralkörper unzerstörbar sind. Wenn ihr eine Eisenstange in einen Ofen steckt, wird sie rot glühen und so heiß wie das Feuer selbst, aber sie wird nicht verbrennen und nicht zerfallen. Sie wird diese Hitze aushalten müssen. Genauso ist der Zustand jener Seelen in Astralkörpern, ihre Qual ist unendlich. Auch der Tötungsvorgang spielt sich auf diese Weise an Mördern ab - ohne Ende. Sie werden nicht wirklich umgebracht, sondern die Todespein und der Schmerz halten bei ihnen jahrelang an. Denn eine Handlung, die hier einen Tag dauert, wird möglicherweise auf eine Million Tage vervielfacht. Es gibt dafür kein festgelegtes Gesetz. Die Regeln wurden von der Negativen Kraft selbst aufgestellt, und den Menschen vertritt niemand. Der Betroffene kann nicht sagen, er sei unwissend gewesen und verdiene deshalb Gnade. Unwissenheit ist dort keine Entschuldigung.

Es geht nur darum, den Menschen in Schwierigkeiten zu bringen. Der einzige Wunsch, die einzige Neigung der Negativkraft ist, den Menschen leiden zu lassen. Wie das am besten funktioniert, das weiß diese Kraft sehr gut. In den Zeiten der Sklaverei wurden die Regeln und Gebote für die Sklavenhaltung von den Besitzern der Sklaven festgelegt. Eine Interessenvertretung der Sklaven gab es nicht. Sie hatten keine Stimme, wenn es darum ging, dass sie gnadenlos unterdrückt werden sollten.

Die Gesetze waren ausschließlich zugunsten der Sklavenhalter gemacht. Nichts diente den Sklaven. Sie sollten als Sklaven gehalten werden, sollten Sklaven bleiben und leiden. Die Besitzer genossen alle Macht über sie, denn alle Gesetze und Handhabungen waren von ihnen selbst nur in ihrem eigenen Interesse festgelegt worden. Genauso ergeht es uns mit der Negativen Kraft. Alle Gesetze, Gebote und Regeln richten sich nach dem sogenannten Gesetz des Karmas, das ausschließlich dazu dient, uns wie in einer Falle gefangen zu halten und leiden zu lassen.

Was ist der Grund dafür? Durch das Drängen unseres Gemüts mag es Gründe geben, körperliche Bedürfnisse zufriedenzustellen - wie Hunger, Durst oder andere Probleme. Wir müssen uns Geld beschaffen, und das kann durch rechte oder unrechte Mittel geschehen. Für den letzteren Fall ist der Richter da, wir werden bestraft und in die Höllen geschickt. Warum aber kein Geld da war oder die äußere Versorgung nicht klappte, das interessiert den Richter nicht.

Im Adi Granth heißt es, dass der kleine physische Körper einer Höhle gleicht, in der sich ein unendlich großes Lager befindet, aus dem man alles selbst zu schöpfen und zu genießen vermag, und das man mit allen Menschen auf der Welt teilen kann. Der Inhalt wird nie weniger, er wird niemals erschöpft sein. Zudem besitzt ihr alle Vollmachten und Fähigkeiten, die den Engeln, Gottheiten und Gott selbst zu eigen sind, und ihr könnt alle göttlichen Segnungen genießen.

Wenn diese Schätze dem Menschen alle zur Verfügung stehen, warum muss er dann Unrechtes tun oder Diebstähle begehen und ungesetzlich handeln? Dazu besteht keine Notwendigkeit, denn er hat alles in Hülle und Fülle von Gott erhalten. Nur jemand, der nichts besitzt und etwas benötigt, das er nicht auf ehrliche Weise erlangen kann, muss ungesetzliche Wege gehen. So wurde der Mensch von der Negativen Kraft als erstes in einen Zustand versetzt, dass er glaubt, er besäße nichts und könne durch ehrliche Bemühung nicht genug erhalten. Wenn also der Mensch zu Unaufrichtigkeit und Betrug gedrängt, ja gezwungen wird, worin liegt dann seine Schuld?...

Ein einfaches Leben mit geringem Aufwand zu führen und mit wenigen Dingen auszukommen ist nicht schwer - es ist nur eine Sache der Anpassung. Die Menschen richten sich in einem einfachen Leben ein, es wird zur Gewohnheit, zu ihrer zweiten Natur, und sie können es auch genießen. Nur das Gemüt zieht Vergleiche, und durch dieses Vergleichen fühlt es sich unwohl. Wenn ihr zu Fuß unterwegs seid, genießt ihr zunächst fröhlich euren Spaziergang. Kommt ein Radfahrer und radelt an euch vorbei, dann schielt ihr nach ihm und denkt euch: „Hätte ich doch auch ein Fahrrad, das würde mir Spaß machen!" Das Gemüt ist nun in Aufruhr, weil es verglichen hat. Nun gut, nehmen wir an, ihr bekommt ein Fahrrad und freut euch daran. Ihr genießt das Radfahren und seid glücklich, dass ihr fahren könnt und die anderen zu Fuß gehen müssen. Da rauscht ein Motorradfahrer an eurer Seite vorbei und ihr denkt: „Ich muss mich hier auf meinem Rad abstrampeln! Was ist das für ein Leben?" Euer Gemüt wird wieder unruhig. Schließlich beschafft ihr euch ein Motorrad und seid sehr zufrieden, wenn ihr die Fußgänger und Radfahrer betrachtet. Überholt euch aber dann ein Auto, wird euer Gemüt wirklich ärgerlich.

Das Gemüt macht es dem Menschen unmöglich, sich nicht dauernd mit anderen zu vergleichen. Es hat sogar die Einstellung, dass es Menschen, die niedriger gestellt sind, nicht als richtige Menschen betrachtet. Es sagt: „Ist aber jemand über mir und bedeutender als ich, dann, mein Lieber, werde ich mich um dich kümmern, ich werde mit dir konkurrieren, dich überrunden und besser sein als du."

Das Gemüt neigt dazu, immer nur auf die Höheren, Bedeutenderen, Reicheren zu schielen und sich mit ihnen zu messen. Sind neunzig Prozent in eurer Umgebung in niedrigerer Position als ihr und zehn Prozent stehen über euch, werdet ihr nicht damit zufrieden sein, sondern auf die zehn Prozent Bessergestellten schauen: „Oh, die haben es besser als ich, sie haben mehr als ich. Das kann ich nicht aushalten, ich muss der Höchste und der Bedeutendste sein!" So ist das Gemüt beschaffen. Es hat nicht die Andeutung von Gefühl oder Verständnis, es ist einfach verrückt. Wäre Gott da, würde es auch auf ihn eifersüchtig sein und ihn verfolgen: „Warum bist du Gott? Warum bin nicht ich Gott? Ich sollte wie Gott sein, und er sollte an meiner Stelle stehen." So arbeitet das Gemüt, und aus diesem Grund gerät der Mensch in Schwierigkeiten. Wie befreien wir uns davon? Das ist es, was der Meister zuwege bringt. Ihr werdet zu Seelen gemacht, und als Seelen könnt ihr euch erfreuen.

Diese Frau also, die vom Richter durch die Höllen geführt wurde, sah dort, wie entsetzlich die Leute litten. Sie fragte den Richter, was mit diesen Menschen gewesen sei, dass sie solche schrecklichen Sünden und Verbrechen begangen hatten, für die sie jetzt bestraft wurden. Den wahren Grund erfuhr sie nicht, denn den kennt nur Vater Gott, und nur er kann ihn begreifen.

Als sie weitergingen, sah die Frau auf einmal Bilder von eigenen Verwandten und Freunden hängen. Sie war neugierig: Das sind doch die Photos meines Onkels, meiner Tante, meines Bruders, meiner Schwester und meiner Freunde. Warum hängen ihre Bilder hier? Der Richter erklärte ihr, dass ihre Plätze bereits im voraus dort reserviert seien, denn sie hätten schon die entsprechenden Handlungen begangen und müssten am Ende hierher kommen, um die Früchte ihrer Taten zu ertragen. Die passenden Höllen für ihre Unterbringung seien damit vorbereitet. Da war die Frau sehr bedrückt, dass Verwandte und Freunde von ihr in die Hölle gesandt würden statt in den Himmel.

Als sie zu Baba Sawan Singh zurückkam, fragte sie danach. Er bestätigte ihr, dass das richtig sei: „Sie sind nicht initiiert. Bring sie zur Initiation und ihre Fotos werden wieder von ihrem Platz in der Hölle entfernt!" Und so geschah es.

Sie war aber mit dem Richter noch weitergegangen und in einen Bereich der Hölle gelangt, in dem sie die Hitze nicht mehr ertragen konnte. Die Höllen waren Schritt für Schritt immer heißer und heißer geworden. Als die Höllenglut unerträglich war, musste sie ihren Meister um Hilfe rufen und den Simran wiederholen. Baba Sawan Singh erschien, und die Höllen wurden abgekühlt.

Sie fragte ihren Meister: „Zu Beginn konnte ich die Höllen noch ertragen. Warum hatte ich da keine Schwierigkeiten mit der Hitze, während die Seelen, die sich dort befinden, glühten und unter höchsten Qualen litten? Woran lag das?"

Da erklärte ihr Baba Sawan Singh, dass ihre Verbindung mit dem heiligen Licht und dem heiligen Ton, die ihr bei der Initiation vermittelt worden war, kühlend auf sie wirkte. „Sie hat die Hitze weggenommen. Die anderen müssen leiden, weil sie diese Verbindung nicht besitzen. Du warst dort sicher. Aber du hast dich nicht so weit entwickelt, dass du auch die Feuer der ganz schlimmen Höllen hättest aushalten können. Deshalb wurden sie unerträglich für dich, und du musstest sehr leiden. Hättest du dich aber in deinem Inneren schon zum Einssein mit Gott entwickelt, hättest du erfahren können, dass es für einen Menschen, der Gott erreicht hat, keine Hölle mehr gibt. Für ihn ist alles wie im Himmel, alles wie im Reich Gottes, bequem und von Frieden und Freude erfüllt."

In der Begleitung des Meisters ging sie nun weiter durch jene ganz grauenvollen, schrecklichen Höllen. Da sah sie einen Jungen, einen kleinen Jungen, der sich in einem entsetzlichen Zustand befand. Der Anblick des leidenden kleinen Jungen war ein schier unerträgliche Folter und Qual. Die Frau bat nun Baba Sawan Singh: „Mein lieber Vater, was ist mit diesem Jungen los?" Unsere Herzen sind angesichts der Unschuld eines kleinen Kindes besonders mitfühlend, und das war auch die Schwäche ihres Herzens. „Bitte, gib mir den Jungen! Lass seine Seele bei mir geboren werden! Ich werde ihn aufziehen und ernähren, denn ich kann nicht zusehen, wie dieses Kind in diesem mörderischen System der Höllen leidet."

Baba Sawan Singh antwortete ihr: „Ich sagte dir doch, dass du die Höllen sehen darfst, aber dass du um nichts bitten darfst! Du solltest nichts verlangen und nichts in Frage stellen! Wenn du jetzt um etwas bittest, wirst du gefangen sein und leiden." „Nein, nein, wie könnte ich denn leiden? Dieses kleine Kind leidet so sehr, dass ich seine Pein und seine Qual nicht aushalten kann. Es muss davon erlöst werden."

Darauf entgegnete der Meister: „Du wirst das Kind nicht ertragen können. Du hast nicht die Kraft dazu. Es ist eine Seele, die von der Negativen Kraft auf das Grausamste und Schrecklichste bearbeitet worden ist, so dass es jetzt nichts anderes als ein Teufel sein kann. Es wird einige Zeit in Anspruch nehmen, ihn mithilfe dieser Höllenqualen zu reinigen. Wäre er initiiert worden und hätte meditiert, wäre ein Gegenmittel vorhanden, aber diese Welt ist von der Negativen Kraft so gestaltet, dass nur wenigen Menschen erlaubt werden kann, den Weg des Lebens zu finden. Auch in der Bibel heißt es: ‚Eng ist die Pforte und schmal ist der Weg, der zum Leben führt, und wenige sind ihrer, die ihn finden.' Sehr wenige! Diese wenigen können sich glücklich schätzen. Welch großes Glück ist es, dass du angenommen wurdest und nun sicher bist vor den Höllenqualen und das Reich Gottes genießen kannst. Die Höllen sind voll, ja übervoll von den Menschen dieser Welt! Im Reich Gottes dagegen sind nur wenige, vom Glück begünstigte Seelen. Diesen Jungen kannst du nicht zu dir nehmen, du bist dazu nicht in der Lage."...

Es mag auch noch ein wenig Zeit in Anspruch nehmen, euch aus diesen unendlich tiefen Gräben herauszuholen, in die ihr und Kinder wie dieser Junge hineingeworfen wurden. Kein Sonnenstrahl erreicht diese Abgründe. Helfen kann uns die Meditation, sie ist der angenehmste Weg. Die Reinigung, die dabei geschieht, geht sehr leicht und einfach vonstatten. Mag sein, dass ihr die Meditationen nicht genießt und euch während der Meditation sehr unwohl fühlt - der Körper ist ruhelos, euer Gemüt bekämpft euch wild und eure Gedanken sind sehr negativ und bestimmend. Aber mit den schrecklichen Höllenfeuern ist das nicht zu vergleichen. Ihr sitzt wenigstens im Bett und nicht im Feuer - das ist doch auszuhalten. Könnt ihr das nicht akzeptieren und ertragen, gibt es kein Heilmittel für euch. Genießt es und nehmt an, was Gott euch gegeben hat, und dankt ihm: „Du hast mich gerettet. Ich stehe jetzt unter deinem Schutz. Ich glaube, du hast mich angenommen. Ich glaube, dass ich nie mehr leiden werde. Ich vertraue darauf, dass ich mehr und mehr herauskommen werde."

Ihr könnt ganz sicher sein, dass ihr mit dem Reich Gottes verbunden worden seid, mit dem Wort-Gott und dem heiligen Licht. Bemüht euch, daran zu arbeiten. Lauft nicht weltlichen Vergnügungen hinterher! Wenn wir Glück suchen, müssen wir uns darüber klar sein, dass uns nichts beglükken kann, was von dieser Welt stammt...

Denkt also an nichts Weltliches! Es tut mir leid, das sagen zu müssen. Vielleicht werdet ihr mir vorwerfen, dass ich schließlich auch verheiratet war und mein Leben genossen habe, dass ich es euch aber nicht erlaube. Meine Lieben: Heiratet nicht! *(Alle lachen.)* Bemüht euch, allein zu bleiben, versucht mit Gott zusammen zu sein und mit dem Meister! Lasst den Meister eure Frau sein! Lasst ihn euren Mann sein! Lasst ihn euer Kind sein! Lasst den Meister alles für euch sein! Er wird zu euch kommen. Er wird wie eine Mutter, wie ein Vater, ja sogar wie ein Kind zu euch sein und wird diese Rollen sehr gekonnt spielen.

Um nun zu jenem Jungen zurückzukommen: Als er ein wenig größer geworden war, war er wirklich schrecklich. Er ging hinaus zu den anderen Kindern, schlug und stieß sie, und sie schlugen zurück und verletzten ihn. Dieses Kind verursachte dauernd Zwischenfälle und Unruhe im ganzen Dorf und seiner Umgebung. Die Leute wurden sehr wütend auf die ganze Familie. Schließlich, als der Junge vierzehn oder fünfzehn Jahre alt war, gingen die Eltern mit ihm zum Meister: „Bitte, nimm dieses Kind zurück! Wir können es nicht ertragen." Aber der Meister fragte die Mutter: „Warum denn, du hattest doch darum gebeten. Du hast es verlangt." „Ja, ich bat darum", erwiderte die Mutter, „weil ich seinen Schmerz nicht aushalten konnte. Ich hatte so großes Mitleid mit dem Kind, aber sein Charakter war mir nicht klar. Du hast mich gewarnt, aber ich habe es nicht begriffen. Das Gemüt hat wirklich kein Verständnis. Meine Seele war damals noch nicht so weit erweckt, dass ich dich hätte verstehen können. Jetzt haben wir fünfzehn Jahre schrecklichen Leids hinter uns, das ist mehr als genug! Der Junge ist zu einem richtigen Teufel geworden." Der Meister tröstete sie: „Macht euch keine Sorgen! Lasst ihn bei mir, bleibt ein paar Tage hier! Ich kann ihn nicht zurücknehmen. Wo soll ich ihn denn hingeben? Wieder in dieselben Höllen, in den gleichen Schmerz? Genau wie ihr, kann auch ich solche Schmerzen und Leiden nicht ertragen."

Ich bin nicht in der Lage, den weltlich gesinnten Menschen zu helfen, denn sie wollen nichts von mir wissen. Sie glauben mir nicht, sie vertrauen nur auf ihr eigenes Gemüt und weltliche Informationen. Würden sie auf mich hören und mir glauben, müssten sie niemals leiden - niemals! Dann würde es das Wort ‚Leid' im Wörterbuch dieser Welt nicht geben. Nur Freude, Frieden und ein Leben der Vollkommenheit würden sie erfahren, wenn sie mir vertraut, wenn sie mich verstanden und meine Gebote für den Weg des Lebens befolgt hätten, den ich euch gegeben habe - euch allen. Aber auch ihr glaubt mir immer noch nicht. Ich erhalte immer wieder Briefe mit weltlichem Inhalt: Soll ich diese Frau heiraten? Soll ich jenen Mann nehmen und mich von meinem Ehemann trennen? Soll ich ein Kind bekommen oder nicht? Meine Lieben, was soll das alles? Wenn ihr euch jetzt von einem Ehemann trennt, so wird der andere in zwei oder drei Monaten genauso sein wie der erste. Hier in den USA gab es eine Frau, die, soweit ich mich erinnere, fünf oder sechs Ehemänner ‚absolviert' hatte; mit keinem konnte sie es länger als drei oder vier Monate aushalten. Ich sagte zu ihr: „Hör doch mit dieser Zeitvergeudung auf! Wenn fünf oder sechs nicht helfen konnten, werden es zehn, zwölf oder zwanzig auch nicht können. *(Der Meister lacht.)* Es geschieht immer dasselbe. Wenn du zu einer Schlange gehst, wird sie dich beißen. Gehst du zu einer anderen, so wird auch diese zuschnappen. Die dritte Schlange wird dasselbe tun. Halte dich also von den Schlangen fern und geh zu einer Katze oder jemandem, der dich mag, dann ist es in Ordnung!

Im Adi Granth und den Schriften der indischen Mythologie wird das Gemüt mit einer Schlange mit tausend Mäulern und tausend Zungen verglichen - jedes davon möchte euch vergiften und beißen. Das Gemüt aber hat nicht nur eine Art, nein, tausend Arten, euch zu verletzen, euch zu beißen und zu vergiften. Wollt ihr heiraten, sei es Mann oder Frau, so muss dies eine gottverwirklichte Person sein. Das Dominierende in diesem Menschen müssen Gott und der Meister sein, nicht das Gemüt! Wo das Gemüt ist, werdet ihr euch unmittelbar auf diesen Menschen beziehen, und schon steckt ihr in Schwierigkeiten. Das ist - so leid es mir tut - ein grundsätzliches Phänomen. Die Menschen müssen aufgrund ihres Schicksals solche Beziehungen durchleben, doch das Schicksal ist uns nicht wohlgesonnen. Seid ihr aufgrund des Schicksals miteinander verbunden, so müsst ihr leiden.

Ob ihr nun verheiratet seid oder nicht, spielt keine Rolle. Lasst euch nicht scheiden, denn was erwartet euch nach der Scheidung? Vielleicht bleibt euch für immer das Gefühl, einen Fehler begangen zu haben, und ihr nehmt euch vor, nicht wieder zu heiraten, euch nicht wieder mit einem anderen Gemüt zu verbinden.

Denkt: „Ich will nur mit meinem Meister verbunden sein. Er ist in mir, und ich werde mit ihm leben. Ich in ihm und er in mir." Eine solche Beziehung genügt. Es sei denn, ihr fändet einen Menschen, der wirklich mit Gott verbunden ist, gute Meditationen hat, der nicht mehr Gemüt ist, sondern im Meister ruht.

Im Adi Granth heißt es, zwischen dem Meister und dem Schüler sei dann kein Unterschied mehr, wenn der Schüler ein wahrer Schüler ist; dann sind sie eins. In allem, was er tut, ist der Meister Gott, und der Schüler ist im Meister, also sind beide in Gott. Nun sind die drei eins und keine getrennten Wesen mehr. Befasst ihr euch dann mit weltlichen Dingen, so macht euch keine Gedanken um den Partner, sein Aussehen und ob er gut oder schlecht ist. Akzeptiert jeden, aber nicht, bevor ihr nicht Gott akzeptiert habt und zu Gott geworden seid! Seid Schüler des Meisters! Mit dieser Kraft werdet ihr in der Lage sein, jeden zu ändern.

Jener Junge also wurde initiiert und blieb einige Tage beim Meister. Er erhielt höchste Segnungen und meditierte verbunden mit Licht und Ton. Auf diese Weise wurde er von einem Teufel in einen guten Menschen umgewandelt. Er bereitete keine Schwierigkeiten und Sorgen mehr und war ein rechtschaffener Mensch. Nach einiger Zeit war er wie ein Engel.

Nun meine Lieben, wenn ihr also eine schlimme Ehefrau oder einen harten Ehemann habt, macht euch keine Sorgen! Arbeitet an ihm sowie an euren Meditationen, und euer Partner wird gewandelt. Er oder sie kann geändert werden. Die Sonne fürchtet sich auch nicht davor, in eine finstere Region zu scheinen, denn sie bringt ja ihr Licht mit. Sie überlegt nicht, dass sie lieber in ein Gebiet scheinen möchte, in dem es bereits hell ist, um vor der Dunkelheit verschont zu bleiben. Sie ist vielmehr stolz auf ihre eigene Lichtquelle.

Genauso stolz könnt ihr auf eure guten Eigenschaften sein und darauf, dass es niemanden gibt, der nicht zu euch passt, niemanden, der euch verletzen oder Schwierigkeiten bereiten könnte. Ihr könnt jeden Menschen ändern - nicht nur eure Verwandten und Freunde, sondern auch eure Nachbarn. „Liebe deinen Nächsten wie dich selbst! Liebe deine Feinde!" Ihr werdet in der Lage sein, eure Feinde zu lieben und sie zu Freunden zu machen. Alles wird dann wunderbar sein.

Noch habt ihr dieses Lebensprinzip nicht begriffen und schreibt mir immer noch so viele Briefe - das möchte ich nicht. So wunderbar, wie ich euch gemacht habe, seid ihr noch nicht geworden. Ihr seid noch immer sehr schwach und unselbständig. Ich habe euch alles Wissen, alle Weisheit, alle Kraft und alle Fähigkeiten erschlossen, so dass ihr wirklich großartig und wunderbar sein könntet, aber ihr habt nicht daran geglaubt und nicht daran gearbeitet. Das ist auch für mich ein Problem.

Warum schreibt ihr mir Briefe, wenn ihr doch hier oben am Augenzentrum direkt mit mir sprechen könnt? Bin ich vielleicht nicht dort? Selbst wenn ihr den Meister im Inneren nicht seht, nach einer halben Stunde Meditation wird eine Frage, die euch bewegt, im Inneren beantwortet sein.

Es bewegt euch eine Frage, und nach ungefähr einer oder zwei Stunden Meditation werdet ihr feststellen, dass diese Frage verschwunden ist. Ihr seid ganz entspannt und erleichtert, ihr fühlt euch wohl und alles ist in Ordnung. Sollte eine Frage unbeantwortet bleiben, dann setzt euch noch einmal eine Zeitlang zur Meditation - besonders in der Nacht; alle Fragen werden nicht nur beantwortet, sondern auch gelöst sein.

Ihr braucht euch an niemanden hier in der Welt zu wenden. Alles ist in eurem Inneren vorhanden, und ihr solltet unbeirrt und geduldig fortfahren, daran zu arbeiten - in vollem Vertrauen auf eure innere Verbindung mit dem heiligen Licht und Ton. Der Tonstrom ist besonders leicht wahrnehmbar. Hört ihr den Ton, so macht euch um das Licht keine Sorgen! Wenn ihr innen kein Licht seht, sorgt euch nicht darum, sondern seid mit der Tonmeditation zufrieden und widmet ihr ungefähr 75 Prozent eurer Meditationszeit. Für die Sehmeditation bleiben dann noch 25 Prozent. Natürlich sind beide Meditationsformen auszuführen, aber solange ihr euch am Licht nicht erfreuen könnt, bemüht euch, der Tonmeditation mehr Zeit einzuräumen. Sie wird euch vorbereiten und reinigen. Habt ihr schon jetzt eine gute Verbindung zum heiligen Licht, teilt eure Meditationszeit ungefähr halbe-halbe ein, je nach Gefühl. Es gibt keine strengen Regeln, ihr könnt die Zeiten auch eurer persönlichen Situation anpassen...

Maulana Rumi sagt in seinen Hymnen, dass allein der Blick des physischen Meisters uns den Segen von einem Jahr Meditationen schenkt. Wenn ihr ein Jahr lang meditiert, werdet ihr nicht denselben Segen haben, wie wenn ihr in die Augen des Meisters blickt und der Meister nur für einen Moment in eure Augen schaut. Dieser Segen ist wirklich wundervoll - und er bleibt uns erhalten, meine Lieben.

Der Meister ist also dringend notwendig. Er allein weiß, was euch segnet, was ihr braucht und zu welcher Zeit, in welcher Menge. Er weiß, was ihr an Segnungen für eure Familien benötigt, auf welche Weise eure Lebensumstände, auch euer vergangenes Leben und eure Zukunft, von ihm zu regeln sind. Das ist ein wundervolles Geschenk, das einzige Geschenk für uns Menschen, das wir genießen können. Erfreut euch daran!

Es gibt keinen, der im Leid allein gelassen wird. Es ist eine hundertprozentige Garantie, dass ihr alle gerettet, beschützt und in Gottes väterlichen Schoß gebracht und euch des höchsten Lebens in Vollkommenheit erfreuen werdet. Aber vertraut den Gaben des Meisters und arbeitet entsprechend seinen Anweisungen. Er liebt euch hundertprozentig sicher, und wenn ihr ihn ebenfalls liebt, müsst ihr diese eure Liebe beweisen, indem ihr seine Gebote, seine Anweisungen annehmt. Dann wird der Meister wirklich zufrieden sein.

„Niemand kommt zu mir"

Worin besteht die Aufgabe des Meisters? Das ist ganz klar. Ihr müsst von der negativen Herrschaft befreit werden und in eurem Selbst leben. Was ist euer Selbst? Euer Selbst ist das, was bestehenbleiben wird. Was euch wirklich gehört, kann euch nicht genommen werden, es ist mit euch verbunden. Und weil Gott dies so eingerichtet und vorgesehen hat, gibt es keine Macht, die es ändern kann oder euch wegnehmen kann. Er gab euch die vollkommene Autorität über euer eigenes Selbst, damit ihr euch in Ewigkeit erfreuen könnt. Dies wurde euch im menschlichen Körper gegeben, ihr aber müsst es ergreifen, es wirklich in Besitz nehmen und es nicht ständig vernachlässigen. Wenn wir es außer acht lassen und uns auch bis zum Ende unseres Lebens nicht darum kümmern, dass es wirklich mit uns verbunden ist, werden wir es mit Sicherheit verlieren.

Gott wusste, dass es auf dieser Welt für sein Kind nichts gibt, und stattete es deshalb mit allem Lebensnotwendigen aus. Andererseits trifft auch die Negativkraft ihre Vorkehrungen. Wenn ein menschlicher Körper in diese Welt gesandt wird, wird ihm ein Schicksal mitgegeben. Die Negativkraft hat ihr eigenes System, das Karma. Was wir einst gesät haben, finden wir jetzt in unserem Leben wieder vor. Worin besteht dieses Schicksal? Wir können es bereits sehr leicht an unserer eigenen Handlungsweise erkennen, dem, was wir alles getan haben. Es gibt Menschen, die sehr großzügig, gut und edel handeln. Ihr Schicksal wird in den nächsten Leben tatsächlich dieser edlen Handlungsweise entsprechen. Aber in dem Zeitalter, in dem wir jetzt leben, ist es sehr schwer, gut und großzügig zu sein. Lüge, Heuchelei und Egoismus

herrschen überall. Unrecht tun und jemandem etwas wegnehmen betrachten wir nicht als etwas ganz Schlimmes. Das
ist der Lebensstil heute.

Selbst wenn wir uns nicht bewusst sind, dass wir etwas
Schlechtes tun, wirken sich das Gesetz, die Regeln und Bestimmungen der Negativkraft aus. Sie werden äußerst aufmerksam und präzise angewandt - unsere Unwissenheit wird
dabei ausgenützt. Je unwissender wir sind, umso erfolgreicher hält die Negativkraft uns gefangen, denn die wichtigste Absicht hinter dem Gesetz des Karmas und anderer bin-
dender Systeme ist es, zu verhindern, dass wir der Sklaverei
der Negativkraft entkommen. Wir sollen immerzu leiden und
unter ihrer Herrschaft arbeiten, um ihren Absichten zu dienen.

Die Negativkraft selbst kann nämlich nichts tun, sie hat
keine Macht zu handeln. Sie hat zwar Pläne, eine Art Bewusstsein, aber keine Macht zu handeln. Diese liegt nur bei
uns. Unsere Seele kann handeln, und die Negativkraft macht
sich dies zunutze, indem sie unser Selbst mit dem Körper,
dem Gemüt und dem Intellekt umhüllt und ihm ihre eigenen Wünsche eingibt: Der Körper möchte dies, der Körper
erleidet jenes, der Körper freut sich an diesem, jenes muss
angeschafft werden, das Gemüt möchte dies und jenes haben, das Gemüt mag dies und jenes nicht und verlangt Rück-
sichtnahme. All dies kommt von der Negativkraft. Wer spricht
durch das Gemüt? Wer sagt uns, dass der Körper in guter
oder schlechter Verfassung ist, dass etwas für ihn getan werden muss? Dies kommt alles aus der Verbindung mit der Negativkraft. Sobald wir Körper, Gemüt und Intellekt einsetzen, dienen wir ihr auf hervorragende Weise.

In den Veden wird folgendes berichtet: Als Lord Krishna
seinen Schüler Arjuna initiierte, sagte er ihm: „Zuerst musst
du Körper, Gemüt und Intellekt hinter dir zurücklassen.

Damit besteht die Hoffnung, dass deine Seele zu leben beginnt. Ich werde auf deine Seele einwirken, ich werde sie erwecken und sie wird lebendig werden, und dann dient sie meinem Zweck - besser gesagt, deinem Zweck. Du wirst zu mir gehören und ich zu dir. Du wirst dich für alle Ewigkeit erfreuen, und auch deine Hilfsmittel, nämlich Körper, Gemüt und Intellekt, werden ihre Freude haben."

Das ist das Grundlegende an Gott und der Seele: Sie können nicht anders als sich selbst zu erfreuen und allen anderen ebenfalls Freude zu bereiten. Sie haben nichts an sich, womit sie anderen Probleme oder Schwierigkeiten schaffen könnten. Selbst wenn jemand für euch Millionen von Jahren ein Problem und eine Gefahr dargestellt hat - was werdet ihr tun, da ihr jetzt stärker seid und euch an dieser Person rächen könntet? Ihr werdet ihr vergeben, ihr werdet vergessen und diese Seele segnen.

Manchmal habt ihr das ja schon erlebt: Ein Vater hat zwei Kinder, die miteinander streiten. Der Stärkere schlägt den Schwächeren, und der Schwächere weint und brüllt. Da gibt der Vater dem Älteren eine Ohrfeige und der Jüngere ist zufrieden. Was hat der Jüngere davon? Nichts! Seine Schmerzen sind nicht verschwunden, die hat er immer noch. Nur die Lust des Gemüts an der Rache ist befriedigt, weil der Ältere nun auch Schmerzen hat. Der Vater hat ihm Genugtuung verschafft.

Das Gemüt ist so hart strukturiert, weil es von der Negativen Kraft geschaffen wurde. Es kann keine andere Denkweise annehmen, wie etwa die, dass es allen anderen Erleichterung verschaffen und Liebe und Frieden schenken könnte, unabhängig vom Verhalten und der Einstellung der anderen ihm gegenüber. Das sind die zwei Lebenseinstellungen oder Philosophien, die in dieser Welt herrschen. Die eine ist positiv, die andere negativ. Welche der beiden nützt uns? Natürlich die positive, die jedem gegenüber positiv ist. Das Negative wird für alle negativ sein. Es ist nicht so, dass die Negative Kraft irgendetwas genießt, nein, sie steht selbst in Flammen, und nur zu ihrer eigenen Genugtuung verbrennt sie alle anderen mit. Das befriedigt ihr Gemüt: „Nicht nur ich brenne und leide, sondern alle anderen auch." Das tröstet sie, und so lädt sie immerzu jedem Leid auf, den sie nur erreichen kann, völlig grundlos, nur damit auch er leidet.

Nehmen wir einmal an, wir kommen zum ersten Mal auf diese Welt. Was können wir hier schon getan haben? Für jede Seele, die zum ersten Mal auf diese Welt kommt und die nie zuvor gelebt hat, also auch noch nichts gesät und keine karmischen Schulden hat, schafft die Negativkraft Karma und endlose Probleme, Schwierigkeiten und Leid. Darüber hinaus richtet sie es so ein, dass wir, angestachelt durch das Gemüt, ohne es zu wollen und zu wissen, ständig negative Saaten säen. Dann hat sie Grund, uns leiden zu lassen! Das ist von Natur aus ihre Haltung - wir dürfen ihr keine Schuld zuweisen, denn sie ist eben nicht Gott, sondern sein Gegenteil.

Gott aber ist bei uns, und mit Gott sind wir in Sicherheit. Wenn ihr eure eigenen Sicherheitsvorkehrungen getroffen habt und euch unter Löwen und Wölfen bewegen müsst, braucht ihr nur auf sie zurückzugreifen, und ihr seid geschützt. Warum benutzt ihr eure Sicherheitsvorkehrungen nicht?

Wenn ihr in der Dunkelheit der Nacht eure eigene Laterne dabei habt, warum zündet ihr sie nicht an? Warum leidet ihr unter der Dunkelheit? Gott hat doch alles so eingerichtet, dass wir unser eigenes Licht, unsere eigene Freude, unseren eigenenFrieden und ein wunderbares Leben haben können.

Die Aufgabe des Meisters ist es, euch erkennen zu helfen, dass ihr nicht zum Leiden geboren seid. Leid, Sorgen, Probleme, Krankheiten, ja sogar der Tod gehören nicht zu euch, für sie ist in eurem Leben kein Platz. Sie wurden euch aufgeladen, aufgezwungen, und sie können auch wieder abgeschafft werden, wenn ihr sie nicht annehmt. Jetzt haben wir sie akzeptiert, da unser eigenes Selbst noch nicht erwacht ist, nur das Gemüt ist wach und herrscht. Das Gemüt wird nur akzeptieren, was ihm nützlich ist, so wie es ihm die Negative Kraft aufdrängt; es besitzt weder Einsicht noch Verständnis. Es zieht wie verrückt alles Negative an. Wenn aber die Seele erwacht ist, wird alles Negative durch die reinigende Kraft von Licht und Ton beseitigt. Je häufiger wir sie einsetzen, umso mehr tauchen wir in das Licht und Leben Gottes, in seinen Frieden und seine Freude ein, und umso weniger haben wir unter der Herrschaft der Negativkraft zu leiden.

Diese Verbindung beginnt mit dem ersten Blick des Meisters, wenn der Meister euch ansieht. Aber selbst wenn nur wir den Meister ansehen, genügt das, damit wir auf diese Weise zu leben beginnen. Mein Meister erzählte öfter von einem Heiligen, der einen Diener hatte. Als der Heilige einmal nicht zu Hause war, kam ein anderer heiliger Mann zu Besuch. Der Diener fuhr mit seiner Hausarbeit fort, und der Heilige fragte: „Wo ist mein Freund?" Der Diener antwortete nur, er sei ausgegangen und werde bald wiederkommen. Als der Heilige am Weggehen war, dachte sich der Diener: „Ich sollte doch wenigstens schauen, wer der Mann ist. Denn mein Herr wird wissen wollen, wer hier war und ihn besuchen wollte." Der Besucher hatte sich bereits abgewandt, und der Diener konnte nur noch den Rücken des Heiligen sehen. Er erkannte gerade noch, um wen es sich handelte. Als sein Herr zurückkam, erzählte er ihm von dem Besucher. „Was habt ihr gesprochen?", fragte der Heilige. „Ich sagte ihm, du seist nicht hier, und er ging wieder." „Hast du seinen Darshan *(Blick eines Heiligen)* bekommen?" „Nein, ich konnte sein Gesicht nicht sehen, ich sah nur noch seinen Rücken, als er wegging." „Gut, dann bist du gesegnet. Ein Blick auf seinen Rücken hat schon ausgereicht, dich zu segnen. Dieser Heilige ist eine hohe Persönlichkeit! Schon ein kurzer Gedanke an ihn wirkt sich bereits in dir aus, denn im Reich Gottes sind Gedanken von großer Tragweite."

Ja, dort gibt es keine körperlichen Aktivitäten, keine Gespräche, keinen physischen Körper, dort sind nur Seelen, ohne äußere Organe. Sie haben ihre eigene Lebensweise: Sie wirken nur durch die Gedanken, die sehr mächtig und kraftvoll sind. Diese Gedanken wirken auf jener Ebene in diesen Seelen, und in den niedrigeren Regionen materialisieren sie sich auch. Ihr materieller Anteil muss sich auswirken. Tatsächlich haben diese Gedanken jegliche Macht.

Die Verbindung hierzu beginnt also durch den Meister. Wenn euch der Meister ansieht oder ihr den Meister, geschieht wirklich etwas Wunderbares. Schon ein Gedanke reicht aus, um alles auszulöschen, was ihr in Millionen von Jahren angesammelt habt und was euch von der Negativen Kraft aufgeladen wurde; denn in Wirklichkeit ist sie sehr schwach.

Wie ihr wisst - ihr seid ja bereits initiiert - befindet sich der Hauptsitz der Negativkraft auf der zweiten Ebene. Und wo ist Gott? In der fünften Ebene. Und wo ist unser ‚Hauptzentrale'? In der achten Ebene. Die zweite und die achte Ebene unterscheiden sich gewaltig voneinander - genau wie wir schon einen erheblichen Unterschied zwischen dieser irdischen und der zweiten Ebene feststellen können. Die Engel und die Teufel stehen weit über uns, und wenn wir in ihre Welt dort gehen, so unterscheidet sie sich vollständig von dieser irdischen. Im Vergleich dazu ist diese Welt hier ohne jede Bedeutung und ohne jeden Wert; nur schmutzige Abwasserkanäle und Unsauberkeit sind hier zu finden. Im Vergleich zum Allergeringsten in Brahmand, der zweiten Ebene, wird das Höchste und Beste von dieser Welt nur wie wertloser Unrat aussehen, so groß ist der Unterschied.

Wenn sich diese beiden Ebenen schon so voneinander unterscheiden, wie groß ist dann erst der Unterschied zwischen der Kraft auf der zweiten und der auf der achten Ebene? In Wirklichkeit seid ihr Bewohner der achten Ebene und nicht nur der fünften. Auf der fünften Ebene gibt es keinerlei Negative Kraft mehr und ihr seid in Gottes Hand. Aber Gott wird euch nicht lange dort lassen, sie ist nur ein Verbindungsort. Er wird euch noch höher hinaufnehmen. Und wie es dort oben ist, das könnt ihr euch unmöglich ausmalen, jede einzelne weitere Stufe ist ungeheuer beeindruckend und überwältigend. Wir müssen unbedingt unser eigenes Zuhause, unsere Wohnstatt in der achten Ebene, zu der wir gehören, erreichen! Sie ist uns nichts Fremdes, für das wir erst tauglich gemacht werden müssten, sondern der uns bestimmte Ort wartet bereits auf uns und wir fehlen dort. Wenn wir dort ankommen, werden wir bereits erwartet, um unseren Thron einnehmen. Wir werden in allen Ehren begrüßt werden und alles wird uns auf Abruf zur Verfügung stehen, da es uns zusteht. Dort gehören wir wirklich hin und wir werden wirklich glücklich sein.

Wie aber ist die Lage des Menschen hier auf der Welt? Wirklich äußerst gefährlich und schrecklich. Und warum ist der Meister auf dieser Welt nötig? Warum muss Gott in der Gestalt eines Menschen hierher kommen? „Das Wort wurde Fleisch und wohnte unter uns." Warum hat er für uns gekämpft, wie wir für unsere Kinder kämpfen, damit sie nicht leiden? Geradeso fühlt Gottes Herz für uns, und er will nicht, dass wir leiden. Deshalb kommt er mit all seiner Hilfe und Führung hierher, und einige Glückliche finden sie. Im Lauf der Geschichte dieser Welt haben nicht alle den Weg des Lebens gefunden. Die Meister kamen, aber nur sehr wenige folgten ihnen - warum? Warum akzeptieren nicht alle den Meister? Nun, es ist so eingerichtet, dass alle ihn einmal akzeptieren werden. Stellt euch vor: Ein Mensch legt den Samen für einen Obstbaum und geht dann. Ein anderer kommt, bewässert den Samen, und die Saat geht auf. Wieder ein anderer nährt die Pflanze und bringt sie zum Blühen, und der Vierte oder Fünfte erntet schließlich die Früchte.

Auch der Meister legt eine Saat: Hat jemand ihn gesehen oder einen Satsang des Meisters gehört, ohne dass er initiiert wurde, geht er deshalb nicht verloren. Dies wirkt in ihm weiter bis zu einem späteren Zeitpunkt, mag es in diesem Leben oder einem späteren sein. Die Saat, die durch den Blick des Meisters gelegt wird, kann nicht mehr verloren gehen. Sie bleibt bestehen und wird nach einiger Zeit Frucht tragen. Und wie zeigt sich das? Der Mensch wird initiiert und die Seele wird erweckt. Damit ist alles erreicht. Sobald die Seele in Licht und Ton erweckt wird, ist alles in Ordnung. Sie gehört nun zu Licht und Ton, sie gehört zu Gott, zum Reich Gottes. Die Verbindung zum Reich des Bösen ist beendet, alle Verbindungsglieder dazu sind gesprengt; jenes Reich hat keine Macht mehr über ihn. Von dem Moment an, in dem ein Mensch den Meister oder der Meister einen Menschen angesehen hat, wird die Seele jeden Tag, jeden Augenblick geführt und geschützt. Diese Verbindung ist sehr stark.

Auch mein Meister erzählte oft von seinen eigenen Erfahrungen. Wenn er im Büro arbeitete, kam in seinem Herzen manchmal wie ein Windhauch eine tröstliche, wohltuende Empfindung auf. Er notierte dann Datum und Uhrzeit, und wenn er seinen Meister besuchte, fragte er denjenigen, der den Meister persönlich bediente: „Was tat der Meister an diesem und jenem Tag, um diese Zeit?" Und die Antwort lautete: „Wir sprachen über dich und über Dinge, die mit dir zu tun haben." Das war also der Grund. Wenn der Meister an jemanden denkt, dann erreicht den Menschen, an den er denkt, jener sanfte, wohltuende Hauch. Auch wenn ihr an den Meister denkt, entsteht eine Verbindung, so dass ihr aus eigenem Antrieb für alles empfänglich werdet, was vom Meister kommt. Dann genießt ihr ebenfalls seinen Segen.

Dieser großartige, mächtige, stark wirkende Gedanke an Gott und seinen Mittler erfüllt uns tatsächlich mit Leben. Deshalb sagten die Meister: „Ich bin das Licht, ich bin das Leben, ich bin der Weg." Alle Meister sagten dies, und es ist die Wahrheit. Diese Wahrheit muss der Mensch kennen lernen.

Die Meister sagen uns: „Gehört nicht dieser Welt an." Die Bibel beschreibt dies auch ganz wunderbar: Ein Mann hörte den Vortrag des Meisters an und wurde initiiert. Danach hatte er das Gefühl: „Jetzt habe ich erkannt, dass es für mich nur dich gibt und dass nur von dir etwas Gutes für mich kommen kann. Ich will dir folgen und mein restliches Leben bei dir bleiben. Aber der Leichnam meines Vaters liegt in meinem Haus. Bitte gestatte mir, mich darum zu kümmern. Ich glaube, ich bin dafür verantwortlich. Dann werde ich zurückkommen." Was antwortete da der Meister? „Lass die Toten sich um die Toten kümmern, du aber folge mir nach!" Wenn sich niemand um einen Leichnam kümmert, was macht das schon aus? Er ist bereits tot, er ist unbelebte Materie, und was kann ihm noch geschehen? Nichts.

Nur um das Bewusstsein der Seele sollten wir uns kümmern, damit sie nicht leidet. Wenn aber das bewusste Wesen, unsere Seele, fortgeht, was bleibt dann zurück? Nichts als unbelebte, unbewusste Materie. Wenn die Seele den Körper verlassen hat und man den Leichnam auf einen Holzstoß legt, dann brennt er genau wie das Holz lichterloh. Er spürt nichts mehr, denn jede Empfindung und alles Bewusstsein ist vergangen. Deshalb ist es gleichgültig, ob wir uns um ihn kümmern oder nicht. Der Meister meinte: „Wenn man sich um den Leichnam deines Vaters kümmern muss, dann können dies andere tun, Verwandte oder Freunde, die noch nicht mit dem Leben verbunden sind. Warum sorgst du dich? Du hast das Leben gefunden, du musst dich um dein Leben kümmern."

Worum solltet ihr euch bei euren Kindern, eurer Familie, bei Verwandten und Freunden kümmern? Um ihr Bewusstsein, ihr Leben, ihr lebendiges Selbst, die Seele. Wenn ihr euch nur um ihren Körper kümmert, dann muss ich leider sagen, dass ihr euch nach den Erklärungen des Meisters Jesus Christus nur um den toten Teil kümmert, was von keinem Nutzen, sondern eher schädlich sein kann...

Wo sollten wir also leben? Hier oben *(der Meister zeigt auf die Sternmitte)*. Hier ist euer Zuhause! In den Schriften steht, dass euer Zuhause hier ist, dass aber nur wenige, durch die enge Pforte eintreten werden'. Das ist zweifellos nicht so einfach. Ihr müsst wissen, dass ihr sehr sorgfältig, sehr aufmerksam und zielgerichtet vorzugehen habt. Seid nicht ungeduldig, wenn Schwierigkeiten oder Probleme auftreten, werdet nicht mutlos - es muss euch gelingen! Geht immer weiter auf dem Weg des Lebens, auch wenn ihr zu den wenigen gehört! Ihr gehört nicht zur großen Mehrheit, die leidet, sondern zu den wenigen, die geschützt sind. Ihr werdet für immer in Sicherheit sein, unter diesem Schutz stehen und in alle Ewigkeit glückselig sein. Nichts wird euer Glück je beeinträchtigen können. Aber noch seid ihr sehr wenige. Was euch selbst betrifft, könnt ihr zufrieden sein, aber Gott und der Meister sind nicht zufrieden, denn sie sind für die gesamte Menschheit und alle Lebewesen auf dieser Erde verantwortlich. Deshalb möchte er euch zu deren Segen benutzen. Wenn ihr nämlich initiiert seid, gehört ihr zu ihm. Er weiß, dass ihr bereits zu ihm gehört...

Der heilige Kabir schrieb in seinen Hymnen: „Geh zum Meister und frage ihn: ‚Wo bin ich zu Hause?', und er wird dir sagen: ‚In deinem ewigen Zuhause, dem wunderbarsten Zuhause, wo alles bereits vorhanden ist, wo du dich um nichts zu kümmern brauchst.'" Die Häuser hier muss man erst bauen und einrichten. Nur was man sich auch besorgt, steht zur Verfügung. Nichts wird euch hier geschenkt. Der Meister aber wird euch das Zuhause geben, in dem alle Verwandten für euch da sind und in dem immer alles, was ihr wollt, im Überfluss vorhanden ist. Ihr braucht es nicht zu verlassen, braucht nicht zu kämpfen, ihr braucht weder einzukaufen noch Geld zu verdienen. Man kann es mit einer Quelle vergleichen, aus der alles im Überfluss entspringt, und ihr könnt sie mit anderen Menschen teilen, die etwas benötigen. Eure Vorräte werden nie weniger werden, sondern immer gleich bleiben. Genießt dieses euer Zuhause, das ewig besteht und sich nie ändert...

Ich erinnere mich an einen Satsang meines Meisters in Amritsar, der Stadt des Goldenen Tempels. An dem Abend, an dem mein Meister den Satsang hielt, trug ein Mann einige Verse vor, in denen er Folgendes ausdrückte: „Mein geliebter, herrlicher Gebender, schenke mir nur einen kleinen Becher deines Elixiers, und ich werde reichlichst beschenkt sein. Was macht es dir schon aus? Du hast ja unendlich große, riesige, nie versiegende, unbegrenzte Vorräte, Meere über Meere; du wirst nichts vermissen und ich werde wirklich gesegnet sein." Da unterbrach ihn der Meister: „Es kommt ja niemand zu mir! Ich habe Meere über Meere und warte und warte. Alle, die zu mir kommen, bitten mich um Wohlstand, um Besitztümer oder um andere weltliche Dinge, und auch das sind nur wenige. Aber was möchte ich geben? Ich fühle mich wirklich selbst gesegnet, wenn jemand mich um die höchsten Segnungen bittet, die ich mitgebracht habe. Und ich freue mich sehr über solche Menschen; sie tun mir einen großen Gefallen, wenn sie mich darum bitten."

Das ist das Verhalten der Meister. Sie sind nicht hier, um zu genießen, sondern um allen und jedem Freude zu bringen, die auf dieser Welt leiden, und um alle Seelen von hier fort in ihre Heimat zu bringen, zu der sie gehören. Wir gehören nicht hierher, es gibt hier keinen Platz für uns. Wenn wir hierher kommen, verlangt man von uns: „Richte dir alles selbst ein, besorge dir ein Haus, eine Arbeit, etwas zu essen und zu trinken! Sorge selbst für deinen Lebensunterhalt!" Geht ihr aber ins Reich Gottes, wird Gottvater nicht fordern, dass ihr euch um alles selbst kümmern sollt, um euren Lebensunterhalt, euer Essen und Trinken oder euren Besitz. Nein, er wird sagen: „Ich habe alles für dich vorbereitet, alles findest du bei mir und jetzt bist du selbst bei mir. Du bist zu mir gekommen, und jetzt wirst du von mir mit allem ausgestattet. Ich werde mich um dich kümmern. Ich bin dein ewiger Vater, der Gebende, der Mitfühlende, der Liebende, deine Familie, dein Verwandter, dein Freund und dein eigenes Selbst, das alles vermag, alles besitzt und alle Fähigkeiten hat. Worum auch immer du bittest, du sollst es erhalten. Was immer du auch suchst, du wirst es finden. Du brauchst nichts zu tun, dich um nichts zu kümmern. Ich bin hier, um alles zu erfüllen."

So verhält es sich im Reich Gottes, mit Gottvater und seinen Vorkehrungen. Schon wenn ihr hier auf dieser Welt nach innen geht, werdet ihr das erfahren. Wie groß und wunderbar seid ihr also aufgrund eurer großartigen inneren Einrichtungen und eures großen Vaters, der bei uns ist, der uns liebt und mit uns verbunden ist. Alles ist in ihm enthalten, und wenn er bei uns ist, ist nicht nur unsere Familie eine liebevolle Familie, dann sind nicht nur unsere Freunde Freunde, sondern alles auf dieser Welt wird uns freundlich gesonnen sein, und alles steht uns zur Verfügung - wir brauchen nur darum zu bitten. Jede Dorne wird in ein Blütenblatt verwandelt, selbst Feuer wird uns nur kühlen. Jeder Feind wird zu unserem Freund und jedes Gift zu Elixier.

Aber ihr seid noch zugedeckt, eure Bedeckung muss entfernt werden. Wenn der Meister kommt, nimmt er eure Bedeckungen weg und entfernt alle Umhüllungen, Fesseln und Schichten des Gemüts und der Materie von eurer Seele. Dann ist euer Blick frei und ihr könnt nach oben schauen.

Im Adi Granth steht geschrieben: „O mein Gemüt, möchtest du dich erfreuen? Möchtest du etwas erhalten? Warum schaust du nicht einfach nach oben? Ein gewaltiger Strom vom Manna des Lebens, vom Brot des Lebens, vom Wasser des Lebens kommt herab. Und du genießt ihn einfach, immerfort, immerfort, immerfort. Niemals brauchst du zu befürchten, dass man dir eine Rechnung präsentiert und dir sagt: ‚Wieviel hast du verwendet? Was hast du verschwendet?' oder dass man sonst irgendetwas von dir verlangt. Nein, es steht dir alles frei zur Verfügung, und es wird nie weniger werden und nie enden. Es wird immer erhalten bleiben, denn es ist von unwandelbarer Dauer."...

Auf dieser Welt unterliegt alles der Veränderung. Es kann vernichtet werden, ja es kann sogar zur großen Auflösung kommen. Es gab einmal eine Zeit, da all dies nicht vorhanden war. Es war nur der Wort-Gott vorhanden, aber selbst ihn gab es nicht. Er war mit dem absoluten Gott eins. In den Schriften, nicht nur in der Bibel, steht: „Im Anfang war das Wort." Das Wort, das die Erschaffung der niedrigeren Reiche in Gang setzte, existierte noch nicht. Der Wort-Gott ging aus dem absoluten Gott hervor. In ihm war er noch nicht einmal in der Form des Wortes vorhanden. Es gab keinerlei Schwingungen, er genoss voller Frieden einfach sein eigenes Selbst. Als er aber aus dem absoluten Gott hervorging, erwachte er, und in seinem erwachten Zustand begann er zu schwingen und es entstand eine sehr, sehr hohe Frequenz. Diese begann zu wirken und die gesamte, vielfältige Schöpfung kam ins Sein. Wir besitzen also etwas grundsätzlich Ewiges, das bestehen bleibt, niemals aufgelöst wird und nie enden kann. Was von der Negativkraft kommt, bleibt nicht bestehen, es wird enden.

Wir müssen sehr sorgfältig darauf achten, dass wir in die Richtung gehen, wohin wir gehören, wo uns alles entspricht und wo wir uns erfreuen können. Es ist so eingerichtet, dass alle Seelen, die zur Zeit der Auflösung oder der großen Auflösung nicht mit Gott verbunden sind, lange, lange Zeit warten müssen, bis es wieder eine Schöpfung geben wird. Dann werden sie wieder auf den Weg gestellt und können zu arbeiten beginnen. Es gibt ein sehr großes, ungeheuer großes Schöpfungssystem, das wir auf unserer Ebene hier nicht begreifen können, aber wir brauchen diese großartigen Zusammenhänge im einzelnen auch nicht alle zu verstehen.

Eines aber müssen wir wissen, dass jeder Einzelne durch den wahren, kompetenten Meister mit dem heiligen Licht und Ton verbunden werden muss. Den wahren Meister könnt ihr mit Hilfe von aufrichtigen Gebeten zu Gott finden. Es gibt nämlich viele reißende Wölfe im Schafspelz. Bittet aber jemand Gott um Hilfe, so wird er helfen, wie er auch euch geholfen hat. Aus welchem Grund auch immer ihr die Saat gelegt habt, vielleicht aufgrund der Karmas aus eurer Vergangenheit oder der Verbindungen in eurem letzten Leben, ihr habt sie gelegt, und sei es auch vor einer Million Jahren gewesen. Diese Verbindung wirkt sich jetzt so aus, dass ihr initiiert und verbunden worden seid und nicht mehr in diese Welt zurückkommen müsst.

Doch auch diese Welt ist ein Segen für uns, denn hier begegnen wir Gott und dem Meister in unserem Inneren. Sobald wir sie gefunden haben, sollten wir nie mehr hierher auf diese Welt kommen wollen, denn wenn wir wiederkommen, wird uns wieder für ein weiteres Leben Leid zugeteilt. Das möchte der Meister nicht, und auch ihr solltet das nicht wollen. Ihr könnt euch auf den höheren Ebenen erfreuen, und dann werdet ihr in die höchste Ebene erhoben werden, wo ihr für immer genießen könnt und niemals mehr herabkommt. Meine Lieben, arbeitet ernsthaft und aufrichtig dafür, und ihr werdet euch daran erfreuen können.

Findet den Meister im Inneren

28. Juni 1998, Abendsatsang Oregon, Auszüge

...Kann denn ein Zweifel darüber bestehen, dass Gott in der Lage ist, uns so vollkommen zu machen, wie er selbst es ist? Daran kann nicht gezweifelt werden, auf keinen Fall! Der Meister verspricht gleich am ersten Tag, bei der Initiation: „Ich werde euch nicht verlassen." Er bettet seine ‚strahlende Gestalt', den inneren Meister, in die Seele, in den Körper eines jeden Initiierten und gibt das Versprechen: „Ich werde dich zu Gott bringen. Ich werde dich mit Gott vereinen, so dass es keinen Unterschied mehr gibt zwischen dir und deinem Vater. Dann wirst du die Bedeutung des Satzes ‚Ich und mein Vater sind eins' verstehen können. Wenn das erreicht ist, habe ich meine Verantwortung erfüllt und bin frei, mich um andere Verpflichtungen zu kümmern."

Das bedeutet, dass wir keine Möglichkeit haben, aus irgendeinem Grund nicht vollkommen werden zu können. Es ist auf alle Fälle sicher, dass ein Initiierter eines vollendeten Meisters vollkommen werden und für immer vollkommen bleiben muss. Arbeiten wir jetzt mit dem Meister zusammen, richten uns nach seinem Willen und handeln nach seinen Anweisungen, können wir diese Vollkommenheit sehr schnell und einfach erlangen. Mein Meister, Sant Kirpal Singh, sagte oft, dass viele Initiierte des großen Meisters Baba Sawan Singh, meines Großmeisters, nicht begriffen hätten, welch große Hilfe während der Lebenszeit des Meisters verfügbar ist, die nicht mehr da ist, wenn der Meister den physischen Körper verlassen hat.

Erreicht den inneren Meister, solange euer Meister hier im Körper ist! Findet ihn im Inneren, dann gibt es keine Schwierigkeit und kein Problem! Was geschieht, wenn wir den Meister innen nicht erfahren? Außen erleben wir nur seine Hülle und nicht den Meister selbst. Der Meister ist keinesfalls der Körper. Er ist Gott in diesem Gewand. Er ist der Meister, der in euch ist. Das ist der wahre Meister! Solange ihr nicht euren eigenen Meister in euch gefunden habt, solange ihr ihm nicht tatsächlich nahegekommen seid, habt ihr den wahren Meister noch nicht wirklich gefunden. Dann kann euch die Negativkraft noch täuschen, betrügen und euch auf vielfältige Weise erscheinen und verwirren.

Als Baba Sawan Singh seinen physischen Körper verließ, wurden beinahe alle Initiierten abgezogen und konnten jenen Pol nicht finden, in dem der Meister, das wahre Gott-Selbst, nun wirkte. Die meisten wurden in die Irre geführt und gingen zu irgendeinem Meister, den die Negativkraft in der Hand hatte. Was war die Ursache? Sie hatten die Beziehung zu ihrem wahren Meister nicht entwickelt. Hätten sie eine wirkliche Verbindung zum wahren Meister erarbeitet, hätten sie sich später auch an den richtigen gewandt. Sie wären nicht getäuscht worden und hätten nicht leiden müssen.

Mein Meister pflegte zu sagen: „Solange ich hier lebe, solltet ihr hart arbeiten und die strahlende Gestalt des Meisters im Inneren erreichen. Selbst wenn er nicht zu euch spricht, spielt das keine Rolle. Denn nach einiger Zeit wird er auch mit euch sprechen." Wenn ihr euren Meister innen erfahrt, mit ihm sprechen könnt, er bei der Wiederholung der fünf kraftgeladenen Namen bestehen bleibt, euch anlächelt und mit euch zufrieden ist, dann erst habt ihr den Meister wirklich. Wenn ein Kind sagt: „Ich habe einen Vater", sollte der Vater dem Kind zur Seite stehen und es auf seinen Schoß nehmen. Nur dann kann es sagen: „Ich habe einen Vater", nicht wenn der Vater irgendwo anders ist und das Kind leidet. Was nützt ein abwesender Vater?

Welcher Meister ist also für euch zuständig? Jener Meister, der nicht nach fünf Tagen wieder nach Indien entschwindet. *(Lacht.)* Jener Meister, der für alle Ewigkeit bei euch bleibt, das ist euer wahrer Meister. Er ist bei euch und wirklich fähig, euch zu helfen. Das ist der richtige Meister. Nicht einmal hier könnt ihr mich dauernd sehen, denn schließlich habe auch ich meinen Körper, der wie euer Körper in seinen Möglichkeiten begrenzt ist. Auch er kann nur innerhalb gewisser Grenzen belastet werden. Der Körper des Meisters ist wirklich in einem furchtbaren Zustand, denn er muss das Leid von unendlich vielen Menschen auf sich nehmen. Euer Körper dagegen muss nur eure Leiden tragen. Mein Meister sagte immer: „Wenn Gott jemandem die schlimmste Strafe geben muss, macht er ihn zu einem Meister. Dann wird er wirklich entsetzlich leiden."

Mein Meister musste in seinen letzten Tagen nur noch leiden und lag auf seinem Bett. Ein sehr enger Vertrauter, Ram Saroop, saß neben ihm und merkte, welche Qualen er durchlitt. Er flehte ihn an: „Lieber Meister, du hast vielleicht Millionen Menschen geholfen, tust dies auch jetzt und in Zukunft, aber warum hilfst du dir nicht selbst? Warum leidest du selbst so sehr?" Der Meister schaute ihn an und schloss die Augen. Da war Ram Saroop sehr traurig und dachte, er habe eine unpassende Frage gestellt. Aber nach einer Weile öffnete der Meister die Augen und sprach: „In mir brennen ganz unvorstellbar schreckliche Feuer. Wenn die Feuer aller Höllen zusammengenommen würden, entspräche das noch nicht dem Feuer, das ich aushalten muss." Was bedeutet das? Das ist das Werk der Liebe! Der Meister muss das Leid all jener auf sich nehmen, die ihn um Hilfe anflehen. Der Meister nimmt ihnen ihre Qualen und erträgt sie selbst.

Das ist ein Gesetz: Die Last, die eurem Körper zugedacht ist, muss vom Meister getragen werden. Wenn er euch Mitgefühl und Liebe entgegenbringt, muss er für euch leiden. All das Leid, das zu ihm kommt, zieht er an, lädt er ein. Es wird ihm in keiner Weise aufgezwungen, es ist eine freiwillige Hilfe. Er kann sich aber dieser Hilfeleistung für seine Lieben nicht entziehen, denn er liebt sie unendlich. Er kann nicht denken: „Lass sie doch leiden! Warum sollte ich mir um sie Sorgen machen?" Er hat aber auch die Kompetenz dazu, während eure weltlichen Eltern, selbst wenn sie wollten, nicht in der Lage wären, eure Leiden auf sich zu nehmen. Sie besitzen diese Fähigkeit nicht, etwas davon auf sich zu ziehen oder zu übernehmen. Der Meister aber hat diese Allmacht und kann dadurch, dass er einen einzigen Körper leiden lässt, sogar Millionen befreien. So groß ist seine Aufnahmefähigkeit. Das Verhältnis von einer Million Menschen, die erlöst werden können, und ihm selbst, der in der Lage ist, Leiden zu ertragen, lässt ihn empfinden: „Es macht nichts, wenn ich leide, all die anderen müssen befreit werden."...

So empfindet sein Herz. „Wir erkannten und glaubten die Liebe, die Vater Gott uns erweist." Das ist die Liebe, die ihr vom Inneren des Meisters erfahren könnt. So sehr liebt er euch. Aber ihr könnt seine Liebe nicht einmal ermessen, denn ihr nehmt dazu ein Thermometer, das auf dem Kopf steht, und genau in die falsche Richtung klettert. Ihr beurteilt den Meister mit dem Gemüt. Er aber Meister fährt fort, auf die ihm eigene Art und Weise zu wirken, ob ihr es nun merkt oder nicht. Er braucht es euch nicht mitzuteilen und muss euch das, was er tut und was er getan hat, nicht verständlich machen...

Wenn ihr einen Meister findet, habt ihr euch selbst gefunden und alles Wunderbare dazu. Es gibt nichts mehr, was für euch schwierig wäre oder euch verletzt oder Unannehmlichkeiten, Probleme, Sorgen oder Krankheiten bereiten könnte. Das Schicksal kommt zwar noch eine Zeitlang zum

Tragen, denn es ist mit eurem Leben hier verknüpft, und wenn es gelöscht würde, wäre das Leben beendet. Es muss also aufrechterhalten bleiben, denn wir sollen hier leben, um Gott und das Reich Gottes zu erreichen. Das Schicksal bringt nicht nur Gutes, sondern meist Leid, und deshalb müssen die Initiierten Leiden durchmachen. Aber der Meister hilft in den Leidenszeiten mit seiner Liebe und gibt dem Initiierten nur so viel an Leid, wie dieser gut ertragen kann. Den Rest nimmt er auf sich.

Diese Beziehung bleibt bis zum Ende des physischen Lebens bestehen, bis das gesamte Schicksal zu Ende ist. Dann nimmt der Meister sein Kind in sein Herz und trägt es hinweg. Er lässt die Negativkraft keinen Blick darauf werfen, lässt es nie wieder hier herabkommen. Er übergibt es nicht dem Richter, der Todesengel darf nicht erscheinen, und Himmel oder Höllen kommen nicht ins Spiel. Auf direktem Weg wird der Meister das Initiiertenkind, die Seele, in das Reich Gottes bringen, wo es in alle Ewigkeit glücklich und in Freuden leben wird, so wie es die Meisterkraft eingerichtet hat.

Gibt es nach der Initiation noch die Gefahr, dass man leiden muss? Niemals! In diesem Leben ist es vielleicht noch eine Zeitlang möglich. Aber wenn ihr zwei, drei oder vier Stunden täglich meditiert, wird dadurch eine große Entlastung stattfinden. Jede nur erdenkliche Hilfe kommt für euch zum Tragen, und ihr müsst nur noch sehr wenig durchstehen. Selbst der Tod durch den Galgen kann auf einen Nadelstich reduziert werden. So groß ist die Hilfe durch die Meisterkraft, wenn ihr euch nach den Anweisungen des Meisters richtet. Aber selbst wenn ihr dies nicht tut und im Leid nach ihm ruft, wird er helfen, denn die ihm eigene Lebenseinstellung besagt, dass er sich euch angeboten hat. Ihr habt euch nicht angeboten. Doch die Beziehung von ihm zu euch ist bedingungslos. Wenn die Mutter das Kind mit Milch füttern will und das Kind den Mund öffnet, geht alles reibungslos. Macht das Kind aber den Mund nicht auf, muss die Mutter das Kind auf irgendeine Weise dazu bringen. Dem Kind wird diese Nahrungsaufnahme keinen Spaß machen, aber irgendwie muss die Mutter das Kind ja ernähren.

Es ist der höchste Segen, dass wir den menschlichen Körper erreicht haben, den ,Tempel Gottes'. In ihm befindet sich sowohl Gott als auch ihr selbst in Gestalt der vollkommenen Seele, die bereit ist, Gott zu erfahren und im Reich Gottes glücklich zu sein. Es hat so unendlich viele Leben gedauert. Wir mussten durch 8,4 Millionen Lebensformen gehen, um uns Millionen von Jahren als Seele vorzubereiten, damit sie jetzt bereit ist, im Reich Gottes aufgenommen und von Gott angenommen zu werden. Der menschliche Körper ist der Tempel Gottes, den wir betreten können, und auch das Reich Gottes, an dem ihr euch von Herzen erfreuen könnt, ist in ihm zu finden. Was braucht ihr noch mehr? Was fehlt denn noch? Selbst diese Welt hier wird euch zu Gebote stehen, denn sie gehört zu den untergeordneten Dingen...

Ihr glaubt, dass ihr etwas vermissen werdet, sobald ihr die Bindung zu den weltlichen Beziehungen und dem, was ihr besitzt, loslasst. Aber es wird überhaupt nichts fehlen, sondern ihr werdet etwas so Hohes und Wunderbares hier oben am Augenzentrum genießen, dass alle anderen Vergnügungen und Freuden ihre hypnotische Anziehung verlieren werden. Auf diese Weise könnt ihr euch an jenem über die Maßen großartigen Leben wirklich erfreuen...

Wo ist dieses Leben zu finden? Es wurde euch bereits gegeben, jedoch wieder entrissen. Eure Aufmerksamkeit wurde nämlich auf die andere Seite gelenkt, und ihr seid euch dessen nicht bewusst. Steht mein Freund hinter mir, kann er da mein Leben lang stehen; solange ich mich nicht umdrehe und ihn nicht sehe, werde ich nicht wissen, wo er ist und ob es ihn überhaupt gibt oder nicht. Schaue ich mich um, werde ich seine Existenz erfahren, werde ihn sehen und seine heiligen Dienste empfangen, seine Freundschaft und Liebe genießen...

Das Leben der Vollkommenheit gibt es, und warum sollten wir es nicht erfahren? Was ist der Grund? Ein wenig Arbeit muss geleistet werden, und worin besteht sie? Anstatt seitwärts zu blicken, sollten wir nach innen und nach oben schauen. Das ist das einzige, was wir tun müssen. Ist das denn schwer? Nein, es ist nicht schwierig! Wir brauchen nur unsere Gewohnheit, nach draußen zu sehen, in eine Gewohnheit, nach innen zu blicken, zu ändern. Nach einiger Zeit werdet ihr feststellen, dass innen mehr Zauber, mehr Süße, mehr Frieden, mehr Liebe und mehr Wirklichkeit zu finden ist. Dies alles wird euer Gemüt, das sonst im Äußeren umherwandert, festhalten. Es wird beginnen, sich in seinem eigenen wunderbaren Selbst zu konzentrieren, und damit für immer fortfahren. Das ist das wahre Leben, das dem Menschen verliehen wurde...

Deshalb bitte ich euch noch immer dringend: Die Zeit ist äußerst kurz, und die Augenblicke hier in dieser Welt sind so kostbar, dass ihr euch nicht vorstellen könnt, wie groß ihr Verlust ist. Wenn hier am Boden Schätze liegen und ich sammle sie nicht ein, sondern schwatze mit euch und sie werden wie auf einem Fluss weggeschwemmt, sind sie verloren. Sie kommen nicht zurück. Wir werden sie nicht wiedererlangen. Deshalb müssen wir jede einzelne Kostbarkeit, die uns angeboten wird, annehmen. Mit unserem inneren Reichtum werden wir wohlhabend sein, nicht mit dem Reichtum der Welt. Denkt an Gott, denkt an den Meister und an den Simran *(die fünf heiligen Namen Gottes)*!...

Es gibt einige sehr einfache Lebensgrundsätze, die ihr aber alle von innen erfahren werdet. Sie werden in den Büchern nicht hinreichend erklärt, selbst in den heiligen Schriften nicht, denn auch sie sind trotz allem Wert Erfahrungen aus zweiter Hand. Geht direkt nach innen, entdeckt es selbst und ihr werdet alles erfahren. Durch die Gnade des Meisters befindet sich alles in euch. Ihr seid von nichts abhängig, und keiner kann euch betrügen oder täuschen. Ihr erhaltet die Information direkt von Gott in eurem Inneren. Bemüht euch, sie zu erfahren und danach zu leben!

Meine Lieben, ich bitte euch, glaubt nicht, dass der Meister euch etwas Überflüssiges erzählt. Jedes seiner Worte kommt von Gott und dem Reich Gottes. Jedes einzelne Wort ist so unendlich kostbar, dass der gesamte Reichtum der Welt den Wert eines Satzes vom Meister nicht aufwiegen könnte. Seine Rede ist von Wahrheit, von der höchsten Wahrheit durchtränkt und kommt direkt vom wahren Einen. Ihr werdet hier in der Welt nichts Gleichwertiges finden, meine Lieben. Nehmt dies als sicher an, nehmt es euch zu Herzen, und vergesst oder missachtet nicht die Worte des Meisters!

Das Tor zum Reich Gottes

26. Mai 1998, Abendsatsang Jesolo, Auszüge

Meine lieben Kinder des Lichts, fast alle Schriften sagen, dass der Körper der Tempel Gottes, die Wohnstatt Gottes sei. Die Veden geben uns eine etwas genauere Erklärung. Gott hat den Ort, an dem er sich aufhalten wollte, mit den ihm eigenen Mitteln so wunderbar gestaltet, damit er seiner auch würdig sei. Nachdem der Platz in allen Einzelheiten fertig war, nahm Gott darin Platz - mit all seinen Kräften, allen Tugenden und allem Guten, das er besitzt und das ihn als Gott auszeichnet. Aber die Veden berichten auch, dass gleichzeitig alle negativen Kräfte mit ihren schlechten Eigenschaften in den Menschenkörper einzogen und ihre eigenen Plätze einnahmen. Es kann nicht ohne Absicht sein, dass einerseits Gott da ist, der sich seinen eigenen Raum geschaffen hat, und andererseits auch negative Kräfte in diesem Körper wohnen. Es gab also einen Plan für die Schaffung von Plätzen für sie, weil auch sie unterzubringen waren, auch wenn sie als das Gegenteil von Gott ‚Negativkraft' genannt werden. Ist Gott alles Licht, so ist diese Kraft vollständige Finsternis. Ist Gott alle Weisheit, ist sie vollständiges Unwissen. Ist Gott alles Leben, dann ist sie der Tod. Wenn Gott nichts als Liebe ist, ist sie nichts als Hass...

In diesem Körper hier haben wir also zwei Arten von Leben. Das eine ist ein unbeschreiblich schönes Leben, das ihr euch nicht einmal vorzustellen vermögt und das sich im oberen Teil eurer Existenz befindet. Ihr braucht nur nach oben zu blicken. Dort wartet jemand auf euch und wird euch emporheben. Aber ihr habt aufgrund der Eindrücke aus euren vergangenen Leben von Geburt an nur Verbindung nach unten und schaut immer auf irgendwelche weltlichen Dinge. Hilflos und hoffnungslos seid ihr in all diese unsichtbaren Fallen gelaufen. Erst wenn ihr feststeckt, bemerkt ihr sie, aber dann ist es zu spät. In den Schriften heißt es: „Meine Lieben, hier in der Welt gibt es viele Ratgeber, deren Rat sehr wertvoll sein kann. Aber dieser Wert bezieht sich nur auf euer mentales System. Es gibt jedoch etwas wirklich Wertvolles, und das sind die Worte Gottes, die durch einen Meister zu euch kommen." Mein Meister pflegte auch immer zu sagen, dass die Augen des Meisters die Fenster sind, durch die Gott herausblickt und euch mit segnenden Schwingungen überschüttet. Wenn der Meister spricht, ist es Gott in ihm, der seinen lieben Kindern seine Botschaft bringt. Seine Worte sollen aufgenommen werden, ohne dass sich Gemüt oder Intellekt dazwischen schalten. Sie sind einzigartige Juwelen, Diamanten und Perlen aus dem Reich Gottes, mit denen euch Gott hier und auch im Jenseits segnet. Auch die Versorgung mit materiellen Dingen für unseren Gebrauch auf dem Gebiet von Körper, Gemüt, Intellekt oder Seele ist im Übermaß gesichert.

Im Adi Granth wird dies ausführlich beschrieben: „Dieser kleine Körper ist nicht so, wie man ihn sieht, sondern er ist ein schmaler Durchgang zum Reich Gottes. Wenn ihr als Seele diese Pforte durchschreitet, werdet ihr weite Ausblicke auf dieses Reich genießen. Der gesamte Mikrokosmos und der Makrokosmos, das heißt alles, was ihr mit euren Augen sehen und auch nicht sehen könnt, existiert in Verbindung mit dem physischen Körper." Ihr könnt das alles benutzen, wie es euch beliebt. Ihr könnt diese Gaben vergeuden oder sie freigebig an die Leute verteilen, es werden keine Bücher geführt. Gott wird euch nicht auffordern: „Bitte, seid doch ein wenig sparsam!" Er füllt alle Bestände wieder auf, so dass nichts weniger wird. Ihr könnt die ganze Welt, ja alle drei Welten im Überfluss mit allem ausstatten, und selbst die Engel können sich an euch wenden, um das zu erhalten, was sie brauchen, aber selbst nicht besitzen.

Als Kinder Gottes tragt ihr die gleiche Herrlichkeit, die gleiche Autorität und Hoheit in euch, wie Gott sie hat. Ihr seid also nicht das, wonach ihr äußerlich ausseht. Wenn ihr eure eigene Pracht sehen wollt, dann geht nach innen. Ihr werdet selbst erfahren, wie strahlend und wundervoll ihr seid. Deshalb heißt es in den Schriften auch, dass die neun unteren Öffnungen des physischen Körpers euch nur Verletzungen, Störungen und Qualen verursachen. Aber es gibt eine geheime, nicht materielle Öffnung, die von außen nicht sichtbar ist. Dieses Tor könnt ihr nur als Seele durchschreiten, und hier findet ihr dann Freude. Die anderen neun Türen, die sich unterhalb der Augenebene befinden, gehören zu unserer animalischen Natur. Hier unten sind wir wie Tiere und werden leiden, ebenso wie die Tiere leiden und keine Hilfe erfahren. Wollen wir uns aber als Kind Gottes erfreuen, müssen wir unser oberes Tor wählen und innen eintreten: „Tretet ein durch die enge Pforte! Denn eng ist die Pforte und schmal ist der Weg, der zum Leben führt, und wenige sind es, die ihn finden."

Die Dinge, die in den Schriften stehen, können unsere Herzen nicht beeindrucken, denn unser Innerstes ist nichts Materielles, sondern subtiles Bewusstsein. Im Weltlichen können wir entweder sanfte oder harte Worte verwenden oder auch rohe Verhaltensweisen oder Schläge benutzen. Aber unsere Seele versteht nur das, was sich auf ihrer Ebene befindet. Wenn der Meister kommt, blickt er in unser Herz und schickt uns all seine mitfühlenden Schwingungen. Dabei erwacht das Herz für jene Zuneigung und Liebe sowie für jenes umfassende Bewusstsein. Die wunderbare, helfende Hand des heiligen Tons und des heiligen Lichts ergreift uns und zieht uns heraus aus den Meeren von Leid und Schmerz.

Dieser Vorgang ist bereits bei der Initiation ein wenig erfahrbar, wie es die meisten oder alle von euch selbst erlebt haben. Aber auch wenn ihr bisher nichts erfahren habt, ist doch alles vorhanden. Arbeitet ihr regelmäßig an euren Meditationen, werdet ihr es schließlich finden. Seid nicht ungeduldig! Bemüht euch mit Geduld! *(Der Meister sucht nach seinem Taschentuch und findet es schließlich.)* Da ist es ja! Es findet sich von selbst, ungefragt und ohne dass Bedarf besteht. Aber auch das, was wir brauchen, was wir wollen, ist vorhanden.

Darin liegt die Größe des Meisters, aber er hat nur Größe, wenn wir sie auch wahrnehmen. Eine Blume, die duftet, ist nur schön und duftend, wenn jemand mit dem Bewusstsein oder dem Empfinden kommt, diese Zartheit, die Schönheit und den Duft aufzunehmen. Ist aber niemand da, ihre Sanftheit, ihre Süße und ihren Wohlgeruch zu erfahren, ist diese Blume nicht mehr als andere Blätter von Bäumen oder Pflanzen.

Ihr habt Gott, der so wundervoll ist, und nun habt ihr auch noch euren Meister, der sogar noch wunderbarer als Gott ist, denn er ist die Verbindungsstelle, er ist der Führer, der euch zu Gott leitet, damit ihr ihn finden und euch an ihm erfreuen könnt. Aus diesem Grund steht seine Bedeutung und sein Wert sogar noch über dem Wert Gottes. Ihr seid ebenso wunderbar, denn auch jetzt schon seid ihr nichts anderes als Gott, und ihr seid auch nicht vom Meister getrennt. Es liegt nur noch an eurer Entwicklung, herauszukommen aus den negativen Einflüssen und einzugehen in den riesigen Ozean von Licht und Leben und sowohl mit dem Meister als auch mit Gott eins zu werden. Das ist die Lösung aller Probleme...

In den Schriften wird uns gesagt, dass am Anfang nur der absolute Gott existierte, der dann das aktive Lebensprinzip in Form von Licht und Ton erschuf. In den Veden heißt es, dass aus dem Licht und dem Ton das Feuer entstand und aus dem Feuer das Wasser. Aus dem Wasser entstand die Erde, und aus ihr gingen alle Pflanzen und Lebewesen hervor. Im Adi Granth heißt es sogar, dass aus Licht und Ton die feinstoffliche, immaterielle Existenz der Superkausal-, Kausal- und Astralwelten ins Dasein kam, die wiederum die Entwicklung der materiellen Welt hier bewirkten. Wenn nun jemand mit diesem grundlegenden schöpferischen Prinzip in Gestalt von Licht und Ton in Verbindung kommt, durch das alles erschaffen wurde, dann ist er durch diese Quelle nicht allein auf das Leben im physischen Körper beschränkt, sondern zudem auch in der Lage, die astralen, kausalen und superkausalen Körper zu ernähren und alles zu erhalten, was zu ihnen gehört. Darin liegt auch der Grund, warum es mir in meinem Leben gut erging, aber dieses Wissen fehlt den Menschen normalerweise...

Wir sind nur mit diesem sehr beschränkten, materiellen Selbst befasst und können uns Dinge, die hier nicht existieren, auch nicht vorstellen. Aber es gibt sie wirklich, und ihr könnt sie alle erfahren. Ihr seid wirklich sehr groß, ihr seid wichtig, ich seid wundervoll, ihr seid sehr nett, ihr seid nützlich, ihr seid sehr, sehr... ‚irgendetwas'. Ihr seid keinesfalls schlecht, wenn ihr euch hier am Dritten Auge und weiter oben befindet. Aber wie ihr seid, wenn ihr unten im unteren Teil eures Körpers seid, darüber möchte ich lieber schweigen. Darüber kann ich nichts sagen. Ich sterbe, wenn ich nur daran denke. Wie aber könnt ihr das überleben?

Nun, meine Lieben, ihr seid so wunderbar, dass selbst Gott sich darauf freut, euch zu sehen, weil ihr so außerordentlich seid. Aber bemüht euch, euer schreckliches Selbst abzulehnen und euer göttliches Selbst zu lieben. Das schwierige Problem, das sich mir stellt, lautet: Wie kann ich eure jetzige

Haltung ändern, damit ihr begreift, wie wunderbar ihr seid, und beginnt, euer höheres Selbst zu lieben, euch an ihm zu erfreuen und euer Leid hier in der Welt zu beenden? Das ist kein Versprechen für später. Ihr habt es jetzt. Genau wie eine Mutter vierundzwanzig Stunden lang liebevoll an ihr Kind denkt, genauso oder mit noch viel mehr Zärtlichkeit werdet ihr von eurem Vater Gott umsorgt. Er ist ein fähiger Vater und hat dazu noch das Herz einer Mutter. Er besitzt alles, was ihr nur braucht, in genügender Menge, ja mehr als genug für euch. Wenn ihr hier in der Welt etwas wirklich braucht, dann ist es seine Fürsorge, und unter dieser Voraussetzung könnt ihr jedermann helfen.

Mein Meister sagte einmal im Satsang: „Das Leben jedes Menschen besteht nur von Augenblick zu Augenblick. Selbst kleine Kinder sterben, Junge und Starke verlassen den Körper, Schwache und Alte sterben. Jeder kann jeden Moment ohne Vorwarnung gehen müssen. Wenn das Leben nun so zufällig und unsicher ist, so muss die Arbeit, die wir hier zu erledigen haben und für die wir hierher gesandt worden sind, nämlich die Verbindung mit dem höheren Selbst zu erlangen, schnellstmöglich getan werden. Die Eltern müssen sich ihrer Kinder annehmen. Es ist ihre Pflicht, dafür zu sorgen, dass ihre Söhne und Töchter die Verbindung *(zu Gott)* erhalten, denn die Kinder sind unwissend. Weil sie noch unerfahren sind, werden sie ja bei erwachsenen Eltern geboren, die Wissen und Weisheit über das Leben besitzen. Vater und Mutter müssen sich nicht nur um den Körper, sondern auch um die Seele ihrer Kinder kümmern."

Nach diesem Satsang kam eine Frau mit ihrem achtjährigen Kind zum Meister und sagte: „Bitte, initiiere dieses Kind!" Der Meister lehnte ab, denn es war nicht üblich, jemanden zu initiieren, der noch nicht vierzehn oder fünfzehn Jahre alt war. Die Mutter des Kindes beharrte auf ihren

Wunsch und sagte: „Im Satsang hast du selbst gesagt, dass ein Kind jeden Augenblick sterben kann. Wenn du es nun nicht initiierst und es stirbt, was wird dann das Schicksal seiner Seele sein, und wie haben wir dann unsere Verantwortung erfüllt?" Der Meister erklärte: „Du hast recht, dass die Eltern dafür sorgen müssen, dass eine spirituelle Verbindung zwischen der Seele des Kindes und Gott hergestellt wird." Aber dann machte er auch den anderen Aspekt deutlich: „Meine Liebe, du liebst dieses Kind. Du bist initiiert und mit jener großen Kraft verbunden. Nachdem dir der Meister diese Verbindung gewährt hat, ist er für alle verantwortlich, die in deinem Herzen wohnen."

Wenn ihr jemandem von Herzen Gutes wünscht, wird es zur Angelegenheit des Meisters, diesen euren Wunsch zu erfüllen. Die Meisterkraft ist so liebevoll, mitfühlend und von Mitleid erfüllt, dass sie nur Liebe ist. Wenn wir Gott definieren wollen, können wir sagen, er sei nichts als Liebe. Meere über Meere von Gottes Liebe liegen schlummernd in jedem Menschen mit der Bestimmung, erweckt zu werden. Was sagt euch nun euer Bewusstsein? Wollt ihr den alten Trott fortsetzen wie die Menschen in der Vergangenheit, die deshalb leiden mussten? Wollt ihr in den gleichen alten Gleisen weiterfahren? Ihr sollt jetzt den Weg der Zerstörung aufgeben und dem Meister folgen! Er hat euch eine neue Route vorgegeben. Ihr müsst ihm folgen und nicht der Tradition! Alle Meister haben gesagt: „Ich bin der Weg, ich bin das Licht, ich bin das Leben. Wer mir nachfolgt, der wird nicht in der Finsternis wandeln, sondern das Licht des Lebens finden." Dessen Leid wird enden, und weite Ausblicke in das Reich Gottes und seine Segnungen warten auf ihn.

Meine Lieben, schüttelt ein wenig euren Kopf! Schüttelt euren Kopf und befreit euch von all den unnötigen, überflüssigen oder negativen Schwingungen, von den Dingen, die von der Negativkraft stammen, das vom Gemüt kommen und die euch die weltlichen Menschen eingeben. In der östlichen Tradition berühren die Menschen mit ihrer Stirn die Füße des Meisters. Das bedeutet: „Ich habe jetzt alles aufgegeben. Ich habe alles verlassen. Mein ganzes Gemüt und mein ganzer Verstand liegen dir zu Füßen, und was immer du mir zu tun rätst, das werde ich tun."

Alle diese Dinge - Gemüt, Intellekt und alles Negative - befinden sich hier oben im Gedächtnis, das ein wenig links neben dem Augenbrennpunkt, dem Sitz eurer Seele liegt und das voll Finsternis und negativ ist. Der Meister nimmt euch nicht nur aus dem unteren Teil eurer negativen Bindungen heraus, sondern lässt euch auch eintreten in das Reich Gottes. Er verbindet euch mit dem heiligen Licht und Ton Gottes. Das ist der direkte Weg, auf den ihr euch machen müsst. Auf ihm werdet ihr euer Reiseziel erreichen. Es ist ein Nonstop-Flug ohne Zwischenlandung. Der Meister ist beständig bei euch, um euch zu führen und zu beschützen, denn in dem Augenblick, in dem er nicht an eurer Seite ist, wird die Negativkraft ihre Chance nicht ungenutzt lassen. Seine Anwesenheit ist umfassend, indem er durch Ton und Licht wirkt und euch auch persönlich erscheint. Das ist ein wunderbares Leben, das ihr wirklich genießen könnt. Aber, meine Lieben, bemüht euch, die Worte des Meisters zu befolgen. Das Gemüt mag sie glauben oder nicht, aber ihr solltet es euch zum Vorsatz machen, dass ihr täglich drei oder vier Stunden mit geschlossenen Augen sitzen und eure Aufmerksamkeit nach den Anweisungen des Meisters am Zentrum des Dritten Auges fixieren werdet.

Meine Lieben, ich weiß jedoch, dass es Schwierigkeiten und Probleme auf diesem Weg gibt. Er ist nicht einfach. Aber selbst wenn sich Berge über Berge, Meere über Meere von Hindernissen auf eurem Weg befinden, werdet nicht mutlos!

In den Schriften steht, wenn ihr einen Schritt auf Gott zugeht, in Hingabe an den Meister mit Licht und Ton, dann
wird der Meister euch zehn Millionen Schritte vorwärts bringen. Wenn der Weg sehr schwierig und mit Stolpersteinen
und Hindernissen gepflastert ist, dann ist auch seine Hilfe
auf jeden Fall da. Alles, was von der Negativkraft behindert
wurde, wird sehr leicht zu machen sein. Ich habe dies alles
selbst durchlebt, habe auch die Erfahrung von vielen gesehen und auch vielen helfen können. Wenn ihr Sorgen habt,
so sind das nicht eure, sondern des Meisters Sorgen. Ihr
braucht nur in Glauben und Vertrauen in ihn weiterzuma-
chen. Er muss eure Erlösung letztendlich für euch zuwege
bringen.

Meine Lieben, nun macht euch angesichts dieser Anweisungen des Meisters einen Plan für eure Lebensgestaltung.
Lasst euch nicht vom Gemüt oder den traditionellen Einrichtungen führen. Der Pfad ist zweifellos schwierig, aber
der Meister, ein kompetenter Meister, ist immer bei euch.
Dadurch ist nichts schwierig, alles kann gelöst werden.

Das Licht in uns

15.6.98, Abendsatsang Florida, Auszug

...Ihr solltet aus der Dunkelheit herauskommen und euer Leben im Licht leben! „Das Licht ist das Leben des Menschen." Dieser Wort-Gott ist die schöpferische Kraft, mit der auch ihr alles vollbringen und euer Leben nach Belieben verändern könnt, - oder sie wird euer Leben ändern, wie sie es will. Sie wird euch das rechte Verständnis eingeben und alle Missverständnisse, alle falschen Sichtweisen und schlechten Einflüsse ausradieren. Ihr werdet frei sein vom hypnotischen Einfluss des Negativen, der eurem Herzen aufgezwungen worden ist. Ihr werdet eine genaue und klare Vorstellung von dem haben, was mit euch geschieht. Das ist dann euer wahres Leben, das es auch wirklich wert ist, gelebt zu werden. Das ist die Arbeit der Kraft, die euch bei der Initiation vom Meister gegeben wird.

Diese Wort-Kraft nimmt alle Einflüsse unseres Feindes von uns, alles, was in uns an Negativem und Zerstörerischem sitzt. Wir erhalten das rechte Verständnis und ruhen als heilige Seelen im heiligen Schoß des heiligen Einen. Wir werden zu Heiligen gemacht und können dann auch sagen: „Ich und mein Vater sind eins." Das könnt ihr tatsächlich sagen und auch: „Ich bin jetzt vollkommen. Genau wie mein Vater im Himmel vollkommen ist, bin ich es hier in dieser Welt." Das ist auch ein wichtiges Geheimnis, das man kennen muss: Gott ist in seinen eigenen Bereichen, in den heiligen Himmeln, vollkommen, die völlig anders sind als diese Ebene hier. Hier befindet ihr euch im finstersten Bereich der Negativen Kraft, wo sie allein regiert. Dennoch werdet ihr vollkommen sein und denselben Grad an Vollkommenheit haben, den Gott in seinen heiligen Bereichen genießt.

Darin liegt die Größe Gottes, dass er dies vollbringen kann, er konnte es tun und hat es für jeden einzelnen getan. Wenn wir ihm nicht glauben, ist das für uns von großem Nachteil. Er kommt zu uns, damit wir dies erkennen. Als Gott die Welt erschuf, war der Mensch zunächst noch nicht gemacht. Zu dessen Erschaffung nach seinem ‚Abbild' lud er alle Engel ein. ‚Als Mann und Frau schuf er sie', nachdem er den wahren Menschen vollständig und vollkommen, wie Gott nur in seinen heiligen Himmeln ist, geschaffen hatte. Auf unserer Ebene könnte Gott nicht wirken. Er muss hier einen menschlichen Körper annehmen, damit er auch hier vollkommen ist. Dem Menschen wurde also nicht nur die Vollkommenheit Gottes in den heiligen Himmeln verliehen, sondern auch die Gabe, sich an der Welt mit den Möglichkeiten der Negativkraft zu erfreuen und auch einen Körper, ein Gemüt und einen Intellekt zu haben - Attribute, die Gott nicht besitzt. Gott ist davon frei.

So wurde also der Mensch erschaffen. Alle Engel wurden nun herbeigerufen und aufgefordert: „Verbeugt euch vor diesem heiligen Menschen!" Das störte die Engel etwas, und einer ihrer Führer trat vor und bat: „Darf ich eine Frage stellen, um einen leisen Zweifel zu klären?" Gott war einverstanden, und der Engel fuhr fort: „Dieser Mensch wurde aus dem Staub der Erde gemacht, während wir alle aus Licht erschaffen wurden. Wir haben eine sehr lange Lebensdauer, während so ein Menschenleben jeden Augenblick zu Ende sein kann. Wir besitzen sehr viel Kraft, er aber ist schwach. In jeder Beziehung ist er geringer als wir, wir sind in allem viel großartiger, bedeutender und fähiger. Wir haben alle guten Dinge in uns, während er nur Missverständnisse und schreckliche Taten in sich birgt. Wie können wir, die Besseren und Einflussreicheren, uns vor jemandem verneigen, der in jeder Weise unter uns steht? Das geht nicht, denken wir.

Bitte kläre uns auf, weshalb wir uns vor diesem Menschen, den du heilig nennst, erniedrigen sollen. Wir können nichts Heiliges in ihm sehen. Wir glauben, dass wir viel heiliger sind als dieses Geschöpf."

Da erwiderte Gott: „Der Vergleich eurer beiden Körper ist vollkommen richtig. Aber du hast vergessen, das Innere des Menschen mit eurem Inneren zu vergleichen. In euch ist nichts, ihr seid völlig leer. Aber in ihm ist eine Fülle der wunderbarsten Dinge. Selbst ihr 330 Millionen Engel mit all euren Tugenden und Fähigkeiten, mit all euren großartigen Gaben seid in diesem Menschen. Ich selbst, der Schöpfer, der Erhalter, der allmächtig ist und nach seinem Belieben alles in einem Augenblick erschaffen und auflösen kann, ich mit all meinen Tugenden, Kräften und Fähigkeiten befinde mich ebenfalls im Inneren des Menschen. Wenn man irgendetwas von dem, was ich geschaffen habe, finden will, kann man sich in das Innere des Menschen begeben und wird es dort vorfinden.

Der Mensch wird so vollkommen sein, wie ich es bin. Ihr Engel könnt diese Vollkommenheit nicht haben. Für euch ist es nicht vorgesehen, dass ihr dasselbe Leben genießt wie ich. Im Menschen aber ist es angelegt. Er wird aus dem Bereich des Karmagesetzes herauskommen, wenn er ‚vom Geist geführt, nicht mehr unter dem Gesetz' steht. Ihr dagegen könnt niemals frei sein. Dieses Privileg habt ihr nicht erhalten. Ihr müsst immer unter dem Gesetz des Karma leiden. Eure Handlungen werden ständig kontrolliert, und ihr werdet nie in der Lage sein, mich zu erreichen, weder durch die besten, edelsten und ehrenhaftesten Taten noch auf irgendeine andere Art und Weise. Das könnt ihr nicht. Aber der Mensch ist dazu ausersehen, mich zu erreichen, mich zu erkennen und bei mir zu sein. Ihr habt diese Chance nur, wenn ihr euch in einen menschlichen Körper begebt. Wollt ihr mich erreichen und aus dem Bereich des schrecklichen Karmagesetzes und anderer Beschränkungen, Eingriffe und aus der Sklaverei durch die Negativkraft herauskommen, müsst ihr den Körper eines Menschen annehmen. Dann ist dafür gesorgt, dass ihr erlöst werdet. Wer ist also höher? Wer ist großartiger? Seid ihr das? Oder ist es nicht doch der Mensch?"

Da mussten sie den Kopf neigen: „Wir wussten wirklich nicht, wie bedeutend der Mensch ist. Wir haben uns von seiner äußeren Hülle täuschen lassen." Einer der Engel, der beleidigt und negativ aufgeladen war, verbeugte sich nicht vor dem Menschen, sondern sagte: „Ich kann das nicht, ich werde ihm nichts als Schwierigkeiten und Probleme bereiten. Er wird unser Sklave bleiben müssen, ohne es zu wissen. Ich werde Hindernisse schaffen, ich werde Barrieren errichten und das, was du ihm für seine Existenz gegeben hast, vollständig von ihm fernhalten. Er wird unter unserer Herrschaft leiden, und das Karmagesetz wird sich auf ihn auswirken. Er wird Krankheiten, Probleme, Sorgen und Leid erfahren und sich um Hilfe an uns wenden müssen. An dich wird er nicht glauben und kein Vertrauen zu dir haben. Auf mich und meine Hilfsangebote aber wird er setzen."

Da lächelte Gott: „Gut, mein Lieber, du magst es versuchen, denn ich sende den Menschen in deinen Herrschaftsbereich, in deine Welt. Aber ich werde selbst kommen, um meine Kinder zu retten und sie aus der Unterdrückung, Herrschaft und Unwissenheit, die du verursachst, befreien. Durch meine Wort-Gestalt, durch den Wort-Gott werden sie jenes Licht finden, das von mir stammt - das Licht des Wissens und der Weisheit - ebenso wie das Leben, das in mir ist. Ich werde den Menschen mit meinem Reich und mit mir verbinden, und du wirst nicht imstande sein, gegen meine Taten etwas zu unternehmen. Der Mensch wird erlöst werden und zu mir kommen. Diese Vorkehrungen habe ich getroffen. Was du auch tun magst - sobald ich die Situation in die Hand nehme, werden all deine Unternehmungen ihre Wirkung verlieren. Meiner Kraft hast du nichts entgegenzusetzen; meine Liebe, mein Mitgefühl und meine Verantwortung für den Menschen werden zum Tragen kommen, während deine Bemühungen erfolglos sein werden, ihn wie einen Sklaven für immer in Qualen, Sorgen, Problemen und Leid zu halten."

Dies war also die Unterredung zwischen der Negativkraft und der Gotteskraft. Ich muss feststellen, dass das Vorgehen der Negativkraft derzeit wirklich erfolgreich ist. Aber wie und warum? Es liegt an mangelnder Information. Die Bibel gibt reichlich Auskunft. Ich habe sie gelesen, und auch ihr werdet sie gelesen haben, ohne zu verstehen, was darin gemeint ist. Ich habe viele andere heilige Schriften durchgearbeitet und den Vorgang, mich von den Fesseln von Gemüt und Materie zu lösen, in der Praxis durchgemacht. Nachdem ich die ununterbrochene Verbindung mit dem heiligen Licht und Ton und mit Gott hatte, als ich Bewohner des Reiches Gottes war und direkte Eingebung und alle Segnungen empfing und auf alles Zugriff hatte, was von Gott, mit Gott und in Gott ist, konnte ich mich an der Wahrheit erfreuen, die existiert, ob sie nun in den Schriften erklärt und beschrieben ist oder nicht.

Wenn wir die praktische Erfahrung erlangen, nehmen wir so viele Dinge wahr, die nicht zu Papier gebracht werden konnten. Diese Gabe der eigenen Erfahrung erhaltet auch ihr, damit ihr nicht zu leiden habt. Ich bemühe mich unendlich, euch davon zu überzeugen. Ihr solltet mir glauben, und wenn ihr mir vertraut, vertraut ihr Gott, denn ich mache nichts anderes, als Gott zu euch zu bringen. Mein Körper ist bedeutungslos. Er ist wie eure Körper auch. Was kann er schon tun? Was an mir glaubwürdig ist, das ist Gott in mir, der auch in euch ist, aber euch noch nicht erschienen ist. Er wurde euch noch nicht offenbart.

Hier im Haus brennt eine Glühbirne, in einem anderen Haus gibt es ebenfalls Lampen und Elektrizität, aber wenn der Lichtschalter nicht eingeschaltet ist, sitzen alle Bewohner im Dunkeln. Auch ihr seid Kinder Gottes und habt Gott und all seine Segnungen in euch, doch das Tor ist nicht offen und der Zutritt ist euch verwehrt. Ihr werdet so sehr erniedrigt und entwürdigt, dass ihr weder den Wunsch noch den Mut habt, das Reich Gottes zu betreten, und niemand gibt euch die Erlaubnis dazu. Ihr müsst erst gereinigt und würdig werden. Das ist Gottes Werk, das er durch den Meister vollbringt. Er wird für alles sorgen, damit ihr den Anforderungen genügt, den Zutritt in das Reich Gottes verdient und schließlich eins werdet mit Gott. Das ist die Pflicht des Meisters, denn er ist euer Vater, Gott, der als Mensch hier in der Welt wirkt.

In der Lebensgeschichte Kabirs gibt es ein Beispiel dafür. Er hatte eine Königin namens Indra zur Schülerin. Sie war eine gute Schülerin, die viel Hingabe für ihren Meister besaß. Eines Tages wurde sie in der Meditation auf die fünfte Ebene emporgehoben und sah dort auf dem Thron Gottes ihren eigenen Meister, den heiligen Kabir, in aller Herrlichkeit sitzen. Alle riefen: „Er ist Gott. Er ist Gott." Als sie wieder in ihren Körper zurückgekehrt war, ging sie sofort zu ihrem Meister und fragte ihn sehr streng und vorwurfsvoll: „Warum hast du uns angelogen? Warum hast du nicht die Wahrheit gesagt? Du hast uns getäuscht und von der Wahrheit fern gehalten."

Kabir entgegnete: „Meine Liebe, was habe ich falsch gemacht? Welche Lügen habe ich erzählt? Was war an meinen Worten nicht wahr?" „Du bist Gott. Niemals hast du zu uns gesagt: ‚Ich bin Gott.' Du hast immer behauptet: ‚Ich bin nur ein Diener Gottes. Ich bin hier, euch zu helfen. Ich bin euer Bruder, ich bin euer Vater, ich bin euer Onkel.' Du hast einfach so getan, als gehörtest du auf der weltlichen Ebene zu uns und nicht mehr. Aber du hast uns nie gesagt, was du wirklich bist. Warum?"

Der Heilige antwortete: „Siehst du denn nicht, dass ich ein Mensch bin, dass ich Körper bin und nicht anders bin als ihr? Obwohl ich ein guter Mensch bin *(lachend)*, aber ich gehöre zu euch. Ich komme aus euren Reihen, und ich lebe mit euch, esse wie ihr, spreche wie ihr, lebe wie ihr. Wie könnte ich Gott sein? Wer kann mich Gott nennen?" Da sagte sie: „Genau davon spreche ich! Du bist so hinterlistig zu uns. Ich war oben und habe alles gesehen. Ich habe dich dort mit meinen eigenen Augen als Gott erkannt. Wie kannst du der Wahrheit, dass du Gott bist, ausweichen, wo ich es selbst gesehen habe?"

Da sprach Kabir: „Sei still! Es ist ja gut. Was du gesehen hast, stimmt, aber wenn ich anfange, den Leuten zu erzählen, ich sei Gott, werden sie mich niederschlagen und töten." Die Menschen können nicht begreifen, dass ein menschlicher Körper Gott sein kann. Ein Meister kann nicht in Anspruch nehmen, das zu sein, was er in Wirklichkeit ist, dass er Fähigkeiten und Kräfte hat, die Gott entsprechen. Das ist nicht möglich. Die weltlichen Gemüter sind so schrecklich, und die Negativkraft würde wirklich Probleme machen. Man würde den Meister für verrückt erklären, so wie es euch gewöhnlich auch geht. Diejenigen, die über Gott und das heilige Licht und den heiligen Ton sprechen, von denen sagen die Leute: „Die sind ja verrückt! Das ist eine Sekte. Hütet euch vor denen!" *(Lachen.)*

Dies ist der tiefsitzende, weltliche Eindruck, mit dem die Negativkraft wirklich alle Herzen in Bann hält und unterdrückt. Vor einiger Zeit sandte die Negativkraft einige ihrer

Abgesandten zu mir. Diese sagten: „Wir sind gespannt, wie du die Herzen der Menschen gewinnen willst. Wir haben sie nämlich im Griff, und was wir wollen, das tun und denken sie. Sie sind nicht frei, das zu denken oder zu tun, was sie möchten. Sie stehen unter unserer Kontrolle. Jetzt versuchst du, ihre Herzen zu gewinnen, damit Gott in ihnen wohnen kann, und sie sollen ausschließlich den Willen Gottes tun, damit wir nichts mehr zu sagen haben. Dann werden wir verjagt und ihre Herzen werden auch noch von Gott übernommen, und keines wird mehr unter uns leiden. Sie werden glücklich sein, und wir werden irgendwo im Nichts zurückgelassen und unseren ganzen Besitz, unsere ganze Macht verlieren."

Sie erklärten weiter: „Natürlich können wir dich und deine Herrschaft akzeptieren. Aber es ist sehr schlimm, die Herrscherposition zu verlieren und Sklave zu werden. Das können wir nicht, das ist unerträglich. Derjenige, der schon seit Urzeiten an der Macht ist, soll der Sklave seiner einstigen Sklaven werden! Eine solch große Veränderung wäre eine Revolution, wir können dies nicht hinnehmen. Wir werden bis zuletzt dagegen kämpfen." Das war es, was sie empfanden.

Lasst sie ihren Kampf kämpfen, aber auch wir werden für unsere Rechte kämpfen müssen. Haben wir Gott, so besitzen wir auch all seine Segnungen. Wir können uns an ihm erfreuen - als seine lieben Kinder, seine geliebtesten Kinder, die er sogar noch mehr liebt als sich selbst. Er wird niemals zulassen, dass wir ein Problem, eine Sorge oder Leid ertragen müssen. Diese werden sofort zu seinem Problem, zu seiner Sorge, zu seinem Leid, und er wird uns davon befreien. Solange er uns nicht befreit hat, wird er nicht ruhen. Warum sollten wir ihn ignorieren und uns auf das verlassen, was nur von Übel für uns ist? Ich habe bereits ausgeführt, woran es liegt, dass wir das tun. Es gibt eine Ursache dafür. Auf unsere Herzen wird starke Macht ausgeübt. Unser Denken ist nicht frei, nicht unabhängig und nicht ungebunden. Wir können nur den Anweisungen der Negativkraft folgen und auch nur so arbeiten, wie sie es vorschreibt...

Es ist uns jedoch nicht bewusst, dass es eigentlich unser eigener Fehler ist. Wir verderben dadurch nicht nur unsere eigene Entwicklung, sondern geben auch den anderen ein sehr schlechtes Beispiel. Wir sollten für uns selbst und für andere ein gutes Vorbild sein, damit wir alle auf dem Lebensweg der Rechtschaffenheit gehen, der von Gott, unserem großartigen Einen, dem wahrlich Wunderbaren, vorgegeben ist. Auf diese Weise werden wir auch nicht von der Negativkraft betrogen und getäuscht. Dennoch ist es immer noch meine Verantwortung. Wenn ihr es noch nicht begriffen habt, bin ich auch dafür verantwortlich. Ich war noch nicht in der Lage, eure Herzen zu erreichen, um in ihnen zu jeder Zeit wirken zu können. Die Herzen befinden sich noch unter der Kontrolle der Negativkraft. Doch durch übergeordnete Maßnahmen und auch dadurch, dass die Herzen der Meditierenden durch das Licht und den Ton im Inneren erreicht werden, entwickelt sich die Angelegenheit.

Nach einiger Zeit werden wir in der Lage sein, Gottes Hilfe direkt zu empfangen, denn dann wird keine Kraft mehr da sein, die eine Barriere zwischen uns und Gott errichtet, so wie es bisher der Fall war. Aber diese große Wandlung ist nicht so einfach und kommt nicht so schnell zustande. Sehr, sehr umfangreiche Umwälzungen sind dazu notwendig.

Zuallererst muss der Wandel in den Kausalebenen vollzogen werden; denn die Ursache für alles, was hier auf der Welt geschieht, liegt in den Kausalebenen. Wenn die Negativkraft aus diesem Bereich vollständig verschwunden ist und die Gotteskraft die Verantwortung übernommen hat, wenn auch die letzten Feinde gegangen sind, dann werden die Veränderungen beginnen, auf die Astralebenen hinabkommen. Von hier aus werden sie auch auf der physischen Ebene erscheinen. Wenn dies erreicht ist, werden alle drei Welten in einer einzigen Schwingung sein, denn sie sind alle drei eng miteinander verbunden und können nicht voneinander getrennt werden.

Die niedrigste und die höchste - also dieser physische Bereich und die Kausalebene sowie die dazwischenliegende, die astrale Ebene müssen in einer Richtung arbeiten; die Kausalebene, die zweite innere Ebene, gibt die Richtung vor. Sie ist sehr stark. Hier sind die zentralen Schaltstellen der Negativkraft. Alles liegt in ihnen begründet. Wenn wir hier in dieser Welt etwas tun, ist das gar nichts Grundlegendes, sondern nur eine Oberflächenerscheinung.

Die Hauptarbeit, die der Meister leistet, findet in den kausalen Ebenen statt. Dort werden alle Ursachen, die die Negativkraft legt und die sich hier auswirken, ausgelöscht. Dann wird die Kraft, die dort die Verantwortung übernehmen wird, nämlich die Gotteskraft, in der Lage sein, diese Region zu beherrschen und dadurch auch die Zwischenregion, die astrale Ebene. Es wird keine Himmel und keine Höllen mehr geben. Alles wird Teil des Reiches Gottes sein. Gott wird in allen Herzen an oberster Stelle stehen, und der Wille Gottes wird geschehen, so wie wir in unseren Gebeten Gott bitten: „Dein Wille geschehe, wie im Himmel, so auf Erden."

Wie kann das bewerkstelligt werden? Wie kann Gottes Wille in diese Welt gebracht werden? Das ist nicht so einfach, wie ihr es euch vielleicht vorstellt. Wie kann man diese Welt, die das Tal des Todes ist und aus Leiden, Problemen und Sorgen besteht, so ändern, dass sie ein Paradies oder das Reich Gottes wird? Alles und jedes muss geändert und dem Standard, der im Reich Gottes herrscht, angepasst werden. Nur dann werden die Dinge hier so zu funktionieren beginnen, wie sie es in den höheren Regionen tun.

Aber, nichts ist unmöglich! Es ist durch euch möglich. Ihr alle habt so große Kompetenzen, dass ihr jede Art von Wandel herbeiführen könnt, indem ihr eure Seele durch das heilige Licht und den heiligen Ton entwickelt. Sie reinigt und stärkt. So werdet ihr die höchsten Ebenen des heiligen Lichts und Tons erreichen und könnt dann alles so machen und erschaffen, wie Gott es durch den heiligen Ton gemacht hat. „Alles ist durch das Wort gemacht, und ohne dasselbe ist nichts gemacht, das gemacht ist." Dieses Werkzeug, das Gott benutzte, befindet sich auch in eurem Besitz, und auch ihr werdet fähig sein, alles zu vollbringen.

Jetzt sind wir als Seele wach, aber noch sehr schwach. Lasst uns also unsere Seele entwickeln, indem wir geduldig drei, vier, fünf, acht, zehn Stunden täglich daran arbeiten, denn das ist das beste Geschäft, das wir machen können.Wenn ihr in einer Anstellung im Beruf 2000 Dollar im Monat verdient und von einer anderen Firma 2500 Dollar geboten bekommt, werdet ihr sofort dorthin überwechseln, weil es euch mehr einbringt. Dieses ‚Geschäft' nun, das in eurem Inneren, hier am Dritten Auge stattfindet, ist das beste, das höchste und auch das einfachste. Dabei geht es nicht darum, dass ihr von irgendjemandem kontrolliert werdet oder dass ihr jemandem etwas zu Gefallen tut. Ihr untersteht keinen Anweisungen von irgendjemandem, sondern solltet euch nur an eurem heiligen Vater, Gott im Inneren, erfreuen. Wenn das das Beste und Höchste ist, sollten wir zu dieser allerbesten Lebensweise überwechseln - sofern wir ein wenig Weisheit und Intelligenz besitzen und Mitgefühl mit uns selbst haben. Es wird uns hundertprozentig gut gehen...

Der Meister sagt: „Ohne Zweifel ist der Weg sehr schwer und schwierig, aber wenn ihr mich um Hilfe bittet, werde ich für euch da sein. Für euch ist es hart, und wolltet ihr den Weg nur mit euren eigenen Bemühungen gehen, wäre das nicht nur schwierig, sondern sogar unmöglich. Ihr habt weder die Stärke noch die Kraft, geschweige denn die Geduld dazu. Bittet ihr mich aber, wird alles so eingerichtet, dass ihr nirgendwo Schwierigkeiten vorfinden werdet."

Ein Sprichwort sagt: „Vertrau auf Gott und tu das Rechte." Damit werdet ihr in der Lage sein, das Richtige zu tun, denn Gott wird euch anfüllen mit einer solcher Kraft, mit einem solchen Antrieb und auch solchen Gedanken, dass es euch drängt, Gutes zu tun. Dann wird er euch in die Richtung lenken, in der das Gute zu finden ist, und ihr werdet in der Lage sein, gut zu handeln.

Bemüht euch also, diesen neuen Lebensweg zu erkunden. Erforscht ihn! Forschung ist immer ein etwas abenteuerliches Unterfangen. Derjenige, der euch bei diesem Abenteuer helfen und führen muss, ist stets bei euch. Fühlt euch niemals allein! Baba Sawan Singh sagte gewöhnlich zu seinen Schülern, wenn sie nach einigen Tagen Besuch bei ihm wieder abreisten: „Ihr seid vielleicht allein hierher gekommen, aber wenn ihr jetzt zurückkehrt, geht nicht allein! Nehmt mich mit euch! Geht nicht allein nach Hause. Wenn ihr geht, solltet ihr mich mitnehmen." Er bot sich selbst an. Er war bereits in jedem seiner Schüler, aber sie achteten nicht darauf und hatten nicht das Bedürfnis, ihre Seelen und die Verbindung mit dem heiligen Licht und Ton weiterzuentwikkeln. Jetzt sollten sie die heiligen Übungen regelmäßig ausführen, die die Verbindung vertiefen.

Der Meister wird immer bei euch sein. Dann seid ihr eins mit dem Meister, und der Meister ist eins mit Gott, und da ihr mit dem Meister eins seid, seid ihr auch bereits hier auf der Erde und nicht erst nach dem Verlassen des physischen Körpers eins mit Gott. Jetzt, hier, in dieser Welt, in diesem

Leben - ich möchte sogar sagen: heute müssen wir es finden und danach leben und dadurch unser Leben genießen. Das ist die Botschaft, die ich euch gern vermittle, und ich freue mich auch, euch alle nur mögliche Hilfe geben zu können. Aber bemüht euch, mit mir zusammenzuarbeiten, so gut es nur irgend geht!

Erkennt, wer ihr seid

16. Juni 1998, Abendsatsang Florida

Meine Lieben, ich bitte euch schon immer, an diesen heiligen Bindegliedern zu arbeiten, damit ihr mit den besseren und höheren Dingen in Verbindung kommt. Damit verschwinden die niedrigeren, negativen und bedrohlichen Dinge, sie werden schwächer. Wenn der Stärkere einen Platz einnimmt, muss der Schwächere weichen. Aber erst ist noch eine Entwicklung nötig. Wenn ein Gefäß voller brackigem Wasser ist und ihr es mit Süßwasser füllen wollt, muss das brackige Wasser ausgeschüttet werden, bevor man es durch Süßwasser ersetzen kann. Angenommen, Salzwasser ist leichter als Süßwasser und sie haben beide keine Tendenz, sich miteinander zu vermischen, dann schüttet einfach Süßwasser dazu! Das Süßwasser sinkt von alleine nach unten und das Salzwasser läuft über, bis nur noch Süßwasser in dem Gefäß ist. Zu eurer Freude werdet ihr euer Ziel erreichen, und eure Bemühungen tragen Frucht.

Genauso ist das mit uns. Lippenbekenntnisse haben keine Wirkung: „Ab morgen wird nicht mehr gelogen und geheuchelt. Kein Zorn mehr - dies und das nicht mehr." Das funktioniert nicht. Warum machen wir uns etwas vor? Warum sind wir Heuchler, Diebe oder ähnliches? Diese Prägungen haben wir in vielen Leben und auch noch in diesem Leben gesammelt. Es ist nicht möglich, die Leute zu ändern, indem man ihnen sagt, sie sollten dies oder jenes nicht mehr tun. Auf diese Weise konnten sich die Leute nicht ändern und werden sich auch nicht ändern. Sie blieben und bleiben, wie sie waren.

Fast alle Menschen wissen, was gut und was schlecht ist. Aber warum handeln sie weiterhin schlecht? Trinker oder

Drogenabhängige wissen, wie schädlich und zerstörerisch die Droge ist, trotzdem müssen sie sie nehmen. Wenn der Zeitpunkt kommt, an dem sie die Droge wieder brauchen, werden sie, wenn sie kein Geld bei sich haben, dafür sogar ihre eigene Kleidung, ihre Schuhe und alles, was sie haben, verkaufen. Sie werden versuchen, alles und jedes zu verkaufen, was sie ansonsten dringend brauchen. Nach dem Rausch leiden sie dann vielleicht ohne ihre Kleidung im kalten Wetter oder auf eine andere Weise. Die Sucht ist so stark, dass unser Intellekt nicht in der Lage ist, uns zu helfen.

Der Intellekt hat seine eigene Wirkungsweise. Ihr könnt ihm sagen: „Das ist gut und jenes ist schlecht." Er wird es verstehen und es dem Gemüt weitersagen: „Das ist nicht gut. Tu das nicht! Aber dieses ist gut. Dies kannst du tun." Doch das Gemüt ist stärker als der Intellekt. Das Gemüt ist wie ein König und der Intellekt wie dessen Minister. Der Minister führt lediglich die Befehle seines Königs aus und muss den König informieren: „Mein lieber König, dein Vorhaben ist nicht gut. Es ist schädlich und wird schlimme Konsequenzen nach sich ziehen." Zu informieren ist seine Pflicht, der er nachkommt. Doch es liegt am König, die Empfehlungen des Intellekts zu akzeptieren oder nicht.

Der König kann sagen „In Ordnung" oder „Nein, da hast du dich nicht einzumischen. Du musst alles ausführen und für alles sorgen, was ich will, was ich dir befehle - sei es gut oder schlecht. Mach dir darüber keine Sorgen. Ich werde die Konsequenzen dafür tragen. Es ist gut von dir, dass du mich gewarnt hast, aber du musst meine Befehle ausführen, so wie ich es will." Das Gemüt versteht und empfindet nichts. Es folgt seinen Eindrücken und kann nicht wissen, was gut oder schlecht ist.

Wenn ihr jemanden zehn oder fünfzehn Jahre lang zu einem guten Menschen erzieht, so braucht das viel Zeit und großeAnstrengungen, weil das Leben hier so geartet ist, dass das Gemüt alles Negative auf der Stelle aufnimmt. Auch der Intellekt versteht es und der Körper kann sich ebenfalls an diese Dinge gewöhnen, die wir dann ‚Gewohnheiten' nennen. Nach einiger Zeit werden sie uns zur zweiten Natur. Gutes dagegen wird sehr schwer von ihnen angenommen, so sind sie von Natur aus angelegt. Gute Dinge kommen ausschließlich von Gott durch die Seele, und sie ist stärker als Gemüt und Intellekt. Sie kann den beiden beibringen, nichts Falsches zu tun. Das ist der einzige Weg, auf dem wir uns und auch andere ändern können.

Mit weltlichen Methoden wurde ja versucht, Verbrecher zu bessern. Sie werden zur Strafe in Gefängnisse gesteckt und bleiben dort jahrelang unter sehr harten Bedingungen. Eigentlich sollten sie ihre Lektion gelernt haben, nachdem sie diese harte Strafgefangenschaft abgebüßt haben. Sie sollten begriffen haben, dass sie ihrer Straftaten wegen leiden mussten, und dass sie so etwas nicht mehr tun sollten. Doch dieses Verständnis stellt sich im allgemeinen nicht bei ihnen ein. Wenn sie entlassen werden, sind sie noch schlimmere Diebe, Betrüger und Verbrecher. Im Gefängnis treffen sie sich wie in einer Schulklasse. Was für Leute sind das im Gefängnis? Es sind alles Straftäter. Gesetzestreue gibt es dort nicht, und so lernen sie auch verbrecherische Dinge voneinander und werden als noch raffiniertere und brutalere Verbrecher entlassen. So ist das in 99 Prozent der Fälle, um nicht hundert Prozent zu sagen. Vielleicht gibt es einige wenige, die in ihrem negativen Verhalten nicht so verhärtet sind und ihre Lektion gelernt haben. Aber 99 Prozent werden zu noch schlimmeren Dingen angestachelt und verlassen die Anstalt wesentlich negativer und härter.

Die Leute dieser Welt kennen den Grund nicht, warum jemand gut oder schlecht ist. Ich habe Kinder gesehen, die von ihren Eltern immer wieder zur Strafe geschlagen werden und denen eingeschärft wird: „Das darfst du nicht tun!" Doch die Kinder gehorchen nicht. Sie sind so widerspenstig, dass sie, selbst wenn sie geschlagen worden sind, noch sagen: „Bring mich doch um!" Aber Befehle oder Anweisungen wollen sie nicht annehmen.

Warum ist das so? Weil in ihnen etwas steckt, das ihnen nicht ausgetrieben werden konnte. Mein Meister erzählte uns dazu ein Gleichnis: Es gab einmal ein Dorf, das nur einen Brunnen hatte, aus dem alle Wasser schöpften. Eines Tages fiel eine Katze in den Brunnen und nach zwei, drei Tagen war das Wasser verdorben und stank. Da gingen die Dorfbewohner zum Dorfweisen und fragten, was sie tun sollten. Der riet ihnen: „Holt zuerst die Katze aus dem Brunnen. Dann schöpft alles schlechte Wasser heraus. Das frische Wasser wird nachfließen und die Wasserversorgung wird wieder sichergestellt sein." Sie kehrten heim, hatten aber die erste Anweisung vergessen, zuerst die Katze herauszuholen. Sie ließen die Katze darin und begannen, das Wasser herauszuschöpfen.

Eine Woche verging, dann eine zweite, aber das Wasser wurde nicht besser. Da gingen sie wieder zu dem Weisen: „Lieber, großer alter Mann, dein Rat hat nicht funktioniert." Da war er erstaunt: „Was habt ihr getan?" - „Wir haben das verdorbene Wasser aus dem Brunnen geschöpft." - „Habt ihr die Katze nicht herausgeholt?" - „Nein, daran konnten wir uns nicht erinnern." Er erwiderte: „Aber sie ist die Ursache! Das Wasser ist aus einem bestimmten Grund verdorben. Die Ursache muss entfernt werden, und dann werdet ihr nach ein, zwei Tagen problemlos wieder frisches, brauchbares Wasser haben." So lagen die Dinge also.

Was ist die Ursache des Problems? Warum ist das Gemüt so negativ? Weil sich im menschlichen Körper Teufel befinden. So ist er nun einmal strukturiert. In den Veden wird das so beschrieben: Als Gott den Menschen samt seinem Körper schuf, schuf er ihn als ein vollkommenes Ganzes. Nachdem er die Struktur des Menschen vollendet hatte, nahm er selber den ihm angemessenen Platz im Menschen ein mit all seinen Tugenden, Vollmachten und allen guten Dingen, die er besaß. Doch gleichzeitig zogen auch alle Teufel und Engel im Menschen in die für sie bestimmten Stellen ein, denn auch sie mussten dort untergebracht werden, um als Diener zu wirken - nicht um die Situation zu stören.

Wenn ein reicher Mann keine Diener hat und alles selber tun muss, kann er seinen Wohlstand nicht genießen. Es sollten Arme und Bedürftige da sein und für ihn arbeiten. Dann wird der Reiche sein Leben genießen können. Diese Vorkehrung hat Gott treffen müssen. Diese bösen Wesen niedrigeren Ranges müssen in den Menschenkörper aufgenommen werden, damit sie in dieser Welt arbeiten. Auch die Engel müssen stets arbeiten. Sie müssen sich um den Regen, genügend Sonnenlicht, Hitze oder um den Schutz der Pflanzen und Früchte vor Krankheiten kümmern und so weiter. Die Teufel ihrerseits verrichten einfache, schwere Arbeit in den Körpern der Tiere und des Menschen.

Der Körper des Menschen muss ganz von der von zentraler und höchster Stelle aus lenkenden Kraft Gottes beaufsichtigt werden; Gott herrscht in ihm. Die Gottheiten und die Engel sind seine ,Minister'. Das gewöhnliche Volk, man kann sie ,Soldaten' oder ,Arbeiter' nennen, sind die Teufel. Sie alle unterstehen der zentralen Herrschaft des Königs - Gott in uns. Auf diese Weise hätte der Mensch wirklich vollkommen glücklich sein können.

Die Dinge an sich sind nicht schlecht - nur, sie funktionieren nicht richtig. Es wird keine Herrschaft ausgeübt, das ist das Hauptproblem. Wenn eure Kinder nicht unter Aufsicht stehen, verwüsten sie euer Haus, da sie kein Einfühlungsvermögen und kein Mitgefühl haben. Was immer sie in die Hand bekommen, benutzen sie einfach irgendwie und zerstören dabei vieles. So ist ihr Verhalten im allgemeinen. Und wie verhalten sich Diener? Auch sie haben kein Mitgefühl und denken nicht daran, dass sie das Haus ihres Dienstherrn instandhalten sollten. So werden die eigenen Kinder und auch die Diener aufgrund der fehlenden Aufsicht durch die Eltern innerhalb von ein, zwei Tagen das Haus verwüsten. Wer ist dann schlecht? Die Diener, die Kinder oder die Eltern? Die Eltern, da sie das Haus vernachlässigt haben, so dass es durcheinander gebracht und verwüstet werden konnte.

So sieht es aus: Wir fühlen und verstehen nichts von dieser ganzen Welt - unserem großen Zuhause. Unser eigenes Haus, unsere eigene Familie haben nichts mit uns zu tun - statt dessen aber die ganze Menschheit und das Leben in allen drei Regionen, die physische, astrale und kausale Region; sie sind miteinander verbunden, und wenn es irgendwo in diesen drei Regionen ein Problem gibt, betrifft es alle.

Alles ist darauf ausgerichtet, dass wir es unter Kontrolle halten - dann wird alles funktionieren. Wer wird diese drei Ebenen beherrschen? Jemand, der über ihnen steht und der dazu kompetent ist. Die anderen sind ihm unterlegen und brauchen etwas vom Höherstehenden; auch sind sie schwächer als er. Was immer die beherrschende Kraft sie zu tun bittet, müssen sie ausführen. Tun sie es nicht, geraten sie in Schwierigkeiten. Aber sie müssen es tun, denn obwohl diese Kraft eine liebevolle Einstellung hat, hat ihre Liebe auch Kraft in sich. Diese liebevolle Kraft ist viel stärker als die anderen Kräfte.

Einmal kam Shiva, der eine Art Führer der negativen Kräfte ist, mit seinem Dreizack, ‚Treschuhl' genannt, zu mir und sagte: „Nun, lass uns gegeneinander kämpfen!"

Ich fragte ihn: „Wozu soll dieser Kampf gut sein? Ich will nur lieben. Ich wirke nur in Liebe. An Kämpfe glaube ich nicht." - „In Ordnung, komm schon! Ich kämpfe mit meiner Waffe und du mit deiner." - „Also gut."

Nachdem ich den Satsang beendet hatte, stand die Person, die diese Shivakraft in sich trug, direkt vor mir. Ich schaute sie an und sie schaute mich an. Und in weniger als einer halben Minute stürzte sie zu Boden. Ein paar Leute waren erschrocken und wollten mich warnen: „Pass auf!" Ich sagte: „Macht euch keine Sorgen, ich weiß Bescheid" und ging weiter. Später sagte Shiva: „Oh, mein Lieber, es tut mir leid. Deine Macht ist größer als meine."

Die Kraft der Liebe ist keine schwache, unterwürfige Liebe, nein - sie ist sehr sanft, sehr feinfühlig, sehr zärtlich, ja köstlich. Nur wer für Liebe empfänglich ist und zur Familie der Liebe gehört, kann sie auch genießen. Diejenigen aber, die Teufel, teuflische Gedanken und einen teuflischen Lebensstil pflegen, haben Angst, von ihr getötet zu werden.

Manchmal kommen also derartige Wesenheiten zu mir und sagen: „Du bist ein Teufel!" Sie nennen mich ‚Teufel'! Und das stimmt auch, denn ich arbeite daran, dass sie nicht negativ bleiben und nicht so weiterleben. In ihren Augen bin ich ein Teufel, weil jeder darauf aus ist, sein Leben zu retten. Gelegentlich habe ich diese negativen Kräfte gefragt: „Warum seid ihr so? Warum stört ihr alle Menschen dieser Welt? Warum seid ihr selbst überhaupt gestört?" Darauf antworteten sie: „Wir sind so gemacht worden. Wir können nicht anders. Wir haben nichts Gutes in uns, das nützlich oder genießbar wäre oder womit wir anderen dienen könnten. So wie wir selbst brennen, müssen wir andere in Brand setzen. Wir müssen jeden verbrennen, niemand ist vor uns in Sicherheit. Das ist unser normales Verhalten." Ich bat sie: „Zumindest solltet ihr nicht so hinterlistig sein. Sagt wenigstens mir die Wahrheit!" Darauf erwiderten sie: „Letztendlich müssen wir uns retten. Mit allen Mitteln müssen wir uns in Sicherheit bringen und dich belügen." Sie behaupten: „Ich gehe morgen. Ich gehe übermorgen." Aber ich weiß, dass sie nicht gehen werden. Keine ihrer Versprechungen, keines ihrer Worte ist ernst zu nehmen. Sie alle sind völlig unglaubwürdig und unzuverlässig. Ihr könnt ihnen nichts glauben. Ihr müsst auf sie einwirken und durch eure liebevolle Haltung werden sie sehr schnell gereinigt. So geht das vor sich, sie werden nicht wirklich getötet.

Was sind Diebe? Ich war einmal im Dienste der Regierung in einer Stadt tätig. Dort sah ich einen Vater mit seinem Kind gehen. Er ging mit ihm an einer Polizeistation vorbei. Das Kind schaute hinein und sah, wie dort ein Mann geschlagen wurde. Es fragte seinen Vater: „Was machen sie mit diesem Mann? Was ist da los?" Der Vater antwortete: „Das ist ein Dieb und deshalb wird er geschlagen." Das Kind war sehr erstaunt: „Er sieht wie ein Mensch aus!" Es dachte, ein Dieb müsse Hörner oder Raubtierzähne oder etwas ähnliches haben. Da sagte der Vater: „Er ist ein Mensch. Aber er ist zu einem Dieb geworden." - „Kann er auch wieder geändert werden?" - „Ja, er kann auch wieder geändert werden."

Die Sache ist die: Wer einen entsetzlichen Lebensstil in dieser Welt gepflegt hat, verlässt den physischen Körper in einem sehr schlimmen mentalen Zustand - voll von seiner Gier und den noch unablässig in ihm brennenden, unbefriedigt gebliebenen Wünschen, die in ihm nach Erfüllung drängen.

Nach dem Tod wird ihm ein Leben gegeben, in dem er in diesem gleichen Zustand weitermachen kann. Er wird wirklich zu einem Teufel oder sagen wir bösen Geist. Er befindet sich nun in einem Astralkörper und es gibt für ihn keine Hoffnung auf Änderung durch weltliche Vorkehrungen, denn er ist außerhalb der Reichweite und des Einflusses der weltlichen Menschen.

Trotzdem können solche Wesen von der über ihnen stehenden Gotteskraft unter Kontrolle gebracht werden. Und was geschieht dabei? Sie werden gereinigt, denn in ihnen ist auch eine Seele. Sie haben auch ein Gemüt und einen Intellekt. Ich habe Erfahrung mit einigen dieser Leute, die derartige Teufel hatten. Ich habe sie gefragt: „Möchtet ihr gereinigt werden? Ihr könnt befreit werden." - „Nein, das wollen wir nicht. Wovon redest du überhaupt? Wir sind Teufel und werden jeden töten und alles vernichten." „Ich werde euch helfen." - „Nein, wir wollen keine Hilfe. Wir können das nicht annehmen."

Sie waren sehr abweisend und entschlossen, aber ich schickte ihnen Schwingungen voller Mitgefühl und Liebe, und nach einiger Zeit beruhigten sie sich etwas und nahmen auch ein wenig von dieser Liebe auf. Einer von ihnen fragte: „Was wirst du dann mit mir machen? Was wird geschehen, wenn du mich erlösen willst? Wird mir das helfen? Nein, überhaupt nicht! Ich will das nicht. Ich werde alle meine Kräfte und meinen Einfluss verlieren. Das will ich aber nicht! Ich will bleiben, wie ich bin. Das genügt mir und macht mir Freude."

Ich fuhr fort, sie durch meine liebevolle Haltung zu reinigen, und schließlich sagten sie: „In Ordnung. Wenn du willst, kannst du uns helfen." „Gut. Seid ihr nun bereit für die Erlösung?" Sie erwiderten: „In Ordnung. Wir wollen es, es gefällt uns." Dann waren sie bereit. Sie bekamen noch mehr Liebe und wurden dadurch verändert. Danach waren die Wesenheiten verschwunden. Sie sind gereinigt und dadurch erhoben worden.

An einem gewissen Punkt ihrer Entwicklung kann ihnen ein menschlicher Körper gegeben werden. Sie werden dann initiiert und damit wirklich auf den Weg des Lebens gestellt.

All diese geschilderten Dinge gibt es und sie wirken in uns. Jeder hat mindestens 102 oder 105 Teufel. Jeder hat sie, vielleicht sogar mehr. Ich habe euch nicht wirklich gesagt, wie viele Teufel ihr habt.

In Indien, in Delhi, gibt es einen Mann namens ‚Remaysh'. Er hatte eine Milliarde und acht Millionen Teufel. Könnt ihr euch das vorstellen? Auch der stärkste Anführer dieser Familie war dabei. Alle kamen sie, einer nach dem anderen. Einer sagte: „Ich bin das Pferd dieses Mannes, des Anführers." Er war wirklich sehr stark und wurde ebenfalls gereinigt. Dann bellte mich ein Hund an: „Ich bin der Hund des Anführers!" - „Okay, mein Lieber." Dann kam ein Soldatenbote: „Ich bin Soldat dieses reichen Mannes, des Anführers." Da wies ich ihn zurecht: „Wer bist du? Du stehst vor mir!" - „Nein, nein, mein Lieber. Sei nett zu mir! Ich bin nichts. Ich bin sehr arm. Ich bin bloß ein Soldat." Dann kam sein Bruder, sein Vater, seine Schwestern und seine Neffen. So viele kamen, einer nach dem anderen, und alle wurden gereinigt. Als schließlich der Führer jener einen Milliarde und acht Millionen Teufel beseitigt war, musste die Negativkraft eingestehen: „Du hast mir eine sehr schwere Niederlage zugefügt. Aber noch bin ich da und werde mit dir kämpfen." Solche Dinge gibt es.

Wenn die Leute initiiert werden, werden diese Kräfte gestört. Sobald wir anfangen, auf das heilige Licht und den heiligen Ton zu meditieren, können sie nicht im mentalen System bleiben, weil sich ihr Hauptquartier im Gemüt befindet. Das Gemüt erstreckt sich bis in die zweite Ebene, Brahmand. Dort ist der Hauptsitz der Negativkraft.

In uns allen ist neben dem Gemüt auch das Universalgemüt. Das eine ist das individuelle Gemüt, der höhere Teil aber ist das universelle Gemüt, das Hauptquartier all dieser Teufel. Sie haben dort ihren Spaß. Nichts kann sie dort stören. Sie benutzen den Menschen und die ganze Welt. Sie zerstören alles und richten von Kindheit an ihr ganzes Leben lang Unheil über Unheil an. Sie streiten miteinander und sagen: „Der ist schlecht.", „Dieser ist noch schlechter." Aber wer wirklich der Schlechte ist, wissen sie gar nicht.

Nicht das Gefäß ist schmutzig, sondern der Schmutz, der hineingetan wurde. Nehmt ihn wieder heraus, reinigt das Gefäß, und es ist wunderbar. Das Gefäß an sich ist nicht schlecht, wir sollten einfach prüfen, was hineingetan wurde. Was befindet sich in Körper, Gemüt und Intellekt? Was nicht hineingehört, das müssen wir uns anschauen. Sind darin hingegen Dinge, die zu uns gehören, wie zum Beispiel Gott und das Reich Gottes, so ist das unser eigenes Selbst und entspricht uns auch. Es macht uns zu einem vollkommenen menschlichen Wesen, das gerade wie Gott ist. „Seid vollkommen, so wie euer Vater im Himmel vollkommen ist!" Wir werden ohne irgendwelche Schwierigkeiten in Ewigkeit leben. Wir werden in der Einheit wirken, ja, wir werden eins werden. Alles wird ganz wunderbar, wir werden überall akzeptiert sein. Überall werden wir strahlen und uns in Ewigkeit erfreuen.

Doch bedenkt: Die Verbindung zu unserem großen Selbst ist nicht da, weil sie generell bei der Geburt des Kindes erst einmal hergestellt werden muss. Gewöhnlich kommen die Menschen aus niedrigeren Lebensformen oder aus dem Bereich der Engel. Keine andere Lebensform hat eine Verbindung zu Gott, diese ist nur im menschlichen Körper möglich. Stammen wir also aus diesen anderen Lebensformen, so kommen wir auch ohne diese Verbindung. Und kommen wir ohne diese Verbindung, ist die Negativkraft bereits da, denn sie beherrscht unser Gemüt und unseren Intellekt und diese verhalten sich dementsprechend. Darin besteht die Hauptschwierigkeit.

Werden wir aber in eine spirituell ausgerichtete Familie hineingeboren, stehen die Dinge besser. Sobald sich das Kind im Mutterleib befindet, besteht die Möglichkeit, sein Verhalten zu ändern. In der indischen Mythologie wird das in der Geschichte eines Mannes namens Arjuna geschildert. Seine Frau war hochschwanger. Sie war etwas unruhig, und so begann ihr Mann ihr eine interessante Geschichte von seinen Kriegserfahrungen zu erzählen: wie man in einen Teufelskreis, den der Feind vor einem aufgebaut hat, eindringt, ihn gänzlich auflöst und unbeschadet wieder aus ihm herauskommt. Als er ihr gerade erklärte, wie man in den Teufelskreis eindringt und die ersten Schritte darin unternimmt, schlief seine Frau ein. Da brach er die Geschichte ab und dachte: „Ich spreche lieber nicht weiter. Vielleicht stört das ihre Ruhe."

Das Kind kam zur Welt. Mit sechzehn Jahren zog es in den Mahabharata-Krieg. Der Feind hatte einen Teufelskreis aufgebaut. Alle Generäle und Krieger der Pandavas waren versammelt, doch keiner wusste, wie man mit diesem Teufelskreis umgehen sollte. Arjuna befand sich an einer anderen Stelle der Front. Doch sein Sohn, der im Mutterleib gewesen war, als sein Vater jene Geschichte erzählt hatte, war da. Er trat vor: „Ich weiß, wie man in den Teufelskreis eindringt und die ersten Schritte darin unternimmt. Aber ich weiß nicht, wie man wieder herauskommt." Da schauten alle Generäle und Krieger diesen unerfahrenen, sechzehnjährigen Jungen an: „Woher hast du diese Information? Wir haben sie nicht. Wie konntest du an sie herankommen?"

Er erzählte die ganze Geschichte, die er im Schoß seiner Mutter gehört hatte. „Ich habe dieser interessanten Geschichte gut zugehört. Als meine Mutter einschlief, hörte mein Vater leider zu erzählen auf, und so konnte ich nichts Weiteres erfahren. Ich weiß nicht mehr als das, was mein Vater erklärt hat." So geschah es, dass er in den Teufelskreis eindringen und ein wenig darin agieren konnte, aber er hatte keinen richtigen Erfolg und wurde darin getötet. Er konnte nicht mehr herauskommen.

Das zeigt uns ganz klar, dass die Erziehung eines Kindes, das in diese Welt hineingeboren wird, mit dem Zeitpunkt der Empfängnis beginnt, egal in welchem Zustand sich sein Gemüt und Intellekt befinden. Ist die Mutter wirklich spirituell ausgerichtet und lebt sie unter spirituellen Bedingungen, wird das Kind im Leib der Mutter sehr viel lernen. Sieht das Kind später, nach seiner Geburt, das Photo des Meisters, wird es lächeln und ihn aufmerksam betrachten, als ob es ihn bereits kennt. Es gibt solche Kinder, die, noch bevor sie sprechen können, mit weit offenen Augen ganz konzentriert das Photo des Meisters anschauen. Sie kennen den Meister bereits, weil der erste Eindruck auch der letzte gewesen ist.

Die Eindrücke, die das Kind im Mutterleib erhält, prägen sich ihm stark ein. Wenn sich dem Kind die Eindrücke von Gott und dem Meister einprägen, bevor die Negativkraft dieser Welt in Erscheinung tritt, dann wird das Kind unter diesen wunderbaren Eindrücken heranwachsen. Was für ein Kind wird das werden? Es wird von Anfang an mit Gott eins sein. Vielleicht kann es mit zehn, zwölf oder fünfzehn Jahren vollkommen sein. Nach der Initiation wird es die Vollkommenheit erreichen.

Die Erziehung des Kindes beginnt zum Zeitpunkt der Empfängnis. In den alten, mythologischen Zeiten der Welt lebten die Frauen nur für diesen spirituellen Aspekt. Die Männer mussten in der äusseren Welt arbeiten. Die Frauen dagegen pflegten stets nur diesen äußerst wundervollen Lebensstil. Gebar eine Frau ein Kind, was war das dann wohl für ein Kind? Ein geborener Heiliger, der geborene Gott. Sie gebar Gott, nicht ein Mädchen oder einen Jungen. Der Körper des Kindes mochte männlich oder weiblich sein, aber in der Hülle lebte Gott. Von Geburt an konnte der Körper des Kindes als Gott zu wirken beginnen und sich immer mehr vervollkommnen. Die Größe und Bedeutung der Frau liegen darin, was für ein Kind sie zur Welt bringt. Welchen Ruf wird sie haben, wenn ihr Kind ein Räuber oder ein Teufel ist? Welchen Ruf genießt dagegen eine Frau, die Jesus Christus oder Guru Nanak geboren hat? Und wie steht es mit dem Vater? Solche Eltern werden sehr geehrt, weil durch sie eine wunderbare, göttliche Seele zur Welt gebracht wurde und sie sie genährt haben, damit sie zu Gott werde. Von Räubern und Dieben aber kennt niemand die Eltern, weil niemand mit ihnen etwas zu tun haben will. Die eigenen Eltern werden ihr Kind verleugnen und es ablehnen. Die Atmosphäre, die Verbrecher schaffen, stört alle, selbst die eigenen Verwandten und Freunde.

Wozu wird der Mensch gemacht? Dies hängt ganz von den Eltern ab. Aber es ist eine traurige Tatsache, dass weder Vater noch Mutter wissen, wer sie sind, wer ihr Kind ist und welche Verantwortung sie dem Kind gegenüber haben. Sie wissen nur, dass ein menschlicher Körper entstanden ist, ein kleines Kind. Sie nähren es mit Muttermilch und versorgen es, so dass es heranwachsen kann. Sie wissen nicht, dass es Seele ist und dass sich Gott in ihm befindet.

Zuallererst muss die Seele mit Gott verbunden werden. Hat das Kind dann diese Verbindung, wird es uns segnen. Wir brauchen das Kind nicht zu segnen, denn es hat die volle Verbindung zu Gott und dem Reich Gottes. Das Kind wird in keiner Weise unter Teufeln, Krankheiten, Problemen oder Sorgen leiden, sondern dem ganzen Haus Segen bringen. So wird es aufwachsen. Dieses Wissen ist äußerst wichtig. Wenn wir nicht darüber verfügen, haben wir uns wirklich selbst zerstört, und dieser Weg der Zerstörung wird von Generation zu Generation weitergehen. Wo wird er enden? Hat er überhaupt ein Ende?

Nein, meine Lieben. Wie ihr wisst, haben unsere Vorfahren den gleichen Lebensstil gepflegt wie wir. Künftige Generationen werden im weltlichen Leben sogar noch schlimmer sein als wir, - obwohl eure Kinder einer anderen, besseren Kategorie angehören als die Leute dieser Welt, denn eure Kinder sind spirituell ausgerichtet, weil ihr initiiert seid und Informationen in euren Häusern habt, Videos, Audios, Bücher, Vorträge über oder vom Meister. Diese Eindrücke sind da.

Ich weiß noch sehr gut, dass ich in meiner frühen Kindheit die heiligen Schriften nicht wirklich gelesen habe. Trotzdem kann ich mich an so vieles aus dem Adi Granth erinnern, weil meine Eltern die Gewohnheit hatten, während ihrer Arbeit Hymnen daraus zu singen. Ich hörte nicht absichtlich oder besonders aufmerksam zu, aber ich lernte sie dabei wie von selbst und konnte mich ohne Absicht an sie erinnern. Das geschieht von ganz alleine durch die gebotene Atmosphäre. Ich war also auf ganz natürliche Weise spirituell ausgerichtet, obwohl meine Eltern es gar nicht wirklich waren, sondern sich nur an die Rituale und Gebräuche hielten. Sie waren von keinem Meister initiiert und konnten deswegen auch nicht wirklich meditieren. Da sie aber die grundlegenden Rituale und Gebräuche des Sikhismus ausübten, besaßen sie ein gewisses Wissen über und von den Heiligen und Meistern sowie dem Adi Granth. Das hatte von Geburt an einen Einfluss auf mich und ich konnte mich dadurch besser und leichter entwickeln.

So sollte es auch euren Kinder gehen. Ab der Empfängnis sollte die Mutter dem Kind zuliebe meditieren, ausschließlich heilige Schriften des Meisters lesen und im Haushalt nur in Gedanken an den Meister arbeiten, dann wird das

Kind wundervolle Eindrücke erhalten. Schließlich wird die Seele des Kindes da sein und wenn das Kind ein halbes oder ein Jahr alt ist, sollte es zum Meister gebracht werden, damit er es segnet. Was tut der Meister, wenn er das Kind segnet? Er verbindet die Seele mit Gott und nimmt Platz neben der Seele des Kindes. Ständig wirkt er auf das Schicksalskarma und andere erschwerende Umstände des Kindes ein, reinigt dessen mentales System und bereitet es vor, damit es so früh wie möglich initiiert wird. In einem bestimmten Alter, wenn das Kind deutlich für diese wahre, heilige Verbindung bereit ist, wird sie hergestellt. Aber die Vorbereitung dazu beginnt zum Zeitpunkt der Empfängnis.

Die heiligen Schriften sagen, der erste Meister des Kindes seien die Eltern, das heißt, soweit sie in der Lage sind, das Leben des Kindes auf Gott, auf Spiritualität und auf das Gute auszurichten und soweit sie fähig sind, das Kind in dieser Welt vor den Auswirkungen der Negativen Kraft zu schützen, so dass es vor den bösen Kräften oder Teufeln bewahrt bleibt. Dieses Wissen muss da sein, und wir besitzen es! Wir wissen so vieles von dieser Welt. Das ist in Ordnung. Ich verurteile dieses Wissen nicht, doch ohne das Wissen vom Selbst nützt alles nichts, gar nichts.

Mein Meister erzählte des öfteren das Beispiel eines Fährmanns, der an einem Fluss arbeitete. Einmal war ein Arzt Fahrgast und dieser sprach über die Bedeutung der Medizin und der Ärzte. Auf einmal fragte er den Fährmann: „Hast du eine Ahnung von der Medizin?" - „Nein, mein Lieber. Ich habe keine Bildung." - „Oh, was für ein Leben ist das, wenn du nichts von der Medizin weißt!" Auch ein Rechtsanwalt fuhr auf der Fähre mit, und der sprach ausführlich darüber, wie man sich mit den Gesetzen und Regeln auskennen müsse, um ein gutes, sicheres Leben zu führen. Auch er fragte den Bootsführer: „Kennst du dich mit den Gesetzen aus?" - „Ich habe keine Ahnung." - „Wie kannst du dann auf dieser Welt leben? Ohne die Kenntnis der Gesetze ist dein Leben doch entsetzlich." Auch ein mitfahrender Ingenieur und ein Verwaltungsbeamter prahlten: „Wie bedeutend sind wir doch, und du bist gar nichts."

Da lenkte der Fährmann das Boot in einen Strudel. Während es unterzugehen drohte, fragte er die Passagiere: „Könnt ihr alle schwimmen?" - „Nein, nein! Hilfe!" „Dann werdet ihr alle ertrinken. Der Arzt, der Ingenieur, der Rechtsanwalt, der leitende Angestellte - alle werdet ihr ertrinken. Ich aber bin in Sicherheit. Ihr kennt das Grundprinzip des Lebens auf dem Fluss nicht. Wenn ihr euch auf einen Fluss wagt, tut das nicht als Arzt, Rechtsanwalt oder Ingenieur. Denkt zuerst daran, dass ihr euch auf den Fluss begebt und dass das Boot in gefährliche Situationen kommen kann! Ihr solltet also schwimmen können, um dem Fluss zu entrinnen! Das muss als Erstes bedacht werden."

Ihr mögt alles von dieser Welt haben und wissen, doch ihr solltet die große, grauenhafte Macht, die über diese Welt herrscht, erkennen und begreifen, wie ihr euch vor ihr retten könnt, wie ihr euch von ihr zurückziehen könnt, um das Reich Gottes zu betreten und wieder bei Gott zu sein - denn früher waren wir bei Gott. Vor Millionen von Jahren, in einer uns unbekannten Zeit, waren wir gewiss bei Gott, denn damals gab es noch keine Schöpfung. Es gab nur Gott in seinem eigenen Selbst: „Im Anfang war das Wort." Dieser Wort-Gott trat ins Dasein, als der absolute Gott eine Schöpfung ins Leben rufen wollte. Aus ihm entsprang der Wort-Gott, die Ursache aller Schöpfung, und daraus entwickelte sich alles andere. Bereits damals gab es auch uns. Wir waren bei Gott. Wie haben wir uns von ihm entfernt? Wie wurden wir getrennt? Wann und warum? Das können wir hier, auf dieser Existenzebene der Unwissenheit, nicht erfahren.

Das Erste, was in dieser Welt über uns geworfen wurde, ist Unwissenheit. Ihr wisst nichts über euch selbst, eure Vergangenheit, Zukunft oder Umgebung. Alles liegt im Dunkeln. Hier herrschen Unwissenheit, Missverständnisse und irreführende Täuschungen vor. Das ist der Zustand dieser ‚wunderbaren' Welt. Ihr alle nennt sie wunderbar. Auch ich will sie so nennen. Tue ich es nicht, dann werdet ihr mich nicht mögen. Auch ich will behaupten, dass dieses Speiseeis sehr lecker ist. Wenn ihr es mögt, kann ich nicht sagen: „Es ist schrecklich, esst es nicht!" Sonst sagt ihr: „Du kannst ja in einen anderen Raum gehen. Du passt nicht in unsere Gesellschaft." Dann passe ich nicht zu euch.

Um mich euch anzupassen, werde auch ich sagen: „Okay, meine Lieben, ich mag es auch." Ich werde es dann auch genießen oder mit euch darunter leiden, bloß um mit euch zusammen zu sein.

Der Meister gibt euch alle nötigen Informationen, damit ihr diese entsetzliche Unwissenheit abstreifen könnt. Der grausamste Fluch, der über uns geworfen wurde, ist die Unkenntnis darüber, was wir sind. Wir sollten erkennen, was wir sind und was die anderen sind, warum sie gut oder schlecht sind, was gut ist und was schreckliche Dinge sind, warum wir leiden und Krankheiten und Probleme haben. Dieses Wissen existiert und wir können es finden. Erhalten wir es nicht, werden wir selbstverständlich Schwierigkeiten bekommen.

Alles, was uns an Wissen fehlt, wird ein Problem erzeugen. Wir müssen alles und jedes wissen. Wenn wir alles wissen, werden wir richtig handeln. Wir werden die Dinge entsprechend ihren Qualitäten benutzen und nicht verkehrt herum. Benutzen wir sie falsch, geraten wir in Schwierigkeiten. Darin liegt das Problem. Wir haben kein Wissen und keine Weisheit. Alle Dinge der Welt zu kennen heißt nichts zu wissen, aber Wissen auf der Ebene der Seele heißt alles zu kennen, was mit uns verbunden ist.

Wie ich euch bereits gesagt habe, sind wir nicht nur mit dieser Welt verbunden. Grundsätzlich stehen wir mit allem in Verbindung - von Zelle zu Zelle. Einer Zelle unseres Körpers hier entspricht ein Teil in der Astralebene und ein weiterer Teil in der Kausalebene. Zu einem Haar hier gehört ein zweiter Teil in der Astralebene und ein dritter in der Kausalebene. Habt ihr hier an eurem Körper eine kleine Schramme, wird sie auf eurem Astralkörper erscheinen und von der Kausalebene aus verursacht worden sein. Sie kann euch nicht unabhängig vom Physischen im Astralen oder Kausalen zugefügt werden.

Alles ist so stark ineinander verwoben, dass ihr keinen Teil eurer Existenz ignorieren könnt. In der indischen Mythologie war das noch bekannt. Wenn jemand starb, wurden in seinem Namen Bedürftigen Nahrung und Kleidung gegeben. Was geschieht dabei? Den materiellen Anteil bekommen die Leute hier. Den astralen Anteil erhalten die Verstorbenen, da sich ihre Seelen hauptsächlich in der Astralregion befinden.

Dazu gab es auch einmal ein praktisches Beispiel in unserer Straße. Ein Mann war gestorben und ließ seine Frau zurück. Die Seele des Toten besetzte seine Frau und sagte: „Du hast mir nichts gegeben. Ich verhungere hier drüben. Du hast mir weder Nahrung noch Kleidung mitgegeben und genießt hier alles selber." Da fragten ihn seine Familienmitglieder: „Wie sollen wir es dir geben? Sollen wir es der Priesterkaste oder armen Leuten geben?" Er antwortete: „Gebt es irgendjemandem in meinem Namen!" Am darauffolgenden Tag schenkten sie einigen Priestern oder armen Leuten Essen, Früchte und etwas Kleidung. Danach war der Mann glücklich und zufrieden.

Wie konnten diese Dinge, die einigen Leuten hier im physischen Körper geschenkt wurden, jene Person erreichen? Das erklärt die Mythologie. Der materielle Teil wurde den Leuten hier gegeben, da er sich aber im Astralkörper befand, ging der astrale Teil an ihn und so konnte er dort im Astralkörper mit dem astralen Anteil zufriedengestellt werden. Der kausale Teil stand beiden Parteien zur Verfügung.

So verhält es sich bereits mit der menschlichen Existenz auf der physischen Ebene. Alles hat drei Lebensaspekte - auch die Nahrung, die wir essen. In Indien sagen wir allgemein, dass man im Verborgenen essen sollte. Wenn Ladenbesitzer Lebensmittel oder Obst ausstellen, nehmen die Leute den astralen Teil daraus weg, indem sie denken: „Das würde ich gern essen. Das hätte ich gern." Mit diesem Gedanken entziehen sie daraus den astralen und kausalen Teil. Was bleibt übrig? Nur der materielle Teil, der in Wirklichkeit wertlos ist. So wie der Meister Speisen segnet, schauen auch die Leute die Lebensmittel an und ‚segnen' sie mit ihren Blikken - mit ihren Teufeln möchte ich sagen. Wenn wir das essen, geht es uns dann schlecht.

Das ist also eine große Wissenschaft, die wir beherrschen müssen. Kennen wir sie nicht, haben wir zu leiden. Sie steht ganz unmittelbar in Verbindung mit unserem Leben. Vielleicht wart ihr noch nicht in New York, Delhi oder gar Miami *(Lachen.)* - das macht nichts, es ist unwichtig. Die noch nicht dort waren, haben deswegen keine Schwierigkeiten. Habt ihr aber euer inneres Selbst nicht gefunden, den Astralkörper, den Kausalkörper, den Superkausalkörper und euer höheres Selbst, dann habt ihr das Wesentliche nicht gefunden. Unsere äußere Hülle ist ein toter Körper, träge Materie. Es nützt uns nichts, etwas darüber zu wissen. Und wie steht es mit der Welt? Sie hat sehr wenig, eher nichts mit uns zu tun, gar nichts.

Was betrifft uns täglich, jeden Augenblick? Wer lenkt unsere Atmung während des Schlafs, wer wirkt durch euren Blutkreislauf, wer kontrolliert euer Verdauungssystem? Es muss jemanden geben, der sich um eure Verdauung, Atmung und den Blutkreislauf kümmert. Ihr schlaft sorglos und ohne Bewusstsein. Warum arbeiten diese Kräfte von allein, ohne von uns aufgefordert zu werden? Sie sind mit uns verbunden, haben eine Beziehung zu uns und tragen eine bestimmte Verantwortung. Wir wissen nicht, wer sich da um uns kümmert. Würden wir mit ihnen in Kontakt kommen und würden ihre Beziehung zu uns und ihre Verantwortung für uns kennen, könnten wir sie vielleicht bitten: „Bitte kümmert euch auch um diese Sache bei mir." Aber wir haben uns nie gefragt, was für eine Kraft das Kind im Schoße der Mutter erschafft. Fragt die Mutter denn: „Was machst du? Was erschaffst du da? Ist das Kind männlich oder weiblich?" Nein, sie weiß noch nicht einmal, ob das Kind männlich oder weiblich ist, weil sie es nicht selbst erschafft.

Wer erschafft es dann? Es gibt riesengroße Organisationen, 330 Millionen Engel sind es. Spezialisten für die Augen, die Haut, die Knochen, die Zähne, ja sogar Spezialisten für die Nase, meine Lieben, damit sie nicht krumm, sondern gerade wächst. Nichts wächst falsch. Alles ist vollkommen erschaffen. Wer ist der Schöpfer? Wer hat euch erschaffen? Könnt ihr diese Frage beantworten? Wer hat euch so wunderbar, so schön oder auch so schrecklich gemacht? Wer hat das Schreckliche am Menschen erschaffen und wer das Wunderbare? Vielleicht gibt es verschiedene Kräfte dafür. Wir haben keine Ahnung.

Das Wissen über uns selbst steht an erster Stelle, und wenn wir noch mehr brauchen, bekommen wir es. Aber wir brauchen nichts anderes. Entdeckt und erkennt zuerst euer eigenes Selbst, dann habt ihr alles gefunden und erkannt.

Kennt ihr euch selbst, dann wisst ihr alles. Dann kennt ihr die zentrale Kommandostelle für alles Wissen. Sie ist in euch und erscheint vor euch. ...

Auf diese Weise werden wir imstande sein, durch die innere Schau unserer weisen, allwissenden Seele, alles zu genießen und zu besitzen. Ihr werdet nicht mehr betrogen oder getäuscht und werdet nie mehr leiden müssen. Ihr werdet euch erfreuen und werdet auch alle drei Welten lebenswert machen. Niemand wird dann leiden müssen. Darin liegt eure Größe. Ihr wisst nicht, wie groß, wie wundervoll ihr seid. Ihr wisst nur, wie schrecklich ihr seid, wenn ihr meint: „Das will ich tun. Das will ich haben. Den werde ich töten." Das erkennt ihr sehr wohl, weil wir alles Schlechte tun können. Das liegt in unserer Macht. Es ist leicht, etwas zu zerstören, sehr leicht, da wir alle Vernichtungswaffen besitzen. Etwas zu erschaffen ist dagegen sehr schwierig, das kann nur Gott.

Diese Schöpferkraft ist auch in uns. Wir müssen mit ihr in Verbindung kommen. Durch sie sind wir imstande zu erkennen, wie groß, wie wunderbar und wie schön wir sind. Nicht einmal wenn ihr euer ganzes Leben lang von den Leuten als wunderbar und wundervoll bezeichnet werdet, kann euch das gerecht werden. Sie werden das Ausmaß eurer Herrlichkeit nicht erkennen. Ihr werdet es noch nicht einmal selber wissen. Fragt den Pazifik: „Wie viel Wasser besitzt du? Wie viele Liter oder Kubikkilometer? Wie lang und wie breit bist du?" Er wird sagen: „Ich bin, was ich bin. Das genügt. Mehr brauche ich nicht zu wissen - so groß bin ich. Ich kann nicht wissen, was ich bin. Meine Ausmaße übersteigen mein Wissen. Solche Verwirrspiele brauche ich nicht. Ich bin, was ich bin." So werdet auch ihr sein. In euch sind Millionen von pazifischen Ozeanen, voll mit allem. Ihr werdet wissen, wie groß und wundervoll ihr seid, aber ihr werdet es nicht aussprechen können. Sollte jemand es erfahren, wird auch er es

nicht aussprechen können, sondern nur eure Größe genießen.

So, meine Lieben, das ist der Weg des Lebens. Seid groß
in diesem Leben und lebt in der äußeren Welt ohne Ansprü-
che! Seid von nichts abhängig! Bittet um nichts von dieser
Welt! Wenn ihr um etwas bittet, dann nur um Gott und sein
Reich. Habt ihr es gefunden und braucht ihr darüber hinaus
noch etwas, könnt ihr Gott darum bitten. Aber ihr werdet
nichts anderes mehr brauchen, weil ihr alles Gute erhalten
habt. Alles andere, was ihr nicht bekommt, wird auch nicht
gut für euch sein; denn alles, was für uns bestimmt ist, steht
im Reich Gottes zur Verfügung. Was wir nicht bekommen,
taugt nichts. Es gehört nicht zu uns und wir gehören nicht
zu diesen sinnlosen Dingen, die uns nur Probleme und
Schwierigkeiten bereiten. Wir werden alles im Reich Gottes
und bei Gott bekommen und vollkommen sein.

Das Gemüt und die Meditation

6. Juni 1998, Abendsatsang Jesolo, Auszug

Viele der Lieben beschweren sich über das Gemüt. Wenn sie sich zur Meditation setzen, wollen sie zwar meditieren und tun es auch, doch das Gemüt spielt ihnen einen Streich und wirft mit schrecklichen Gedanken um sich, so dass sie nur noch denken und denken müssen. Das sind die Gedankenangriffe des Gemüts, die es uns unmöglich machen, uns am Augenbrennpunkt zu konzentrieren. Einige von euch werden auch bemerkt haben, dass die Störungen durch das Gemüt am intensivsten sind, wenn sie sich zur Meditation hinsetzen. Nach ungefähr fünf oder zehn Minuten hat sich dieser mächtige Gedankenstrom aber verändert und ist besser unter Kontrolle. Hat sich das Gemüt schließlich ein wenig beruhigt, wechselt die Negativkraft ihre Strategie und versetzt euch in einen trägen oder schläfrigen Zustand.

Ich kann euch versichern, dass von dem Augenblick an, da ihr euch zur Meditation setzt, die Meditation am Gemüt arbeitet. Zuerst beginnt das Gemüt mit Hilfe seiner mächtigen Gedanken mit euch zu kämpfen. Doch die Gottes- und Meisterkraft in uns ist stärker und das Gemüt verliert die Macht, die es über die Gedanken ausübte. Nun beschließt es also, uns in einen unbewussten Zustand zu versetzen. In diesem Zustand beginnt allerdings die Gotteskraft noch stärker in uns zu wirken, und die Reinigung des Gemüts geht weiter. Fünfzehn oder zwanzig Minuten nach Beginn der Meditation seid ihr plötzlich hellwach und bemerkt, dass ihr vor dem Augenbrennpunkt konzentriert seid. Jetzt könnt ihr wunderbare, göttliche Segnungen empfangen.

Für alle Planungen, Schwierigkeiten und Probleme, mit denen ihr euch plagt, ist also die Meditation selbst die Lösung. Versucht, in Hingabe an den Meister in der Meditation zu sitzen! Bittet um Hilfe, wenn ihr zu meditieren beginnt, und er wird da sein. Während ihr fortfahrt zu meditieren, wird es den Meditationen gelingen, das Gemüt zu besiegen. Kommen noch Gedanken auf, werden sie schwach und kraftlos sein. Es können noch Gedankenschwingungen auftauchen, aber nach einer kleinen Weile wird diese Gedankenkette plötzlich abgebrochen sein. Wollt ihr euch daran erinnern, was ihr gedacht habt, habt ihr es vergessen, es taucht nicht mehr auf.

All die Gedanken, die die Menschen als sehr, sehr stark empfinden und die sie für so dringend und wichtig erachten, haben keinerlei Bedeutung mehr. Selbst ganz wichtige, weltliche Angelegenheiten in unseren engen Beziehungen und in unserer Arbeit werden ihre hypnotische Auswirkung verlieren. Sie werden uns nicht mehr in Bewegung halten und uns nicht mehr in ihren Bann ziehen. Wir werden einfach fortfahren, unsere Meditationen zu genießen. Wenn ihr dann aus der Meditation herauskommt, fühlt ihr euch völlig entspannt, alles läuft wunderbar und ihr braucht euch um nichts zu kümmern.

Versucht also, wenigstens zwei Stunden oder, sagen wir wenigstens eine Stunde oder anderthalb Stunden am Stück zu meditieren. In einer halben Stunde oder etwas mehr wird das Gemüt gerade einmal unter Kontrolle gebracht und für die Meditation vorbereitet. Um seine Bereitschaft für die Meditation zu erhöhen, ist noch mehr Zeit, vielleicht eine Stunde, erforderlich.

Die eigentliche Meditation, die ihr dann auch genießen könnt und die sich auf eure Gesundheit, eure gesamte häusliche Situation, eure Familie, euren Beruf, euer Geschäft und auch auf euer Gemüt und eure Seele auswirkt, beginnt erst nach einer Stunde. Mein Meister Sant Kirpal Singh erzählte gerne von einer seiner Erfahrungen: Einmal besuchte sein Meister, Baba Sawan Singh, sein Dorf. Nach dem Satsang wurde Baba Sawan Singh in Kirpal Singhs Haus eingeladen. Mein Meister führte Baba Sawan Singh in seinen Meditationsraum, wo dieser dann meditierte. Nachdem Baba Sawan Singh den Raum verlassen hatte, wurde die Tür zugesperrt, und niemand durfte ihn mehr betreten. Der Meister benutzte ihn nur für die Meditationen oder um sich auszuruhen, zu schlafen oder zu lesen. Dadurch genoss er die im Zimmer vorhandenen Schwingungen seines Meisters, und er erzählte in seinen Satsangs: „Immer wenn ich mein Zimmer betrat, ging von allen Wänden ein ganz, ganz wunderbarer Ton aus." Denn jedes kleinste Teilchen dieses Raumes war mit der Meisterkraft oder Gotteskraft aufgeladen, und dies bleibt dauerhaft. Wenn jedoch Leute mit negativen Gedanken und Schwingungen dorthin gehen, wird die Aufladung gemindert, verunreinigt und vermischt, und wir können keinen so großen Nutzen mehr daraus ziehen.

Die Zeiten für die Meditationen sollten geregelt sein, denn das System unseres Körpers und Gemüts ist so geartet, dass es alle Zeiten, die ihr für gewisse Verrichtungen festlegt, als zweite Natur annimmt und zu dieser bestimmten Zeit für diese Pflicht bereit ist. In meiner Jugend hatte auch ich die Gewohnheit, um sechs oder sieben Uhr morgens aufzustehen. Doch ich wollte früher aufstehen, um drei oder vier Uhr, um diese drei im Schlaf vergeudeten Stunden für die Meditation nutzen zu können. Ungefähr sechs Monate lang war das sehr schwer, aber ich bemühte mich, und nach diesen sechs Monaten wachte ich immer um vier Uhr morgens auf. Jetzt wäre es schwierig für mich gewesen, noch im Bett liegenzubleiben oder wieder einzuschlafen. Der Körper hatte eine Gewohnheit entwickelt, die ihn zu den entsprechenden Zeiten aktiv machte.

Nachdem ihr also die Zeiten festgelegt habt, wann ihr schlaft und wann ihr aufsteht, legt auch die Meditationszeiten innerhalb der 24 Stunden fest. Wenn ihr eine Zeitlang von vier bis sieben Uhr morgens meditiert habt und nach drei, vier Monaten zufällig irgendwohin unterwegs seid oder verreist, werden sich zu dieser Uhrzeit alsbald eure Augen schließen, das Bewusstsein eurer Seele wird beginnen, sich von außen zurückzuziehen und sich von selbst hier vorne am Augenzentrum zentriert fühlen.

Es ist also eigentlich nichts Schwieriges dabei, am wenigsten die Meditationen, aber es ist schwer, sich die richtige Gewohnheit zuzulegen, so dass der Körper dann auch mitmacht. Bald braucht ihr nicht mehr mit den körperlichen Empfindungen oder der Umgebung zu kämpfen. Nach einiger Zeit werdet ihr feststellen, dass euch das, was sich in eurem Inneren befindet, ständig begleitet.

Wohin ihr auch blickt, ist Licht, ist Gott und der Meister. Wenn ihr zu Fuß unterwegs seid und euch in einer entspannten Stimmung befindet, werdet ihr ihn an eurer Seite wahrnehmen. In einem bestimmten Entwicklungsstadium werdet ihr es völlig unmöglich finden, all das loszuwerden, was zum Reich Gottes und Gott gehört. 24 Stunden lang werden all diese Segnungen um euch herum sein, und euer Eindruck von dieser Welt wird eher verschwommen oder traumähnlich sein. Es funktioniert genauso, wie wir jetzt hundertprozentig in der Welt verwurzelt sind. Sind wir wach, denken wir nur an die Welt, wenn wir schlafen, träumen wir von der Welt, und wenn wir über Gott, auf Licht und Ton meditieren wollen, nehmen wir diese nicht wahr, weil die Welt mit aller Macht gegenwärtig ist und uns restlos in Beschlag nimmt. Das ist darauf zurückzuführen, dass wir von Geburt an über die Welt und weltliche Dinge ‚meditiert' haben. Sie hat wirklich alles in Besitz genommen, und Gott ist nicht mehr da.

Bei der Initiation verbrennt der Meister viele von diesen weltlichen Eindrücken und gibt uns die Verbindung zum heiligen Licht und Ton, damit wir damit arbeiten. Dadurch erfolgt eine starke Reinigung. Alles, was wir in Millionen von Jahren an Schmutz von dieser Welt angesammelt haben, wird in sehr kurzer Zeit verschwinden. Unser inneres Auge wird so stark gereinigt werden und so scharf sehen können, dass es mächtiger sein wird als die äußeren Augen. Dann werden wir Gott sowohl außen als auch innen sehen. Das innere Auge wird wie Röntgenstrahlen funktionieren und alles durchdringen.

Mit den äußeren Augen könnt ihr nur den Körper eines Menschen sehen. Mit Hilfe der Röntgenstrahlen könnt ihr Haut und Muskeln durchdringen und die Knochen und Fremdkörper erkennen. Genauso werdet ihr diese Welt und die weltlichen Menschen betrachten können und sehen, was in ihrem Inneren vorgeht. Ihr werdet erkennen, was in euch ist, und die gesamte Realität wird kristallklar vor euch erscheinen. Dieser tiefe Einblick wird durch die subtilen göttlichen Kräfte ermöglicht; durch sie wird man all das wahrnehmen, was feinstofflich ist, weil sie auf der Ebene des inneren Auges erfolgt. Bisher war uns das nicht möglich, denn unsere materiellen Augen können nur sehen, was aus Materie ist.

Ihr werdet also überall Gott und das Reich Gottes sehen und was es sonst noch gibt. Alle Ebenen werden euch zugänglich sein. Ihr werdet in der Lage sein, all dies zu beherrschen, wie es dem Willen Gottes entspricht. Gott wird in euch wirken. Das ist also das Leben, das es wert ist, von euch in dieser Welt gelebt zu werden. Hinzukommt, dass ihr dann imstande seid, die ganze Welt zu segnen.

Die Stimme der Seele

4. Juni 1998, Morgensatsang Jesolo, Auszug

...Kennen wir den wunderbaren Geschmack und die Süße, die im Inneren zu finden sind? Ein ununterbrochener Strom mit diesen Köstlichkeiten fließt in uns. Im Adi Granth heißt es: „Mein liebes Gemüt, wenn du etwas wirklich genießen möchtest, dann finde diesen Strom. Er enthält mehr als genug und das von solcher Qualität, dass du wirklich zufrieden sein wirst. Niemals mehr wirst du irgendetwas anderes brauchen." Die Seele wird diesen Segen mit Hilfe der Vorkehrungen im Reich Gottes direkt von Gott bekommen. Dann steht euch dies alles zur Verfügung, und euer Körper wird es auch genießen - ohne Schmerzen, ohne Sorgen, ohne Leiden, ohne Krankheiten. Das ist nicht nur Nahrung, sondern wirkt auch als Heilmittel. Wo immer sie benötigt wird, wird sie wirken.

Wenn Gemüt, Körper und Seele von irgendetwas im Äußeren abhängig sind, ist das für uns alle sehr zerstörerisch. Wir leiden, weil wir mit diesen Leid schaffenden Kräften verbunden sind. Der heilige Kabir hat in seinen Hymnen erklärt: „Alle Menschen in dieser Welt bemühen sich um Freude, indem sie die fünf Begierden ihres Gemüts befriedigen. Dies sind Lust, Habgier, Zorn, Ego und Verhaftetsein. In diesen fünf Feuern brennt der Mensch auf allen Ebenen, im Körper, im Gemüt und im Intellekt, die Seele aber leidet am meisten. Alle Menschen befinden sich in diesem schrecklichen, unglückseligen Zustand. Aber ich bin jetzt davon befreit.

Ich habe Verbindung erlangt mit dem inneren heiligen Licht und dem Ton Gottes. Ich genieße ein wunderbares Leben und wünsche mir, dass alle Menschen so glücklich werden wie ich, dass sie die gleiche Kraft finden und sich ihres Lebens erfreuen können."

Die Menschen aber sind so eng und fest mit diesem grauenvollen Leben verbunden, dass sie das andere Leben nicht annehmen, selbst wenn sie davon erfahren. Es besteht eine starke, geradezu hypnotische Wirkung auf die Herzen der Menschen, die beseitigt werden muss, bevor wir die Wirklichkeit akzeptieren können; denn sonst sehnen wir uns immer nach dem, was nur Schall und Rauch ist.

Nach unseren ganzen, lebenslangen Kämpfen erleben wir uns am Ende unseres Daseins als körperliches Wrack. Verstand und Intellekt haben ihre Denkfähigkeit eingebüßt, und wir verlieren schon während unseres Lebens unseren Besitz und unser Geld, das wir oft nicht einmal auf ehrliche Weise verdient haben. Unsere eigenen Kinder und Familienangehörigen kommen überein: „Wir sollten uns jetzt seinen Besitz aneignen, der Alte ist nun wirklich alt und sollte in ein Altersheim gehen." Gewöhnlich putzen und polieren wir unsere Schuhe, solange sie gut sind. Sind sie ausgetreten und zerrissen, werfen wir sie in den Müll. Solange ihr für eure Kinder, Geschwister und Verwandtschaft nützlich seid, werden sie euch dulden und verpflegen. Werdet ihr aber untauglich und könnt nichts mehr für sie tun, so dass ihr zu einer Last für sie werdet, dann beten sie: „Lieber Gott, befreie uns doch von diesem Kerl!"

Am Ende befinden wir uns in einer verzweifelten Lage, alleingelassen und schließlich von allem Weltlichen getrennt, und wenn wir nach vorne schauen, erblicken wir schreckliche Teufel, die Engel des Todes. Ein kurzer Blick auf sie lässt uns bereits in Ohnmacht fallen. Der Richter spricht seinen Spruch über uns, und wir müssen für alles, was wir in unserem Leben getan haben, bezahlen. Alles ist nun ganz furchtbar, und Höllen und Himmel, die eigentlich beide Höllen sind, warten auf uns, und wir werden dort lange, lange Zeit zu leiden haben.

Es ist unser Fehler, dass wir nicht geglaubt haben, was uns der Meister sagte, sondern uns nach den Befehlen des Gemütes gerichtet haben, das von der Negativen Kraft hypnotisiert wird. Der Einfluss dieser hypnotischen Kraft ist sicherlich da, aber es gibt auch die Stimme der Seele in uns. Sie ist in jedem einzelnen Menschen vorhanden, wenn sie auch in jedem mehr oder weniger stark zu hören ist. Selbst bezahlte Mörder haben eine Stimme in ihrem Herzen, die sagt: „Was du da tust, ist nicht gut." Die Seele hört nicht auf zu mahnen, obwohl sie sehr schwach ist, während die Neigung des Gemüts, die von der Negativen Kraft geschürt wird, sehr stark ist. So ist die Seele nicht zu vernehmen, und die Negative Kraft setzt sich durch. Ihr habt auch selbst schon festgestellt, dass ihr euch nicht wohlfühlt, wenn ihr etwas falsch gemacht oder jemanden ungerecht behandelt habt. Ihr seid nicht glücklich und fühlt euch schuldig. Das gilt für die anderen Lebewesen nicht; wilde Tiere wie Löwen und Wölfe verhalten sich nach der ihnen vorgegebenen Art und Weise.

So sollte also die positive Seite, das Leben der Seele in uns, gestärkt werden. Wenn alle Menschen der Welt euren Eltern gegenüberstünden, würdet ihr diese fünf Milliarden Menschen unbeachtet lassen, denn im Vergleich zu dem, was ihr von Vater und Mutter bekommen könnt, ist das, was jene euch bieten, reizlos, selbst wenn sie alle sehr reich, bedeutend und wundervoll wären. Prägt es euch gut in Herz, Gemüt und Verstand ein, dass alles in dieser Welt und in den anderen Welten, dass alle anderen Kräfte wie Engel, Götter und Göttinnen nichts für euch sind; sie sind sogar gefährlich. Alles, was uns betrifft, ist bei Gott in seinem heiligen Reich, und das genügt, dass wir uns in Ewigkeit daran erfreuen. Es steht uns zur Verfügung und liegt vor euch.

So wie Jesus Christus zu seinen Schülern, nachdem er sie in das Reich Gottes initiiert hatte, sagte: „Geht zu den Menschen und lehrt sie, dass das Reich Gottes nahe ist, dass es auf der Hand liegt." Wenn ihr Millionen Dollar in der Hand habt, warum lauft ihr dann irgendwelchen Jobs oder Geschäften hinterher, wo ihr Tag und Nacht hart arbeiten müsst, um vielleicht gerade einmal euren Lebensunterhalt zu verdienen? Warum solltet ihr nicht das Leben der Vollkommenheit leben, wie es der Vollkommenheit Gottes entspricht? Was ist das Leben hier im Vergleich dazu?

Dieses wunderbare Leben gibt es! Es wurde euch gegeben, und wenn ihr daran arbeitet, werdet ihr es sicher finden. Aber es geht euch so wie dem streunenden Hund aus den Schriften. Der König dachte: „Das ist ein lieber Hund", und nahm ihn bei sich auf. In den Palästen des Königs erhielt der Hund nun wahrlich genug zu fressen, aber wann immer er die Gelegenheit fand, entwischte er nach draußen und durchwühlte mit seiner Schnauze die Abfälle, wie er es früher getan hatte. Die Eigenschaft des Gemüts, aktiv zu sein - wir nennen das ‚Gewohnheit' oder ‚zweite Natur' -, ist so stark, dass trotz aller Leckerbissen immer noch diese negative Gewohnheit da ist.

Aber es ist nicht unmöglich, unsere Natur zu ändern. Nur bedarf es dazu äußerst regelmäßiger, methodischer Übungen, eine Entwicklung ist erforderlich, und auch die Zeit spielt eine Rolle. All die Dinge, die euch erklärt wurden, sind so drängend und notwendig, dass niemand auf der Welt ohne sie leben kann. Der Meister vermittelt sie euch nicht nur mit Worten, sondern siebzig Prozent davon gehen direkt von Herz zu Herz.

In der indischen Mythologie werden die Worte des Meisters mit Pfeilen verglichen, die von einem Bogen abgeschossen werden. Alles, was wir von Menschen hören, die nicht mit Gott verbunden sind und die ihn nicht erreicht haben, und alles, was wir in Büchern lesen, sieht zwar auch wie Pfeile aus, aber sie haben keine Kraft. Ein Pfeil dagegen, der von einem Bogen mit der ganzen Kraft des Schützen abgeschossen wird, kann sogar durch zwei oder drei Körper dringen. Die Worte des Meisters kommen aus seinem Herzen. Sie sind mit der Kraft Gottes erfüllt und mit solcher Macht aufgeladen, dass sie in das Herz eindringen, nachdem sie Körper, Gemüt und Intellekt durchschlagen haben. Die Meister sprechen gewöhnlich von Herz zu Herz, weil sie wissen: „Das ist der einzige Weg, wie ich das Herz der Menschen erreichen und ihr Leben verändern kann. Was ich mit meinem Mund in Worte fasse, hat keine Auswirkung."

Ihr wisst selbst sehr gut, dass die Bibliotheken und Büchereien voll sind mit den Schriften von Meistern und Heiligen sowie religiöser Führer, ohne dass in den Herzen der Menschen eine Veränderung stattfindet. Wir müssen zu der tiefen Überzeugung gelangen, dass wir Seele sind, dass der Körper der Tempel Gottes ist, dass wir Gott in ihm finden müssen, und dass das Reich Gottes gefunden werden muss, von dem es heißt: „Das Reich Gottes kommt nicht durch äußere Gebärden, es liegt inwendig in euch." Damit wir es wirklich finden, sind wir einem Meister begegnet und haben seine Verbindung zu uns genossen - er ist Teil unseres Lebens geworden.

Als Baba Sawan Singh meinem Meister Sant Kirpal Singh sein heiliges Werk übertrug, sprach er aus tiefstem Herzen: „Ich habe meine Initiierten verdorben, weil ich sie nicht strenger behandelt habe." Er meinte, die weltlichen Leute änderten sich nur, wenn sie hart behandelt werden. Ich bin glücklich, wenn ich manchmal umhergehe und sehe, dass die Lieben meditieren. Sie sitzen im Gras, unter schattigen Bäumen oder an anderen stillen, ruhigen Plätzen und meditieren. Dann bin ich wirklich zufrieden, dass meine lieben Seelen daran arbeiten und sie ihr Ziel erreichen werden. Diejenigen, die in ihren Zimmern sind, meditieren wahrscheinlich auch. Dadurch wurde hier eine wunderbare Atmosphäre geschaffen, und euer Leben kann sich so wirklich ändern. Ihr braucht euch nicht um Essen und Unterkunft zu kümmern. Ihr habt keine Arbeit, Satsangs werden gehalten, der Meister ist da, und es herrscht eine solche Aufladung, dass die Gemüter nicht mehr frei umherspringen. Sie ordnen sich jetzt der Meisterkraft unter. Der Meister übernimmt viel von euren Störungen, damit ihr leichter meditieren könnt.

Wenn wir nach dem Abendsatsang zusammen meditieren, habt ihr vielleicht bemerkt, dass ich bei euch nicht wirklich meditieren kann. Es gibt so viele Störungen, die ich übernehmen muss. Ihr meditiert, aber - es tut mir leid, das sagen zu müssen - ich leide nur. Ich möchte euch solche Dinge nicht vor Augen führen. Ich möchte sie mit mir allein ausmachen. In Wirklichkeit braucht der Meister nicht zu meditieren. Wozu sollte er das? Er war bereits vollständig und vollkommen, als er in diese Welt kam. Alle Meister, die von Gott gesandt wurden, sind bereits vollendet in Gott und werden nur zu dem Zweck hierher gesandt, den Zustand der Welt zu ändern. Der Meister muss die Menschen unterrichten und solche Umstände für die Initiierten schaffen, dass sie in der Lage sind, die heiligen Meditationen durchzuführen. Dazu nimmt er ihre ganzen Schwierigkeiten auf sich. Mein Meister sagte immer, wenn Gott jemandem die härteste Strafe geben müsste, sollte er ihn zu einem Meister machen. Das Leben eines Meisters ist wirklich etwas ungeheuer Hartes. Äußerlich ist es schon schlimm, aber wie es erst im Inneren aussieht, ist unbeschreiblich.

Mein Meister lag in den letzten Tagen meistens leidend auf seinem Bett, und sein alter Fahrer, der ihm sehr lieb war, saß an seiner Seite. Ram Saroop konnte den Zustand des Meisters nicht ertragen und fragte, ja flehte ihn an: „Mein lieber Meister, du hast Millionen Menschen vom Leid befreit, tust dies auch jetzt und wirst es weiterhin tun, warum befreist du dich nicht von deinen Schmerzen und Leiden?" Der Meister antwortete nicht, aber er schloss die Augen. Nun war der Mann, der dies mit allem Mitgefühl und in Liebe gefragt hatte, sehr traurig und dachte: „Ich habe etwas völlig Falsches getan. Vorher schaute mich der Meister zumindest an, und jetzt hat er die Augen zugemacht. Vielleicht hat ihn meine Frage gestört." Aber nach einer Weile öffnete der Meister die Augen und schüttete ihm sein Herz aus: „Selbst wenn die Feuer aller Höllen, die es gibt, zusammengenommen würden, würden sie nicht dem Feuer gleichen, das in meinem Herzen brennt."

Die Meister sind mit jedem einzelnen Herzen verbunden, und bis nicht alle Herzen Hilfe erhalten haben und von ihren Leiden befreit sind, können sie selbst nicht frei sein. Die Initiierten meditieren nicht, sie folgen den Anweisungen nicht und sind eigensinnig. Wenn sie die Worte des Meister befolgen und regelmäßig meditieren würden, könnte die Naam-Kraft auf diesem Weg alle ihre Schwierigkeiten, Probleme und Leiden wegnehmen. Da dies nicht der Fall ist, muss der Meister aus Mitgefühl und Liebe dies alles übernehmen und leidet unter der Nachlässigkeit der Initiierten.

Ich bin also mit euch allen sehr zufrieden. Hier ist die Atmosphäre dazu geeignet, dass ihr meditiert, und der Meister ist auch anwesend. So wird alles in den richtigen Zustand versetzt. Ihr habt hier sehr viel Zeit zum Meditieren, ja ihr habt hier nichts für euch zu tun, als zu meditieren und ein wenig zu schlafen. In diesem Aufenthalt von ein oder zwei Wochen könnt ihr eure Seele so stärken, dass das Gemüt nie wieder imstande sein wird, sie zu überwältigen. Die

Anziehung von innen wird so stark werden, dass euch die äußeren Verlockungen nicht mehr berühren. Dadurch geschieht ein Wandel in eurer Lebensführung. War sie sehr weltlich ausgerichtet, wird sie mehr nach innen gelenkt. Wer nicht meditiert, wird hier damit beginnen, und wenn er zurückkehrt, wird er damit weitermachen. Wenn diejenigen, die vorher zu Hause ein wenig meditiert haben und hier mehr Zeit dafür einsetzen, wieder daheim sind, werden sie sehr viel länger meditieren als vorher. Die Probleme und Schwierigkeiten in den Meditationen, die sie früher hatten, werden hier weniger, und sie finden dann zu Hause die gleiche günstige Atmosphäre vor und können viel angenehmer, leichter und erfolgreicher meditieren.

Das ist der Hauptzweck von Retreats, dass alles - euer Gemüt, euer Körper und euer Intellekt - ,überholt' wird. Wenn möglich, sollten solche Retreats in bestimmten Zeitabständen organisiert und durchgeführt werden. Selbst wenn der Meister nicht da ist, werden seine Hilfe und Schwingung dennoch da sein. In den Schriften wird dieses Phänomen ebenfalls beschrieben: „Wo zwei oder mehr in meinem Gedenken beisammensitzen, da bin auch ich." Im Laufe eines Jahres solltet ihr versuchen, solche Gelegenheiten zu schaffen, euch zehn, zwanzig Tage oder mehr freizunehmen und ausschließlich der Meditation zu widmen. Das wird für eure Meditationen und auch für euer weltliches Leben sehr hilfreich sein.

Denkt also immer daran, dass euer Meister bei euch ist! Bis jetzt ist euer Gemüt noch nicht rein und wird das nicht glauben. Baba Sawan Singh pflegte zu seinen Initiierten, die nach einem Besuch bei ihm wieder nach Hause zurückkehrten, zu sagen: „Bitte, geht nicht allein! Ihr seid allein hierher gekommen, aber ihr habt mich hier gefunden. Jetzt nehmt mich bitte mit, lasst mich nicht hier zurück!" Das offenbart die Zuneigung, die der Meister zu jedem seiner Initiierten hat. Ihr solltet auch den Meister von Herzen bitten: „Wir sind zu dir gekommen und haben dich hier gefunden. Jetzt wollen wir nicht alleine weggehen. Geh mit uns in unseren Herzen, dann bist du, wenn wir uns nach innen wenden, für uns da!" Aber versucht es erst einmal hier. Viele von euch werden ihn im Inneren finden. Viele werden ihm viel näher kommen und in naher Zukunft werdet ihr ihn innen sehen können.

Ich möchte am liebsten, dass keiner von euch ohne mich abreist und dass eure Herzen und Gemüter von mir gereinigt werden, damit ihr in der Lage seid, den Meister innen zu finden. Er ist bereits da, aber ihr könnt ihn nicht erfahren oder sehen. Wenn etwas dieser Verbindung im Weg steht, dann ist das euer Gemüt, das mit Negativem angefüllt ist. Wenn das Negative herausgereinigt ist, wird das Gemüt selbst die Notwendigkeit des Meisters empfinden und möchte den Meister bei sich haben. Es wird euer großer Sieg sein und auch die Errungenschaft des Meisters, wenn diese trennende Kraft verschwunden ist und die Beziehung von Herz zu Herz, von dem Einen zum Einen entstanden ist.

Nachdem ihr den Meister innen gefunden habt, sind alle Kämpfe in den Meditationen stark verringert, denn der Meister beginnt direkt zu wirken und nimmt die Verantwortung vollkommen auf sich. Ihr könnt dann im Inneren in seine Augen und auf seine Stirn schauen und werdet beginnen, eins mit ihm zu werden. Ihr werdet das Gefühl der Trennung verlieren und empfinden, dass er und ihr eins seid. Das werdet ihr wirklich genießen.. Wir werden es fühlen, erfahren und genießen, wie wir uns freuen, wenn wir einen wahren Freund treffen. Aber wenn wir unserem Freund im Inneren begegnen, ist diese Erfahrung und diese Freude noch viel tiefer als bei Treffen mit weltlichen Freunden; diese sind vergleichsweise oberflächlich, und die Beziehung ist nicht so intensiv. Die inneren Beziehungen finden auf der Ebene der Seele und auf der Ebene Gottes statt. Sie sind sehr stark und wirkungsvoll. Sind wir einmal verbunden, werden wir für immer verbunden sein; niemals wird es eine Abwärtsentwicklung geben, sondern stets nur Fortschritt.

Ich bin voll Hoffnung, nein, ich bin sicher, dass ihr alle, meine lieben Kinder, dieses Leben finden werdet, das euch genauestens beschrieben wurde. Ihr werdet daran arbeiten, und alle Hilfe wird für euch da sein.

Gott macht eure Arbeit

31. Mai 1998, Abendsatsang Jesolo, gekürzt

Meine lieben Schwestern und Brüder, das Leben als Mensch hier in dieser Welt ist in Wirklichkeit kein Kampf, sondern ein ‚Bett von Rosen'. Gott kam in den Meistern herab und brachte folgende heilige Botschaft: „Ihr seid der Tempel des lebendigen Gottes, und der Geist Gottes lebt in euch." Besucht ihr den Palast eines Königs, eines Präsidenten oder irgendeiner hochgestellten Persönlichkeit, so findet ihr dort alles in Hülle und Fülle. Er kann große Armeen unterhalten, und auch die vielen anderen Ausgaben, die anfallen, kann er sich leisten. Wie steht es da mit Gott, der Millionen von Universen, Himmeln und anderen Regionen beherrscht und besitzt - wie mag es in seinem ‚Haus' aussehen?

In den Schriften, besonders im Adi Granth, wurde dies noch viel ausführlicher beschrieben. Der Körper hier ist wie eine Höhle, die von außen her einen kleinen Eingang hat und innen dunkel zu sein scheint. Treten wir aber durch diesen engen Eingang ein und durchqueren die finstere Höhle, erwarten uns riesige Weiten und Ausblicke. In der Bibel heißt es: „Tretet ein durch die enge Pforte, denn eng ist die Pforte und schmal ist der Weg, der zum Leben führt."

Der Adi Granth aber gibt noch lebendigere und detailliertere Beschreibungen. Alles, was Mikrokosmos und Makrokosmos umschließen, befindet sich im menschlichen Körper. Alle Engel, selbst die drei Gottheiten Brahma, Vishnu und Shiva sind im physischen Körper zu finden. All diese Mächte wohnen mit ihrem Besitz, ihren ganzen Tugenden und Fähigkeiten im Inneren. Auch Gott ist da. Er befindet sich im selben Zustand in uns, wie er in seinen höchsten Himmeln ist - vollkommen und alles umfassend. Das ist für uns nicht so leicht zu glauben, denn unser Begriffsvermögen umfasst nur das Materielle. Die Materie ist etwas Festes. Sie kann nicht größer und nicht kleiner werden, nicht weicher und nicht härter. Man kann sie auch nicht verändern, sie befindet sich außerhalb unseres Zugriffs.

Alles aber, was im Inneren ist, das ist zwar innen, doch gleichzeitig ist es überall in der Schöpfung Gottes verfügbar. Es ist so beschaffen, dass es zur Größe eines Sandkorns zusammengepresst werden kann, aber sich ebenso Millionen, Billionen oder Trillionen von Meilen auszudehnen vermag. Gott hat uns dazu feierlich mitgeteilt: „Ich habe euch alles Wunderbare, das Herrlichste, was ich besitze, bereits gegeben und in euren Körper eingebettet.“

Wenn ihr euer Leben für immer und ewig genießen und nie wieder Leid und Sorge ertragen wollt, könnt ihr nach innen gehen. Dort erreichen euch keine Probleme, Sorgen, Krankheiten und Schmerzen, und auch der Tod hat keinen Zugriff. Der Wille unseres Vaters, Gottes, der voll Liebe und Mitgefühl für uns ist, wirkt dort im Inneren in jeder Zelle unserer Existenz und der gesamten Schöpfung wie in seinem eigenen Haus. Dieses ewige Leben ist unser bleibender Besitz, den wir ein für alle Mal errungen haben, denn als Seele sind wir unveränderliche Gegenwart und bestehen von Ewigkeit zu Ewigkeit. Gott bleibt derselbe, und sein Haus, das Reich Gottes, bleibt ebenfalls gleich.

Das Problem, was nach dem Tod sein wird, ist bereits gelöst, denn der Tod betrifft nur den physischen Körper. Dieser wird uns genommen, aber wir in unserem höheren Selbst bestehen für immer in alle Ewigkeit. Die Meister haben unmissverständlich gesagt, dass ihr, solange ihr mit der äußeren Welt und dem äußeren Körper verbunden bleibt, niemals frei von Sorgen, Problemen, Schmerzen, Krankheiten, Schwierigkeiten und von Tod sein werdet, denn die Welt ist grundsätzlich ein Tal des Todes, und in ihr regiert das Böse mit Leid...

In Indien gibt es einen Vergleich: Wenn ein junger Mann und ein Mädchen einander heiraten, meinen sie, das Problem ihres Lebens sei nun gelöst. Zur gleichen Zeit aber tauchen vor ihnen zehn neue auf. Das Leben wird mit dem Alter immer härter. Warum können wir nicht ohne Mühe unser Leben genießen? Warum müssen wir überhaupt kämpfen, um in Frieden und angenehm leben zu können? Warum haben wir das alles nicht einfach zur Verfügung, so wie es eigentlich sein sollte? Gott hatte es so vorgesehen, aber wir haben es nicht begriffen.

In der Bibel wird eine deutliche Drohung gegen jene ausgesprochen, die sich selbst als Führer betrachten. Den spirituellen Führern hat der Meister ein ,Weh euch!' entgegengerufen: „Weh euch, ihr Schriftgelehrten, die ihr den Schüssel zum Leben verloren habt; ihr seid selbst nicht eingetreten und habt jene, die eintreten wollten, daran gehindert." Schriftgelehrte sind jene, die Gesetze, Regeln und Bestimmungen kennen, sie sind Männer mit Wissen und Weisheit. Sie hat er mit der schwerwiegenden Drohung bedacht: „Ihr seid verflucht! Ihr konntet das großartige Gesetz, die segensreiche Einrichtung selbst nicht nutzen, und ihr habt es den anderen nicht nur nicht mitgeteilt, sondern jene, die den Weg des Lebens beschreiten wollten, sogar daran gehindert." Somit ist völlig klar, dass diejenigen unserer lieben Mitmenschen, die nach außen gewandt sind, also die weltlich gesinnten Menschen, sich unter einem bösen Bann befinden und niemals Ruhe und Frieden finden können. Sie werden sich immer wie auf Feuern fühlen.

Daher ist es dringend notwendig, sich nach innen zu wenden, dort das wahre Leben zu führen und den anderen Menschen zu raten, dass sie, die mit diesem Leben noch nicht verbunden sind, nicht länger außen umherirren und leiden sollten. Denn wie ich euch bereits erklärt habe, kann man hier nichts anderes als Leid erwarten. Warum gehen wir nach Hause und finden dort alles, einschließlich Bequemlichkeit und Frieden? Jeder Familienangehörige, der es gut haben möchte, der Frieden, Liebe oder Hilfe braucht, wird nach Hause kommen und dort alles Gewünschte vorfinden, weil er sich diese Dinge so eingerichtet hat. Draußen können wir weder Ruhe noch Frieden finden, und deshalb gehen wir nach Hause. Diese Bedingung für unser äußeres, weltliches Leben gilt auch für das Leben, das uns von Gott, unserem Vater, gegeben wurde.

Weiter erhielten wir noch eine Botschaft: „Macht euch keine Sorgen, meine Lieben, ich habe für euch Vorbereitungen getroffen, die es euch ermöglichen, vollkommen zu werden, so wie ich in meinen heiligen Himmeln vollkommen bin." In allen Schriften wurde dies eher wie ein Gebot ausgedrückt: „Seid vollkommen, wie euer Vater im Himmel vollkommen ist!" Dieser Satz ist in der Gegenwart gesagt. Es ist nicht so, dass ihr ‚solltet' oder ‚würdet', sondern es heißt: „Seid vollkommen - hier in dieser Welt!" Ihr sollt also vollkommen sein. Was heißt ‚Vollkommenheit'? Dass ihr von niemandem etwas braucht, sondern alles in euch selbst besitzt...

In allen Schriften steht dies geschrieben, und es ist die Wahrheit. Warum haben wir sie nicht geglaubt? Ich kann auch nicht verstehen, dass ihr, obwohl euch dies als Tatsache mitgeteilt wurde, nicht einmal versucht habt, sie zu überprüfen. Als ich von meinem Meister initiiert wurde, hat er mich eingeführt und mit dem heiligen Licht und Ton im Inneren verbunden. Er hat über vieles gesprochen, das wir in der Zukunft, wenn wir weiter meditieren, finden werden. Ich war diesen Aussagen gegenüber eher skeptisch. Solange ich es nicht selbst überpüft hatte, war es mir nicht möglich zu akzeptieren, was mir erzählt worden war. Ich dachte sogar, dass das, was der Meister mir in Gestalt von Licht und Ton gezeigt hatte, nur durch Hypnose oder Magnetismus seinerseits möglich gewesen und nicht echt sei. Solange ich die Wahrheit nicht überprüft hatte, wollte ich aber weder damit aufhören noch es ablehnen. Ich fand, ich sollte es ausprobieren, und wenn es nicht funktionierte, wollte ich es zurückweisen. Sollte es sich aber als richtig herausstellen, würde ich es wirklich genießen.

Lehnt nichts ab, ohne das zu überprüfen, was euch gesagt und erklärt wurde! Wir glauben zwar an das, was in unseren Schriften steht, aber das ist nur eine Art Lippenbekenntnis. Es ist kein echter Glaube, sonst würden wir das, was geschrieben steht, für wahr halten. Unser Unglaube ist unser Fehler. Lasst uns also jetzt glauben, was glaubhaft ist! Geht zu demjenigen, der euch erklärt: „Du kannst es glauben, es ist wahr und es funktioniert", und sagt zu ihm: „Bitte, hilf mir, dass es mir gelingt, dies zu erreichen und mich daran zu erfreuen. Dann werde ich auch glauben können, was du glaubst." Er wird euch behilflich sein und euch zu demjenigen bringen, von dem er alle Hilfe erhielt. Das ist die Art und Weise, wie kluge Menschen mit den Dingen umgehen.

Woran liegt es nun, dass wir alle hier auf der Welt leiden? Wir glauben nicht an diese einzigartige Lehre, diesen einen Weg des Lebens, den uns Gott durch seine Propheten und Heiligen gewiesen hat. Auch ich habe das Leben gelebt und viele Menschen getroffen - sehr einflussreiche Persönlichkeiten, sehr, sehr reiche Leute, Beamte und Politiker und auch die gewöhnliche Bevölkerung. Ich habe den Zustand der Welt aus dem Blickwinkel des weltlichen Lebens untersucht und auch mit einer spirituellen Lebensweise verglichen. Ich kann aufgrund meiner eigenen Lebenserfahrung und meiner eigenen Überzeugung sagen: Diese Welt bietet für kein Problem eine Lösung. Sie dient nur dazu, noch mehr Probleme zu schaffen. Glaubt nicht, dass Probleme mit irgendwelchen weltlichen Mitteln gelöst werden können! Alle Probleme können nur durch eure inneren Kräfte bereinigt werden. Dafür steht euch bereits alles zur Verfügung. Ihr braucht es euch nicht erst zu verdienen oder hart dafür zu arbeiten...

Menschen, die Gott erreichten, haben mir berichtet, dass die erste Frage, die Gott ihnen stellte, war: „Wo warst du denn so lange? Ich warte schon seit Zeitaltern auf dich. Ich habe dir Botschaften gesandt, ich habe alles vorbereitet, dich nach Hause zu bringen - warum hast du dich nicht darum gekümmert? Warum hast du ohne mich gelitten?" Darauf werden wir Gott nichts antworten können, denn er hat alles gegeben, alles für uns bereitgestellt, damit wir es finden und genießen können. Das ist auch jetzt noch so, und bereits seit Urbeginn der Welt standen all seine Vorkehrungen zur Verfügung, und das wird auch weiterhin so sein.

Mein Problem jetzt seid nicht ihr, sondern alle Menschen dieser Welt: Wird es je ein Ende ihres Leids geben? Ich stelle diese Frage nicht euch, denn ihr wurdet bereits von einem kompetenten Meister angenommen. Ihr steht unter seinem Schutz und seiner Führung. Er wird euch nie mehr verlassen, so dass ihr auch nie mehr leiden müsst. Früher oder später wird er euch zurückbringen. Das ist sicher, und es wird zu 99 Prozent durch die Segnungen, das Entgegenkommen und die Gnade des Meisters bewerkstelligt; ein Prozent ist vielleicht unser Anteil daran. Ob es nun ein Prozent, ein halbes oder zwei Prozent sind, das spielt keine Rolle; den Rest bringt der Meister von sich selbst ein und wird hundert Prozent daraus machen. Zu gegebener Zeit werden wir das vollkommene Leben finden.

Wie aber sieht das Schicksal der anderen Menschen auf dieser Welt aus? Wird es eine Zeit geben, wo sie aus dem Leid herausgekommen sind? Nach ihrer gegenwärtigen Lebensweise zu urteilen, wird das niemals möglich sein. Unser Unglück zu beenden und das vollkommene Leben im Inneren zu finden ist nur möglich, wenn wir uns nach innen wenden und in das Reich Gottes, unseres Vaters, gehen und ihn durch die Hilfe eines vollendeten Meisters finden. Was gibt uns die Garantie dafür, dass sich diese Möglichkeit morgen noch einmal bietet, wenn wir sie heute, wo sie greifbar ist, nicht nutzen?

Die Führung, der Schutz und die Hilfe stehen auch für alle anderen Menschen jeden Augenblick zur Verfügung, und sie sollten diese so bald wie möglich in Anspruch nehmen. Aber sie warten auf euch! Ihr habt einen Meister gefunden. Was gibt es bei ihm, das im Äußeren nicht zu finden ist? Es ist, als ob ein Kranker von einem Arzt geheilt zurückkehrt. Er wird dies vielen Leuten berichten. Dann kommen mehr Kranke zu dem Arzt und werden geheilt, und auch sie erzählen es weiter. Es bedarf keiner Werbung. Die Besserung, die die Menschen durch einen Arzt erfahren, genügt, damit sich die anderen auch an ihn wenden.

Mit der Initiation habt ihr diesen Weg des Lebens erhalten, um nicht mehr zu leiden, sondern glücklich zu sein. Haben sich diese Versprechungen erfüllt und sehen die Menschen das auch, werden alle zu uns kommen! Aber wenn wir nur Versprechungen machen, ist das wie bei den vielen sogenannten Meistern, die das Gleiche von sich behaupten. Ihre Initiierten erhalten keinerlei praktische Hilfe, und unsere Leute können ebenso wenig vorweisen. Bei beiden ist keine tatsächliche Hilfe sichtbar! Auf diese Weise haben die weltlichen Menschen kein Kriterium an der Hand, an dem sie einen Unterschied erkennen könnten.

Baba Sawan Singh brachte immer das Beispiel von einem Patienten, der zu einem Arzt geht. Der Arzt gibt ihm eine sehr wirksame Arznei und dazu noch einige Anweisungen für die Einnahme der Medizin. Der Patient aber trägt sie nach Hause, stellt sie in den Schrank und nimmt sie nicht ein. Er bleibt krank, und die Leute reden ihn an: „Du warst doch beim Arzt, und jetzt bist du immer noch krank!" Er erwidert: „Ja, ich war beim Arzt und bekam auch etwas verschrieben, aber es hat sich nichts gebessert." Den wahren Grund sagt er nicht, dass er die Arznei nämlich gar nicht eingenommen hat. Auf diese Weise werden alle, die die gleiche Krankheit haben, davon abgehalten, zu diesem Arzt zu gehen. Sie denken: „Er ist kein guter Arzt. Er hat diesen Mann nicht geheilt, wie soll er dann uns richtig behandeln können!"

So sind auch wir ein schlechtes Beispiel, und die weltlichen Menschen fragen sich, an wen sie sich wenden sollen. Ich möchte euch keinen Vorwurf machen, aber die Negativkraft hat eine Situation in Szene gesetzt, in der ihr in euer weltliches Leben verwickelt seid oder euch zu schwach fühlt, diesen Pfad wirklich ernsthaft aufzunehmen...

Wir wissen alle sehr wohl, dass wir, um im weltlichen Leben erfolgreich zu sein, Tag und Nacht hart kämpfen müssen - manchmal sogar sechzehn oder achtzehn Stunden am Tag. Wollen wir im spirituellen Leben erfolgreich sein, müssen wir auch wohl überlegt und sehr zielgerichtet vorgehen. Die Meditationen sollten am Anfang etwa zwei Stunden täglich betragen. Das ist aber das Minimum für den Beginn. Später werdet ihr in der Lage sein, die Zeit zu verlängern, denn die Meditation wird euch dann nicht mehr so schwerfallen, bis sie schließlich zu einem fortwährenden Vorgang wird, der vierundzwanzig Stunden, Tag und Nacht, im Wachen und selbst im Schlafen andauert. Dann werdet ihr wirklich zufriedenstellend vorankommen. Es sind also größte Bemühungen erforderlich, die wir gut planen müssen. Ich kenne diese Schwierigkeit und dieses Problem. Ich mache euch keinen Vorwurf, denn in der Welt hier seid ihr sehr schwach. Das weltliche Leben bedrängt euch hart, und ihr wagt es nicht, es zu vernachlässigen oder den Weg, den der Meister euch weist, wirklich aufzunehmen...

Es ist wichtig zu beachten, dass Gott alle unsere Angelegenheiten, nicht nur im Inneren, sondern auch im Äußeren zu regeln hat. Wenn wir ihn finden, wird er alle unsere weltlichen Pflichten erfüllen, und wir werden frei sein, um über ihn zu meditieren. Auf diese Weise werden wir unser Leben genießen. Gott wird unsere weltlichen Verantwortlichkeiten übernehmen, wir brauchen uns nur noch ein wenig darum zu kümmern und werden viel Zeit für die Meditationen haben. Wir werden uns immer mehr in diese Richtung entwickeln, und es werden uns dadurch mehr und mehr Hilfe und Führung von Gott zufließen. Sind wir aber nicht mit Gott verbunden, gibt es in der Welt draußen keine Hilfe. Die äußeren Pflichten fordern uns Tag und Nacht so sehr, dass wir selbst bei größtem Einsatz nicht in der Lage sind, ihnen gerecht zu werden. Wir finden auch keine Zeit für die Meditation, und wenn wir keine Zeit zum Meditieren finden, wie wollen wir dann unsere Verbindung mit Gott entwickeln? Wie kann er dann wiederum uns behilflich dabei sein, unsere weltlichen Pflichten zu reduzieren, damit wir genügend Zeit für die Meditationen haben? Das ist das Hauptproblem!

Der Meister initiiert euch, aber ihr seid so sehr mit eurem weltlichen Leben beschäftigt, dass euch überhaupt keine Zeit zum Meditieren und für die Vertiefung dieser Verbindung bleibt. Aber schließlich sagt der Meister bei der Initiation: „Ihr müsst eure Pflicht erfüllen, und alle anderen Angelegenheiten, die euch betreffen, werde ich erledigen."...

Unser Zustand gleicht dem eines Mannes, von dem mein Meister zu erzählen pflegte, - der im Zug fährt und seinen großen Koffer auf dem Kopf trägt. Jemand fragt ihn: „Warum stellen Sie denn den Koffer nicht ab?" Er antwortet: „Es ist doch mein Koffer!" Der Meister sagt zu euch: „Wenn ihr die Aufgabe erfüllt, die ich euch gegeben habe, werde ich alles auf dieser Welt für euch tun!"

Mein Meister sagte auch immer: „Wenn ihr die eine Arbeit erledigt, die ich euch aufgetragen habe, nämlich die Meditationen, werde ich für euch hundert eurer Geschäfte erledigen." Wir aber glauben diesen Worten des Meisters nicht und meinen weiterhin, wir seien für unser weltliches Leben selbst verantwortlich. Wir möchten unsere weltlichen Angelegenheiten erst erledigt haben, und wenn dann noch Zeit bleibt, meditieren wir. Auf diese Weise werdet ihr nie Zeit zum Meditieren haben! Mein Meister sagte immer: „Lasst eintausend wichtige weltliche Geschäfte beiseite und setzt euch drei Stunden zur Meditation!"

Wenn ihr diese Pflicht seinen Empfehlungen entsprechend erfüllt habt und dann eure Augen öffnet, werdet ihr sehen, dass die weltlichen Angelegenheiten vollständig erledigt sind, denn die wahre handelnde Kraft ist Gott, der im Meister wirkt. Wir haben bisher die Verbindung mit dieser schöpferischen Kraft Gottes in uns noch nicht hergestellt, und daher kämpfen wir mit aller Kraft als Gemüt und Ego. Dennoch gibt es nichts, was wir wirklich zustande bringen. Das Durcheinander, das wir ordnen wollen, machen wir noch schlimmer.

Das ganze Leben lang befinden wir uns in diesem ausweglosen Kampf. Also will ich euch noch einmal bitten, euch raten, doch die Anweisungen des Meisters als erste Pflicht anzunehmen, und alle anderen Dinge bewerkstelligt der Meister.

Unser weltliches Leben wird dann auch bequem und reibungslos verlaufen, und in eurem Inneren werdet ihr imstande sein, das zu tun, was ihr tun sollt, und finden, was ihr finden sollt. Also, meine Lieben, der Meister hat die perfekte Lösung für jedes eurer Probleme. Ihr braucht nicht einmal zu ihm zu gehen, um ihn darum zu bitten. In jeder Satsangrede wird von allen Problemen erklärt, wie sie zu lösen sind. Warum leidet ihr? Ich kann das nicht verstehen, ist euch doch alles gegeben worden! Wenn ihr jetzt nach Hause zurückkehrt, solltet ihr euch bemühen, darüber nachzudenken, was die Schwierigkeit ist, und ihr werdet feststellen, dass es da etwas gibt, was ihr noch nicht verstanden habt und woran ihr noch nicht gearbeitet habt. Es ist nie zu spät, etwas in Ordnung zu bringen. Wenn ihr es bis heute noch nicht herausgefunden hattet, so bemüht euch heute darum! Alle Hilfe ist da...

Der Meister sagt: „Komm' zu mir!", und wenn ihr gekommen seid, fordert er euch auf: „Gut, ruh' dich aus. Ich kümmere mich um den, der dir Probleme macht." Er löst durch seine Kompetenz, seine Liebe und sein Mitgefühl für euch eure ganzen Probleme. Ich gebe zu, dass es in der Welt auch andere Leute gibt, die euch lieben und mögen, aber nicht so sehr wie der Meister! Außerdem haben sie keinerlei Kompetenz, euch zu helfen. Die Meisterkraft aber hat neben Liebe und Mitgefühl für euch auch noch die Mittel und Wege zu helfen...

Gebt eure Seele Gott

25. Juni 1998, Morgensatsang Oregon, gekürzt

Ihr habt Glück, dass ihr hier auf dieser Welt seid, die von Gott zu einem ganz besonderen Zweck erschaffen wurde. Was ist dieser besondere Zweck? Der Mensch befindet sich hier in Gesellschaft mit anderen Lebewesen. Auch sie bewegen sich auf Gott zu - auf ihre eigene Weise. Das von Gott geschaffene, für alle gültige System sieht vor, dass alle Seelen, wo sie auch sein mögen, sich nach oben wenden und wachsen. Gemäß der indischen Mythologie gibt es etwa 8,4 Millionen Lebensarten, bis hin zu Bäumen und Pflanzen und sogar noch darunter.

Doch alle müssen sie in einem Leben sterben, um ein anderes, höheres Leben zu erhalten. Auf diese Weise sollen sie sich während des Evolutionsprozesses, der Millionen Jahre dauern kann und der auch eine sehr beschwerliche Reise bedeutet, immer weiter entwickeln.

Die letzte Stufe dieser Evolution ist schließlich der menschliche Körper. Er erhielt das Tor zum Reich Gottes. Hier (*der Meister zeigt auf die Stirnmitte*) befindet sich das Zentrum des Dritten Auges, das wir im allgemeinen als ‚Tor zum Reich Gottes' bezeichnen. Aus diesem Grund wurden die Menschen aufgefordert: „Tretet ein durch die schmale Pforte."

„Tretet ein durch die schmale Pforte, denn schmal ist das Tor und eng ist der Weg, der zum Leben führt." Zweifellos ist das nicht so einfach. Der heilige Kabir hat gesagt, dass diese Größe ungefähr einem Zehntel eines Senfsamens entspricht. Ein Senfsamen ist, glaube ich, kleiner als ein Millimeter! Diese Tür, durch die die Seele gehen muss, um das Reich Gottes zu betreten, ist also ein Zehntel von der Größe eines

Senfkörnchens. Wie fein und subtil müssen wir da werden, und das ist nicht so leicht.

Dem Menschen stellt sich da die Frage: „Wie kannst du durch diese winzig kleine Öffnung gelangen, wenn du hier in deinem Ego zu einem Elefanten wirst?" Sagen wir nicht: „Ich bin der und der. Ich bin groß, ich bin einflussreich. Ich bin groß, ich bin mächtig." Jeder sagt das, sogar die Kinder! Wenn die Gemüter, die auf den Seelen lasten, so groß, so mächtig und egoistisch sind, wie können sie da zu diesem Weg des Lebens hindurchlangen? Das wird unmöglich.

Mein Meister pflegte zu sagen: „Erstens Demut, zweitens Demut, drittens Demut" - und nur Demut: „Ich bin der Niedrigste. Ich bin der Schwächste. Ich bin der Schlechteste von allen." In einem öffentlichen Gespräch sagte jemand zum heiligen Kabir, dass es auf dieser Welt Leute gibt, die schrecklich böse und negativ sind. Da entgegnete der heilige Kabir: „Gibt es jemanden, der schlechter ist als ich? Ich spüre, dass ich der Schlechteste von allen bin."

Warum hatte er dieses Gefühl? Weil das Gemüt im allgemeinen nicht die Neigung hat, auf seine eigenen Fehler, Unzulänglichkeiten und Schwächen zu schauen, sondern das Negative in den anderen hervorzuheben. Das ist die Natur des Gemüts bei allen weltlichen Menschen. Doch der Gemütszustand der Heiligen und Meister ist nicht so, weil diese zuerst sich selbst betrachten. Nachdem sie sich ganz gereinigt haben, schauen sie auf ihre Umgebung und haben das Gefühl: „Ich bin wirklich zu schlecht und zu negativ, ich bin vollkommen unfähig, weil ich diese Leute nicht reinigen konnte. Ich konnte sie nicht bessern!" Daraus ergibt sich die Aufgabe, anderen in Liebe zu dienen.

Wann entwickelt sich das Gefühl, anderen dienen zu wollen? Wenn die Seele erweckt wird. Solange das Gemüt da ist, wird es immer wollen, dass die anderen ihm dienen. „Die anderen sind alle für mich da. Sie sollen ruhig leiden und sterben, wenn ich dafür herrlich leben kann." So redet die Natur des menschlichen Gemüts. Doch wenn die Seele erweckt wird und das Gemüt unter die Herrschaft der Seele gezwungen wird, heißt das, dass das Gemüt keinen eigenen Willen und kein eigenes Empfinden mehr hat. Es verliert seine egoistische oder negative Natur restlos und ordnet sich dem Willen Gottes unter, der durch die Seele wirkt und dann möchte die Seele jedem dienen. Erst wenn allen geholfen wurde, möchte auch sie selbst etwas haben - Dienen vor Eigennutz. Diese Einstellung entspricht ihrer Natur. Alle Lebewesen haben ihre eigene Natur.

Was ist also die grundlegende Natur des Menschen? Die anderen Lebewesen können nicht gewandelt werden, sie entwickeln sich von selbst im Laufe ihres Evolutionsprozesses, bis sie den menschlichen Körper erlangen. Der menschliche Körper ist wahrhaft ein Fegefeuer, eine Art ,System', das sich selbst reinigen muss, um zu etwas zu werden, und diese Welt gleicht einem Krankenhaus, einem Krankenhaus für den Menschen, nicht für die anderen Lebewesen. Der Mensch muss in den oberen Teil des Körpers Einlass erhalten, wo Gott mit all seinen Heilmitteln und seiner Fürsorge wohnt. Er wird sich um den Menschen kümmern und ihm helfen und dienen.

Wie können Kranke Kranken helfen? Das ist nicht möglich, weil Kranke eben krank sind und weder die Medizin noch das Problem kennen. Sie kennen noch nicht einmal die Krankheit und können sie nicht diagnostizieren. Wie sollen sie sich da gegenseitig helfen? Aber immer noch meinen wir, dass es Leute gibt, die anderen helfen. Es ist nur so, dass manche Patienten in einem Krankenhaus besonders schlimm erkrankt sind und sehr leiden, während andere ein bisschen weniger leiden und es verstehen, jemandem in einem sehr schlimmen Zustand ein wenig Erleichterung zu verschaffen. Vielleicht können sie sich auch gegenseitig helfen, aber eigentlich ist dies nicht so vorgesehen. Gott ist der einzige vollkommene Handelnde. Es gibt nichts, was in Gott unmöglich ist.

In Innersten wisst ihr das sehr gut, aber ihr glaubt es nicht, weil ihr keinen Kontakt zu ihm habt. Wir und Gott, wir haben uns nicht wirklich von Angesicht zu Angesicht gesehen. Deshalb spüren wir seine Existenz nicht oder glauben noch nicht einmal an seine Existenz oder an seine Fähigkeiten. Ist dieser Glaube aber glücklicherweise vorhanden, sind wir wirklich wunderbar, denn dann haben wir etwas gefunden, das ganz wundervoll und angenehm ist. Alle unsere Probleme und Schwierigkeiten sind verschwunden, und es wird auch nie mehr welche geben. Denn „Gott wird abwischen all ihre Tränen, es wird keine Sorgen, Schmerzen, Nöte, Leiden und keinen Tod mehr geben", da er alles in der Hand hat. Aber auf dieser Welt gibt es eine solche Einrichtung nicht. Selbst die Könige und Kaiser mit ihren königlichen Vorkehrungen konnten ihren eigenen Tragödien nicht ausweichen. Wie können sie da anderen helfen?

Wenn es eine Hilfseinrichtung gibt und wir damit in Kontakt kommen und daran glauben, so ist das das höchste und größte Privileg. Doch unser Gemüt steht zwischen uns und der Gotteskraft und lässt es niemals zu, dass wir an sie glauben und mit ihr in Kontakt kommen. Wir sollen nur in dieser Wildnis umherirren, die voller Leiden, Probleme, Sorgen, Krankheiten, Alter, Schwäche und jeder Art von Feindseligkeit, Verrat, Falschheit und Lügen ist. Nur Schrecklichem und Hartem müssen wir in die Augen schauen, und niemand ist in der Lage, dem standzuhalten. Niemand ist davor sicher. Jeder leidet, der eine mehr, der andere weniger. Nur in der Intensität des Leidens unterscheiden wir uns voneinander. Hier ist das Tal des Todes, wo das Böse mit Leiden regiert - immer noch regiert.

Was ist nun die Aufgabe des Menschen? So wie ich die Sache sehe und einschätze und wie ich es auch von meinem Meister und aus den Schriften weiß, können wir der Negativkraft die Herrschaft abnehmen, so dass das Böse niemanden mehr beherrschen kann. Auch in der Bibel heißt es: „Dem, der überwindet, werde ich Macht geben über die Völker." Was bedeutet diese ‚Macht'? Was muss der Mensch ‚überwinden'? Wem oder was unterliegt er noch? Dem mentalen System, der mentalen Herrschaft seines eigenen Gemüts. Wer muss überwinden? Wir selbst als Seele. Wir befinden uns jetzt als Seele unter der Herrschaft des Gemüts, und das Gemüt ist die Einrichtung, die nur dazu dient, die Herrschaft des Bösen zu begründen, und wir müssen unter der Herrschaft und Kontrolle des Bösen leiden.

Die Aufgabe des Menschen ist es nicht, sich dem Bösen unterzuordnen, ihm nachzugeben und entsprechend der jeweiligen Situation mit den Mitteln und Wegen dieser Welt weitermachen. Wozu ist denn Gott da? Warum sind die Vorkehrungen seines Reiches da? Genügen sie denn nicht für den Menschen und alle anderen Lebewesen dieser Welt? Alle Lebewesen sollten sich an dem erfreuen können, was der Mensch durch seine Anstrengungen schafft. Wie ein Vater für seine Familie ist der Mensch die verantwortungsvolle Institution hier auf dieser Welt, die die ganzen Leiden und Sorgen aller Lebewesen beseitigen kann. Wir haben die Macht, aus der Kontrolle des Gemüts herauszukommen und in Verbindung mit unserer Seele, mit Gott und den Vorkehrungen des Reiches Gottes treten zu können. Das ist etwas ganz Natürliches.

Wenn wir Gott und das Reich Gottes finden, sind all unsere Probleme gelöst. Welche Anstrengungen müssen wir dafür unternehmen, unsere Verbindung mit Gott und dem Reich Gottes immer stärker und stärker zu entwickeln. Schließlich müssen wir eins mit Gott werden. „Seid vollkommen, wie euer Vater im Himmel vollkommen ist." Das ist mit ‚überwinden' gemeint. Dann gibt es keine Herrschaft des Gemüts und keine Abhängigkeit von der Materie mehr, und wir haben direkten Zugang zu unserem Vater, Gott. Er ist immer bei uns und wir sind immer bei ihm. Er wird bei uns wohnen und wir bei ihm. Er wird unser Gott sein, der verantwortlich ist und sich seiner Verantwortung auch bewusst ist. Das Reich Gottes liegt ‚auf der Hand'. Es ist nicht weit weg, so dass wir uns anstrengen müssten, um es zu erreichen. Es liegt einfach auf der Hand. Wir werden in der Lage sein, über die Völker zu herrschen. Wo wird der andere Herrscher sein? Er wird nicht mehr sein. Er wird zum Sklaven werden, ein Diener unter unserer Herrschaft, denn die Herrschaft kann nur in einer Hand sein, nicht in zwei Händen. Das wird nicht funktionieren. Diese Welt wurde vorübergehend von der negativen Kraft übernommen - vorübergehend. Nicht auf Dauer!

...Die Meister haben gesagt, dass Gott der Handelnde ist. „Alles wurde durch ihn geschaffen. Es gibt nichts, das geschaffen ist, was nicht durch ihn geschaffen wurde." Selbst jetzt werdet ihr, wenn ihr darüber nachdenkt, sagen, dass Gott der Handelnde ist. Wer bringt die Fingernägel hervor? Die Nägel und die Haare wachsen, die Nahrung wird verdaut, das Blut strömt und das Herz schlägt. Wie schlägt das Herz? Was ist das für ein Phänomen, dass das Herz schlägt? Ist eine Maschine im Herzen, in die ihr Energie oder Benzin hineingebt, damit sie arbeitet und das Herz schlägt? Die Atmung geht weiter. Die Luft strömt in die Lunge ein und aus und wieder ein. Im Mutterschoß war sie nicht da, sie setzte erst bei eurer Geburt ein. Wer traf die Vorkehrungen für das, was im Mutterschoß vor sich ging? Und wer trifft später die Vorkehrungen, wenn wir als Kind den Schoß der Mutter verlassen? Haben unsere Mutter, unser Vater oder wir selbst etwas davon gemacht? Nein, diese Gabe besitzt kein Mensch, denn „alles wurde durch Ihn geschaffen. Es gibt nichts, was geschaffen ist, das nicht durch Ihn geschaffen wurde." Wenn die Jungen sechzehn oder siebzehn Jahre alt sind, wächst ihnen ein Bart. Warum? Die Männer müssen sich täglich rasieren, warum kommt der Bart immer wieder? Gibt es eine dauerhafte Abhilfe dafür? Nein, denn die Dinge unterliegen einer anderen Macht und diese Macht ist die einzige, die alles zu tun vermag, die alles tun kann. Daran hätten wir denken und glauben und uns halten sollen.

Meine Lieben, es ist nie zu spät. Wir sollen uns nicht um die Vergangenheit kümmern! Wir sollten uns darum kümmern, warum wir jetzt noch leiden. Gibt es keine Vorkehrung zum Glücklichsein? Wenn euch jemand diese Frage stellt, werdet ihr sagen: „Es gibt kein Mittel dafür. Du wirst leiden müssen." Ihr glaubt immer noch nicht, dass Gott der Handelnde ist und welche Fähigkeiten er hat. Wir stehen immer noch unter der Täuschung, dass diese Welt so ist. Wir sagen noch nicht einmal, dass das Böse herrscht und alle Leiden schafft. Wir sagen: „So ist das Leben eben. Daran kann man nichts ändern. Das muss so sein." So ist der Zustand unseres Herzens und Gemüts.

Wir haben eine sehr pessimistische Sicht der Dinge, wir können nicht optimistisch sein. Die optimistische Denkweise ist einzig eine Sache der Seele, und die pessimistische Denkweise kommt vom Gemüt. Wir haben nicht damit begonnen, mit der Seele zu arbeiten. Wir haben bis jetzt nur mit dem mentalen und physischen System und allen äußeren weltlichen Vorkehrungen gelebt. Wann kommt die Zeit, wo wir mit unseren Seelen arbeiten können? Wann wird das sein? Das ist eine Frage an euch alle. Einige von euch haben sogar schon mein Alter erreicht und sind vielleicht schon über siebzig oder fünfundsiebzig, andere sind jünger, aber alle stehen immer noch unter der Kontrolle des Gemüts. Keiner arbeitet als Seele, und solange wir nicht als Seele arbeiten, besteht keinerlei Hoffnung.

In allen Schriften wurde dem Menschen die große, unerbittliche Frage gestellt: Was hilft es dir, wenn du alles erhältst? Du bist Arzt, Ingenieur, ein großer Politiker, Wissenschaftler, Techniker, Mechaniker und hast alles Wissen und alle Weisheit der Welt. Du hast alles - alle Diamanten, Juwelen und allen anderen Reichtum, einfach alles auf dieser Welt - aber wird es dir helfen? Wird es dir von irgendeinem Nutzen sein? Die Antwort ist: Nein. Was wird euch helfen? Was ist nützlich für euch? Wenn ihr eure Seele findet. Habt ihr eure Seele gefunden? Das könnt ihr nicht behaupten. Ihr werdet nur sagen: „Mein Gemüt fühlt sich so und so, mein Körper so und mein Intellekt entscheidet sich so oder so." Ihr habt nur Zugang bis zur Ebene eures Körpers, Intellekts und Gemüts.

Die Seele gehört nicht zu eurem Leben. Ihr könnt nicht sagen, was eure Seele fühlt oder entscheidet. Ihr könnt nicht sagen, wie die Vorkehrungen eures Gottes sind, die Vorkehrungen ‚eures' Reiches und dass ihr in der Lage seid, etwas nach eurem Willen einzurichten. Solange das nicht erreicht ist, habt ihr eure Seele nicht gefunden.

Wo wird die Seele gefunden? In jener großen Existenz, im Schoß Gottvaters und im Reich Gottes, denn die Seele gehört zur Familie Gottes. Sie trägt das Siegel Gottes. Sie gehört Gott. Deshalb wurde uns gesagt oder geboten: „Gebt sie Gott." Gebt sie Gott, dem sie gehört und wo sie sich wirklich erfreuen kann, ebenso wie Körper, Gemüt und Intellekt und die ganze Welt.

Wir werden in der Lage sein, den Willen Gottes hier herunterzubringen. Und wenn Gottes Wille in diese Welt kommt, heißt das, dass Gott herrschen wird und alle anderen nicht mehr herrschen, sie haben nur zu gehorchen. Dann wird es keine Herrschaft des Bösen geben und wenn es keine Herrschaft des Bösen gibt, wird es auch kein Leid mehr geben...

Ihr habt alles von eurem Meister erhalten. Jetzt müsst ihr an dieser Sache, dem heiligen Licht und Ton, arbeiten. Damit werdet ihr vollkommen. Ich habe euch das Reich Gottes und die schöpferische Kraft übergeben. „In ihm war das Leben und das Leben war das Licht des Menschen. Alles wurde durch ihn geschaffen. Es gibt nichts, das geschaffen ist, was nicht durch ihn geschaffen worden ist." Dieser Tonstrom besitzt die volle Macht, alles zu tun und zu erreichen. Macht weiter damit, macht weiter!

Mein Meister pflegte zu sagen: „Ihr seid die Kinder eines Vaters, der Millionen Schöpfungen - Sonnensysteme, den Mikrokosmos und Makrokosmos - in nur einem Augenaufschlag erschaffen hat." Er hat nicht lange gebraucht, keine großen Vorkehrungen und Bemühungen eingesetzt, sondern: „Er sprach und es geschah." ‚Sprach' heißt, dass er nur daran dachte und diese gedanklichen Schwingungen waren so mächtig, dass alles ins Sein trat, als er daran dachte.

Könnt ihr, da ihr die Kinder Gottes oder von derselben Essenz wie Gott seid, nicht einmal eine kleine Welt wie diese hier erschaffen, die ein Nichts ist in der Schöpfung Gottes? Könnt ihr nicht eine einzige solche Welt erschaffen? Doch es ist möglich, der Mensch hat die Fähigkeit dazu! Er kann sie erschaffen. Aber wann? Wenn er damit beginnt, mit der Seele zu arbeiten und eine vollständige Verbindung mit den höheren Bindegliedern des Tonstroms besitzt und wenn auch sein ganzer Körper voller Licht ist. Euer ganzer weltlicher Körper wird von Licht erfüllt sein, und ihr werdet die Kontrolle über alle Engel und andere Mächte haben. Ihr werdet alle Macht haben, die Gott hat, und alles erschaffen können...

Jede Zelle unserer Existenz stammt von Gott. Was ist dann mit dem zu tun, was Gott geschaffen hat? Wir sollten ihn fragen: „Was sollen wir tun? Wozu wurden wir bestimmt? Zu welchem Zweck wurden wir geschaffen? Lass uns von nun an jeden Augenblick von dir geführt werden. Lass uns jeden Augenblick von dir geführt werden, damit wir deinen Willen tun. Dein Wille möge uns jeden Augenblick gegenwärtig sein."...

Wenn der Meister Seelen initiiert, bettet er seine strahlende Gestalt in jeden ein, in die Seele eines jeden einzelnen. Warum tut er das? Weil er alle 24 Stunden bereitstehen will. Immer wenn ihr eine Schwierigkeit oder ein Problem habt, wendet euch einfach nach innen und er ist da. Ihr könnt um alles bitten. Er kennt euer Herz und er wird euch jeden einzelnen Augenblick sagen, was zu tun ist...

Wir aber haben diese grundlegende Lebensweise nicht verstanden, die uns bekannt ist und an der wir hätten arbeiten sollen, um unser Leben wirklich genießen zu können. Unser Gemüt war erfolgreich darin, uns von allen Anweisungen des Meisters und dieser grundlegenden Lebensweise fernzuhalten, die uns von Gott gegeben wurde, damit wir unsere Leiden beenden. Wir hätten unsere Leiden beendet! Das konnten wir nicht und deswegen hat der Meister den meisten Grund, traurig zu sein, denn es liegt in seiner Verantwortung, dass die Familie eine glückliche Familie ist. Warum war der Vater nicht in der Lage, die Herzen seiner Angehörigen zu erobern, warum wollten sie ihm nicht glauben, warum glauben sie den anderen mehr? Seine Verantwortung bleibt. Der Meister muss seine Verantwortung ebenfalls akzeptieren. Wenn es euretwegen Schwierigkeiten oder

Probleme gibt, muss er die Verantwortung dafür übernehmen: „Ich muss alles auf mich nehmen. Solange sie mir nicht wirklich folgen und an mich glauben und solange sie nicht wirklich glücklich sind mit dem Leben, das sie erhalten haben, bin ich für sie verantwortlich. Ich muss an ihnen arbeiten und arbeiten." Wenn ihr mit ihm zusammenarbeitet, ist das wirklich eine wunderbare Sache.

Wenn ihr auf dieser Welt einen Meister findet, lasst alles liegen und stehen! Besonders im Adi Granth wurde ausgeführt, dass ihr, wenn ihr einen Meister findet, ihm einfach alles - euren ganzen Körper, euer ganzes Gemüt und all euren Besitz - zu Füßen legen sollt. So wie es in Indien und anderen asiatischen Ländern Tradition ist, sich vor einem Meister bis zum Boden zu verbeugen. Dieser Brauch hat allerdings keine Bedeutung. Aber diese Geste bedeutet: „Hier hast du mein ganzes Gemüt, meinen Intellekt und meinen Besitz. Ich übergebe dir alles. Was du sagst, werde ich tun. Was du mir gibst, werde ich zu mir nehmen. Alles, was ich besitze, gehört dir. Auch mein Gemüt wird tun, was du sagst, mein Körper wird tun, was du sagst und mein Intellekt steht dir ebenfalls zur Verfügung. Er wird befolgen, was du sagst. Alles, was ich habe, werde ich deinen Anweisungen entsprechend benutzen. Ich habe dir alles, wirklich alles übergeben. Von nun an sollst du mich lenken, und ich werde deinen Willen ausführen. Dein Wille ist das oberste Gebot für mich und der Wille meines Gemüts und Intellekts wird keine Kraft mehr haben."

Er versichert euch: „Wenn du mir auf diese Weise gehorchst, werde ich auch für dich verantwortlich sein, denn du wirst bei mir und ich bei dir sein. Du wirst dich an mir erfreuen, und ich werde dich nicht mehr leiden lassen, denn ich habe keine Leiden bei mir. Wenn du zu einem anderen gehst, der leidet, erhältst du Leiden. Wie kannst du aber leiden, wenn du bei mir bist, wo es keine Leiden gibt?" Das leuchtet ein.

Woher habt ihr eure Leiden und Probleme? Von jemand anderem. Von eurem Gemüt, von der Welt, die immer noch von der Negativkraft beherrscht wird. Was ist mein Wunsch? Dass ich oder besser gesagt ihr das Reich dieser Welt und der drei Welten übernehmt. Im Adi Granth heißt es, der Meister wird denjenigen, der ihm folgt, dazu befähigen, alle drei Welten zu beherrschen. Die Negativkraft herrscht nur in den drei Welten, weil sie alle drei miteinander verbunden sind. Solange wir nicht die Kontrolle über die drei Welten übernehmen, besteht keine Möglichkeit für uns, die Weltlage zu beherrschen, denn die Ursache für alles, was hier geschieht, liegt in der Kausalebene. Deshalb heißt sie auch „Kausalebene". Wir müssen alle Ursachen dort in den Griff bekommen, damit sich die Auswirkung der von uns neu eingerichteten Systeme hier zeigt und alles gut funktioniert. Dann stimmt die Richtung.

Die Machtverhältnisse müssen von Grund auf geändert werden. Das ist die Vorkehrung und der einzige Weg, wie wir die Weltlage ändern und sich alle erfreuen können. Gott ist für seine gesamte Schöpfung da - nicht nur für die Menschen, sondern auch für die niederen Lebewesen. Weil er seine Verantwortung kennt, hat er die Vorkehrungen getroffen. Doch die Durchführung muss von euch ausgehen, denn ihr habt alle Fähigkeiten dafür erhalten und wurdet im Inneren mit allem ausgestattet, so dass ihr euch und auch alle anderen Lebewesen glücklich machen könnt - und das für alle Ewigkeit.

Warum reise ich also herum, hierhin und dorthin? Weil ich Hoffnung empfinde. Es gibt Hoffnung und die Situation kann sich ändern. Wenn wir daran arbeiten, wird die Hoffnung zur Wirklichkeit. Die Wahrheit wird sich offenbaren und allmählich stärker werden. Wenn das Licht ein wenig aufgeflackert ist, wird es zunehmen, bis keine Dunkelheit mehr in dieser Welt herrscht. Wir müssen nur Geduld haben und optimistisch sein und mit unseren Bemühungen weitermachen, durch die wir alle Dunkelheit in Licht und alle Leiden in Freuden verwandeln können. Mit der Zeit wird das Wort ‚Leiden' in dieser Welt nicht mehr vorkommen...

Der Mensch ist also groß, wirklich groß und stark, aber nur, wenn er auch versteht, wie groß er wirklich ist und werden kann - nicht durch seinen Körper, nicht durch weltlichen Reichtum oder Besitz, sondern durch seine Seele, verbunden mit seinem Gott in seinem eigenen Reich. Ihr seid so groß wie euer Vater im Himmel, so heilig wie er und so wundervoll wie er. Da besteht kein Unterschied. „Ich und mein Vater sind eins." So sollte es sein und das ist es also, wofür ich kämpfe. Bemüht auch ihr euch, das zu verstehen und dafür zu arbeiten! Dann können wir erfolgreich sein und das Ziel unseres Lebens erreichen.

Die Zugeständnisse des Meisters

26. Mai 1998, Morgensatsang Jesolo, Auszug

...Ihr wurdet mit großer Bestimmtheit aufgefordert: „Sucht zuerst nach dem Reich Gottes, alles andere wird euch dazugegeben." Gott sagt: „Ihr, das heißt jedermann kann innen alles von mir haben, was selbst Könige und Kaiser mit ihren weltlichen Möglichkeiten nicht haben." Alle heiligen Schriften entsprechen der Wahrheit. Ich bestätige euch das und bin mir dessen ganz sicher. Bücher können euch jedoch die Dinge nicht so klar vermitteln, wie wenn ihr sie selbst erfahrt. Deshalb gibt euch der Meister eine direkte Verbindung zu eurem eigenen höheren Selbst und sagt: „Geht, macht Erfahrungen, erkennt, verwendet und genießt!" Doch Gemüt und Materie haben eine Atmosphäre in dieser Welt geschaffen, dass die Menschen den Worten des Meisters nicht glauben können.

Auch mein Meister pflegte uns das Phänomen zu beschreiben, dass ein vollkommener, kompetenter Meister, der von der Gotteskraft in diese Welt gesandt wird, von hundert Nachahmungen umgeben sein wird, die ihm gleichen, damit niemand zu ihm gelangt und alle Menschen von den falschen Meistern aufgegriffen werden. Die armen, leidenden Seelen finden keinen Ausweg, weil sie nicht überprüfen können, wer der wahre Meister und wer ein Betrüger ist. Durch die Gnade Gottes werden jedoch viele von ihm zum wahren Meister geführt. Das ist der einzige Weg. Mein Meister betete stets zu Gott: „Bitte hilf mir, dass ich einen wahren Meister finde! Wenn ich einem Betrüger in die Falle gehe, wäre mein ganzes Leben zerstört." Es gibt wirklich keinerlei Möglichkeit einer Überprüfung. Manche Kriterien funktionieren bis zu einem gewissen Grad, aber nicht wirklich. In den Schriften steht geschrieben, dass Gott, wenn wir zu ihm beten, Mitleid mit uns hat und uns helfen wird. Dann bringt er uns zu einem wahren Meister, oder der Meister wird zu uns gebracht.

Aber zunächst einmal ist es eine sehr seltene Gelegenheit, wenn wir uns als Seele im physischen Körper befinden. Es gibt zahllose andere Lebensformen, die in dieser Welt und auch in den anderen Regionen nur leiden. Wir dagegen sind vollständig: Nicht nur diese Welt, sondern auch die astrale und kausale Welt, ja das gesamte Reich Gottes sind in uns enthalten. Doch wieviele Menschen der etwa fünf Milliarden großen Weltbevölkerung, die das Glück haben, im physischen Körper zu sein, sind so glücklich, mit ihrem höheren Selbst in Kontakt zu kommen? Sie haben wahrhaft das Privileg erhalten, das für den Körper eines Menschen vorgesehen ist. Wenn wir dann immer noch unseren physischen Körper lieben und der Welt durch unseren Körper und unser Gemüt verhaftet sind, sind wir nicht anders als die Tiere. Nachdem wir also den physischen Körper eines Menschen erhalten haben, müssen wir uns die Chance, die er uns gibt und nutzen, und uns als Seele durch einen wahren Meister mit dem heiligen Licht und Ton verbinden lassen...

Meine Lieben, wenn Gott und der Meister euch alles gegeben haben, warum konntet ihr es dann nicht begreifen? Diese Frage stelle ich euch aber nicht. Immer noch möchte ich mir selbst die Schuld geben: „Du bist nicht stark genug gewesen, du konntest es deinen Kindern nicht begreiflich machen." Doch der Meister hat eigentlich alles getan. Ihr wisst vielleicht, dass die früheren Meister hart und streng waren, und nur sehr wenige konnten ihnen nachfolgen. Wenn ihr die Lebensgeschichte von Baba Sawan Singh lest, könnt ihr feststellen, dass er die Bedingungen im Vergleich mit früheren Meistern sehr stark aufgelockert hat. Mein Meister war noch viel nachgiebiger als er.

Ich habe das Gefühl, dass ich nicht noch nachgiebiger sein kann, da ich bereits sehr viele Zugeständnisse gemacht habe. Ich habe sogar vielen Initiierten, die solche Positionen nicht verdienen, die Vollmacht zum Abhalten von Satsangs und auch zur Durchführung von Initiationen erteilt. Wieviel Arbeit und Belastungen muss der Meister auf sich nehmen, um diese Zugeständnisse erteilen zu können! Aber er hat solch ein Herz, dass er alles ertragen kann, und er hat auch die Kraft, alles zu erreichen. Er ist in der Lage, das aufrechtzuerhalten, was er einmal in Gang gesetzt hat.

All die Zugeständnisse und Vollmachten, die in der Vergangenheit nicht möglich waren, wurden euch erteilt, doch dies geschah unter voller Kontrolle und nichts ist geschehen, was irgendein Problem schaffen könnte. Was der Meister tun kann, hat er getan und wird er tun, - was ihr aber tun sollt, wurde euch erklärt. Es entspricht der Wahrheit, wenn ich sage, dass alles, was ihr jetzt noch an Problemen, Sorgen oder Krankheiten durchmacht, nur auf eure Trägheit zurückzuführen ist. Es gibt nichts, was der Meister euch vorenthalten hätte. Ich kann es euch beweisen. Von den zweitausend Initiierten, die in Indien bei mir meditieren, kann behauptet werden, dass sie meine Anweisungen wirklich befolgen. Ich werde euch zeigen, was sie sind, welch große Freude und welch großer Segen sie für die Welt darstellen. Ich möchte einige Initiierte, die sich an meine Worte halten, meine Schüler nennen können. Von euch kann ich behaupten, dass ihr Schüler eures Gemüts seid - bessere Schüler eures Gemüts als Schüler von mir, weil ihr alles tut, was euer Gemüt sagt. Ihr tut auch etwas, was ich sage - aber nur manchmal.

Gut, meine Lieben, ich bin dennoch geduldig, ich habe immer noch Hoffnung, und ihr werdet auch meine Schüler sein. Die Zeit wird kommen, da ihr nur noch meine Schüler sein werdet, und ich nicht werde sagen müssen, dass ihr

‚auch' meine Schüler seid. Dieses Wörtchen ‚auch' kann man dann weglassen, und ich werde mich sehr glücklich fühlen und auch ihr werdet glücklich sein. Euch wird es gutgehen und mir ebenfalls. Meine Lieben, die Zeit vergeht so schnell! Was ihr zu tun habt, hat euch der Meister genau erklärt. Jede Hilfe ist da, aber seid nicht säumig! Die Worte des Meisters sind Licht, um euch euren wahren Weg zu zeigen und einzig und allein das, was er euch innen gegeben hat, ist eure Nahrung, euer Gefährte, eure Familie. Also bitte, bitte arbeitet daran! Dadurch werde ich euch zu größtem Dank verpflichtet sein - und im übrigen dient es ja dazu, euch zu segnen.

„Ich bin bei dir und du bist bei mir"

7. Juli 1998, Abendsatsang Los Angeles, gekürzt

Meine lieben Schwestern und Brüder, wir haben so viel erfahren und so viel herausgefunden, wir haben so viele Entdeckungen gemacht - doch nichts konnte uns endgültig zufriedenstellen. Weiterentwicklung war immer das Hauptthema der menschlichen Rasse. Warum ist das so? Warum konnte sich der Mensch nicht an einem bestimmten Punkt zufriedengeben? Weil ihn der dringende Wunsch treibt, den Ort zu erreichen, der der seine ist. Uns ist diese Sehnsucht nicht richtig bewusst, aber sie besteht. Wir denken nur, dass Gemüt, Körper und Intellekt etwas wissen, empfinden oder erkennen. Aber hinter Gemüt, Körper und Verstand wirkt etwas anderes, das ruhelos ist, das keine Befriedigung finden konnte.

Als erstes wünscht sich der Mensch ewiges Leben, denn er denkt: „Ich möchte nicht sterben." Der Tod flößt uns Furcht ein, und wir haben Angst vor ihm. Warum streben wir nach einem ewigen Leben, obwohl es uns nicht möglich ist? Jedenfalls nicht auf der Ebene von Körper, Gemüt und Intellekt.

Unser zweites Verlangen ist, dass uns niemals Leid widerfährt. Aber in dieser Welt gab es niemals eine Zeit ohne Leiden, denn diese Welt besteht aus Leid. Hier ist das „Tal des Todes, wo das Böse mit Leiden regiert", und darum ist das Leben hier so, dass wir leiden müssen.

Als nächstes wollen wir immer stark sein, voller Kraft und ohne Schwäche, ohne je alt zu werden. Auch das ist nicht möglich.

Schließlich möchten wir auch Schönheit und Ausstrahlung besitzen. Das ist ebenfalls ein Verlangen, das weder vom

Körper noch vom Gemüt noch vom Intellekt stammt, denn sie können nicht so sein. Ist jemand in der Kindheit und Jugend schön, verliert er im Alter seine Schönheit, seine Stärke, seine Anziehung und sogar sein Gedächtnis. Die Schwäche überfällt ihn so, dass er nicht mehr leben möchte. Wo kommt dann diese Sehnsucht her, die uns denken lässt: „Ich möchte der Herrlichste sein" oder „Ich möchte die Schönste sein"?

Da gibt es noch etwas: ein Drängen in uns, das sagt: „Ich möchte herrschen. Keiner soll mehr Macht haben als ich. Keiner sollte mich nach meinem Warum, Wo und Wann fragen. Ich möchte mein eigenes großartiges, selbständiges Leben leben. Ich möchte alle kommandieren können, aber niemand mich." Das ist nichts Abartiges. Nur ein Vogel, der Flügel hat, wird auch fliegen wollen. Niemals kommt ein Tier ohne Flügel auf den Gedanken zu fliegen. Es will und muss auf der Erde leben. Nur die Vögel sind es, die fliegen wollen, weil sie spüren, dass sie Flügel haben und dass sie fliegen können. Bindet ihr einen Vogel an einen Stein und verhindert so, dass er fliegt, wird sein Leben trostlos und grausam sein. Lasst diesen Vogel frei, dass er fliegen kann, und er wird glücklich sein!

Wie steht es nun um den Menschen? Der Mensch wurde von Gott nach seinem eigenen Vorbild gemacht. „Gott schuf den Menschen nach seinem Bild, nach seinem Bild schuf er ihn. Und er machte sie, einen Mann und eine Frau." Das, wozu der Mensch zunächst von Gott geschaffen worden war, war wie Gottes eigenes Selbst. Der Körper hier wurde erst später dazugegeben.

Wie sieht Gottes Lebensweise aus? Gott ist ewig bestehend. Das ist der Grund, warum auch wir das Verlangen haben, ewig zu leben. Gott ist allmächtig und daher stammt unser Wunsch, Macht zu besitzen. Gott ist niemals alt, niemals schwach, niemals krank und deshalb wollen auch wir frei sein von Krankheiten, Problemen und Sorgen. Gott ist alle Ekstase, aller Friede, alles Licht, alles Wissen und alle Weisheit, und darum wollen auch wir dies alles erfahren. Es sollte nichts geben, das wir nicht wissen! Wir wollen alles besitzen, denn Gott besitzt auch alles. Gott ist wunderschön, von immer gleichbleibender Schönheit. Niemals hat er auch nur ein Prozent seiner Schönheit eingebüßt. Er ist beständig, denn er ist unwandelbare Dauer. Unsere Einstellung ist wie die eines Reichen, der reich sein möchte und nicht akzeptieren kann, arm zu sein. Der Mensch, der lebt, möchte niemals sterben, sondern immer und ewig leben.

Man muss und man sollte jenes grundsätzliche Leben finden, das für uns vorgesehen ist. Warum sollte der Mensch es nicht erreichen? Da beschwichtigt man uns und es heißt: „Ihr braucht das nicht. Seid wunschlos! Seid wunschlos!" Das wird in einigen Organisationen, Religionsgemeinschaften - besonders im Buddhismus - betont: „Seid wunschlos!" Wie könnt ihr denn wunschlos sein? Ihr habt Hunger, ihr habt einen Körper und werdet nach Essen verlangen. Wie könnt ihr da wunschlos sein? Ihr habt Durst, ihr braucht Wasser und müsst es bekommen. Wie könntet ihr ohne Wasser leben? Also werdet ihr Wasser verlangen. Ihr friert. Ihr müsst ein Dach über dem Kopf haben und Kleidung. Wie könntet ihr da wunschlos sein?

Was ist ein Wunsch wirklich? Was bringt ein Wunsch zum Ausdruck? Er benennt etwas, ohne das wir nicht existieren können. Und was ist das? Etwas, das sich nicht von selbst in unserem Leben einfindet, mit dem unser Leben nicht bedacht war...

Der Mensch, der als erster Schritt seiner Erschaffung gemacht wurde, war vollkommen. Das Gebot, das er damals erhielt, war dasselbe wie heute: „Sei vollkommen!" Und wie?

„Gleich wie dein Vater im Himmel vollkommen ist." Es heißt also nicht, dass ihr vollkommen oder zufrieden sein könnt durch das, was die Welt bietet. Der Mensch wurde nicht so geschaffen, dass er sich diese niedrige und harte Art des Vollkommenseins erkämpfen müsste. „Ein gekröntes Haupt ruht schlecht."

Jeder, der für etwas verantwortlich ist oder etwas weltlichen Besitz sein eigen nennt, wird immer wie auf Kohlen sitzen, wird niemals glücklich sein, niemals zur Ruhe kommen. Er wird stets in Sorgen und Problemen stecken...

In allen Schriften wurde sehr ausführlich betont: „Ihr seid Seele, und eure Seele trägt das Siegel Gottes. Gebt sie also Gott!" Gebt sie Gott! Und noch ein Gebot ist da: „Sucht als erstes nach dem Reich Gottes!" Sucht als erstes das Reich Gottes! Warum heißt es da nicht, dass ihr die Bewohner dieser Welt seid und diese Welt genießen und alles Weltliche sammeln sollt? Das wäre doch wirklich eine Freude für euch. Aber wir wurden gewarnt: „Was nützt es dem Menschen? Was nützt es dem Menschen, wenn er die ganze Welt gewinnt und doch Schaden an seiner Seele nimmt?" Das ist eine Warnung für uns. Es würde uns nichts nützen.

Wenn ihr leben wollt, so könnt ihr das auf die euch zugedachte, wunderbare und schöne Art und Weise im Reich Gottes mit Gott. Das ist sehr einfach, aber warum haben wir es ist noch nicht verstanden?

Ist nicht das, was Gott sprach, was Gott sagte, sehr wichtig, äußerst wichtig? Die Worte in den Schriften, sei es die Bibel oder irgendeine andere heilige Schrift, sind authentisch. Ist denn diese Authentizität nicht auch heute für uns nachprüfbar? Er, der vor zehntausend Jahren, vor eintausend oder zweitausend Jahren sprach, spricht er nicht auch jetzt? Ja, denn dies ist ein ununterbrochener Vorgang. „Wie er sprach durch den Mund seiner Heiligen und Propheten seit Anbeginn der Welt." Nach dem ersten Aufflackern menschlicher Existenz gab es hier auf dieser Erde keine Zeit, in der Gott nicht in einem menschlichen Körper erschien, um seine Botschaft direkt zu überbringen, seine Liebe zu vermitteln und seine Verwandtschaft und Freundschaft mit den Menschen zu entwickeln, damit sie als Familienmitglied mit ihm leben und sich seines Reiches und seiner selbst erfreuen.

Wenn es einen solchen Menschenkörper jetzt gibt, dann sollten wir ihn suchen. Wir sollten zu ihm gehen, wir sollten ihn finden. Gewöhnlich ist es so, dass der Meister euch erreicht und euch manchmal sogar ruft. Wenn ihr ihn ausfindig macht, geht zu ihm und ihr steht wirklich vor Gott und Gott spricht in ihm zu euch. Gott belehrt euch. Gott gibt euch jede Art von Segnungen und Liebe sowie alles, was ihr braucht. Er spricht nicht nur zu euch, sondern überschüttet euch in Fülle mit seinem Segen.

Allerdings besteht das Problem, dass die Negativkraft viele Kopien des wahren Meisters schafft. Wenn ein vollendeter, vollkommener Meister von Gott gesandt wird, so sendet die Negativkraft hundert Kopien, künstliche Meister, und für den unwissenden Menschen ist es schwierig herauszufinden, wer der wahre Meister ist. Das ist wirklich eine Schwierigkeit. Doch auch dafür gibt es eine Lösung. Betet zu Gott: „Bitte, führe mich dorthin, wo du wirklich bist."

Mein Meister berichtete immer von seiner eigenen Erfahrung. Er wusste, dass er einen Meister brauchte und dass ohne einen Meister das Leben des Menschen keinen Wert haben kann. Lebt man ohne einen Meister, bedeutet das nur Leiden während dieses Lebens und nach Verlassen des Körpers die Höllen. Um in dieser Welt leben zu können, muss man mit einem Meister verbunden sein, um nach dem Verlassen des Körpers mit ihm zu gehen, der uns versichert:

„Ich will euch nicht verlassen noch versäumen bis ans Ende der Welt." Hat der Meister einmal eine Seele angenommen, verlässt er sie nie wieder. Er bettet seine strahlende Gestalt in jede einzelne Seele und ernährt sie, hält die Verbindung aufrecht, stützt sie in einer beständigen Beziehung, einer nicht endenden Verbindung. Dann sagt er: „Ich werde dich nicht verlassen noch versäumen bis ans Ende der Welt. Meine Beziehung zu dir ist ewig, sie wird nie enden, zu keiner Zeit wird sie schwächer, sondern immer besser, immer höher, immer enger und enger werden, bis sie im Einssein mit mir endet." Das ist die Verantwortung des Meisters.

Mein Meister betete zu Gott: „Lass mich nicht in die Falle eines falschen Meisters geraten, denn ich kann es selbst nicht beurteilen, wer falsch ist. Nur mit deinem Segen werde ich mit einem wahren Meister Verbindung bekommen und ihn finden, um nach seinen Anweisungen zu leben und mich erfreuen zu können."

...Finden wir den Meister, also einen Menschen, in dem Gott selbst wirkt, wird dieser uns direkt mit dem Reich Gottes segnen und uns unmittelbar mit Gott verbinden und zu uns sagen: „Ich bin bei dir und du bist bei mir. Du wirst nie wieder sterben. Jetzt bist du ewig. Jetzt bist du Bewohner in Gottes Reich. Jetzt gehörst du zu mir." Dann könnt ihr mit Fug und Recht sagen: „Ich bin kein Bewohner dieser Welt, sondern vom Reich Gottes. Ich habe nichts in dieser Welt, auch keine Verwandtschaft. Ich bin mit Gott verwandt: Gott ist mein Vater, Gott ist meine Mutter. Er ist alles für mich, und ich bin Seele. Ich bin ein Kind Gottes. Ich bin im Reich Gottes in aller Herrlichkeit. Das Reich Gottes gehört mir. Er hat es mir mit allem, was darin ist, übergeben. Ich bin für niemanden zuständig und für nichts verantwortlich. Mein Vater vermacht mir alles aus seinem Reich, und ich brauche es nur zu genießen und mich in alle Ewigkeit zu erfreuen."

...Wenn der Meister euch mit der Verbindung zu Gott und seinem Reich segnet und ihr sie nicht entwickelt und auf euren alten Geleisen eures materiellen Lebens bleibt, leidet ihr weiter. Viele kommen zu mir und klagen darüber, und ich sage: „Euch fehlt nur die Meditation auf das heilige Licht und den heiligen Ton. Wenn ihr eure Meditationen regelmäßig ausführt, wird alles wunderbar sein." Worum ihr auch bittet, es wird euch gegeben werden. Was immer ihr sucht, werdet ihr - mit Gottes Hilfe - finden. Wenn ihr etwas von Gott erbittet, wird er alles dafür in die Wege leiten. Die Möglichkeiten seines Reiches werden euch mit allem versorgen. Es gibt nichts, das ihr von Gott und aus seinem Reich nicht erhalten könnt.

Bei Gott gibt es nur Licht, Leben, Wissen, Klugheit, allen Frieden, alle Herrlichkeit, alle Schönheit, alle Weisheit, alles nur Wunderbare, Freude über Freude. Es wird euch nicht gelingen, dort Leid, Problem, Sorge, Krankheit oder Tod zu finden, denn diese Dinge befinden sich nicht bei Gott.

...Wenn ihr als Seele mit Gott und seinem Reich verbunden seid, könnt ihr euch daran erfreuen, aber Körper, Gemüt und Intellekt sind ihrerseits mit eurer Seele verbunden und können dadurch ebenfalls Freude erfahren. Außerdem wird Gott sich um eure Verwandten und Freunde hier auf Erden kümmern, um eure Kollegen und um die anderen, die euch achten oder Zuneigung entgegenbringen.

Bei einem Eisenbahnzug ist ein Abteil direkt mit der Lokomotive verbunden, das nächste hängt schon nicht mehr direkt am Triebwagen, sondern an einem Waggon. Vielleicht hat dieser Zug hundert oder zweihundert Waggons, die nicht direkt mit der Lokomotive verbunden sind. Nur ein einziges Abteil ist direkt angekoppelt, die anderen in einer Kette hintereinander. Aber sie werden mit derselben Geschwindigkeit fahren, in die gleiche Richtung und haben alle Vorzüge dieser Eisenbahnlinie. Sie werden alle beieinander sein. Genauso ist es mit der inneren Verbindung. Wenn eure Seele mit Gott verbunden ist, dann werden Körper, Gemüt und Intellekt glücklich sein, eure Familie, eure Verwandten, eure Freunde werden glücklich sein und auch jeder, der sich wegen Schmerzen oder Leiden an euch wendet, wird ebenfalls Nutzen aus dieser Verbindung ziehen. Das ist eine ganz wunderbare Möglichkeit, die wir alle genießen können. Es ist das Gegenteil von dem, was in der Welt geschieht. Wer euch besucht, muss leiden, wenn ihr leidet. Seid ihr unglücklich, wird er eure Sorgen teilen müssen.

...Was brauchen wir? Was wollen wir? Freude und Glück. Wir wollen ewig leben. Wir möchten unveränderlich und beständig sein, so vollkommen wie Vater Gott. Nur wenn wir bei Gott zur Seele werden, werden wir unvergänglich und unsterblich sein. Wir werden wirklich nur dann alles haben, wenn wir zu Gott geworden sind. Nur dann sind wir wirklich schön und wundervoll, strahlend und herrlich. Wir werden über alle herrschen. Alles wird uns zu Gebote stehen, denn wir sind Gott. Wenn wir zu Gott geworden sind, werden wir alles wissen, nichts wird uns unbekannt und durch nichts werden wir angebunden sein.

Unser Leben liegt also allein bei Gott. Ist es denn nicht möglich, bei Gott zu sein oder Gott zu werden? Das ist die einfachste Lösung aller Schwierigkeiten. Das Problem, über das ihr euch den Kopf zerbrecht, nämlich wie man bei Gott und im Reich Gottes sein kann und wie man zu Gott werden kann, das ist überhaupt kein Problem! Jeder, der bisher zu mir kam - es waren bisher ungefähr 500 000 Menschen - hat durch die Gnade Gottes und die Gnade meines Meisters die Verbindung zu Gott und dem Reich Gottes erhalten.

...Ihr alle könnt mit Gott verbunden werden - auch die fünf Milliarden zählende Weltbevölkerung - das ginge an einem Tag. Wenn sie kommen, können sie diese Verbindung erhalten. Ich werde nicht um irgendeine Belohnung oder Bezahlung bitten. Alles, was im Namen Gottes geschieht, steht frei zur Verfügung. Wenn Gott euch liebt, dann fragt er nicht nach Zahlung oder Gegenleistung, nein, er wird euch eher dankbar sein. Er wollte euch haben und er litt wirklich darunter, dass ihr gelitten habt. Und so wird er glücklich sein, wenn ihr glücklich seid. Wenn ihr zum Meister geht, wird Gott euch dankbar sein und auch der Meister ist sehr glücklich darüber, dass er euch helfen und segnen kann und bei Gott einen guten Namen hat. Ihr werdet euch freuen, der Meister ist froh und Gott ist glücklich.

Es gibt eigentlich keine Schwierigkeit und kein Problem und ich verstehe nicht, warum die Menschen das nicht so empfinden. Wollt ihr denn nicht mit Gott verbunden sein? Wollt ihr nicht das Reich Gottes genießen? Stimmt es nicht, was ich sage? Unter euch befinden sich viele, die bereits initiiert sind. Aber das spielt keine Rolle, ihr solltet sagen: „Ich will diese Verbindung haben!"

Wenn ihr verbunden seid, werdet ihr diese Verbindung auch spüren. Funktioniert die Verbindung nicht, könnt ihr heimgehen. Ich werde nicht nach euch suchen. Ich werde euch nicht hier einfangen.

Ihr werdet durch mich keine Schwierigkeiten bekommen. Dies ist ein freies Geschenk für euch. Wenn ich euch Geld oder ein Geschenk anbiete und ihr nehmt es, habt aber später das Gefühl, dass es nichts taugt, und werft es weg - was spielt das für eine Rolle für mich? Ich habe euch etwas von mir aus gegeben. Wenn ihr es nicht behalten wollt und nicht glaubt, dass es Wert hat, könnt ihr es ja wegwerfen. Findet ihr es jedoch sinnvoll und nützlich und genießt es, dann könnt ihr euch weiterhin daran erfreuen. Für mich bedeutet es keine Schwierigkeit, ob ihr es behaltet oder wegwerft.

Ich lebe von meiner Pension. Ich bin Ingenieur der indischen Regierung, nun im Ruhestand und habe Besitz. Ich habe in Indien ein Haus und meine Familie. Ich kann dort einfach mein Leben genießen. Was treibt mich, hierhin und dorthin zu gehen, warum kämpfe und leide ich in meinem Alter Tag und Nacht? Ich kann mich nicht ausruhen! Wer rastet, der rostet. Also rastet nicht! Sucht ihr eure Ruhe, so geht in das Reich Gottes, dort könnt ihr entspannen. Hier ist das Tal des Todes, wo das Böse regiert. Hier habt ihr keinen Freund, keinen Wohltäter. Es gibt keinen, der euch Liebe entgegenbringt. Wenn es so jemanden gibt, dann bin ich das, meine Lieben. Ich liebe euch. Warum liebe ich euch? Weil ich euch liebe *(schmunzelnd),* und zwar bedingungslos!

...Die Beziehung der Liebe ist so wunderbar, so unendlich schön, dass ich deshalb Tag und Nacht, Tag und Nacht arbeiten muss. Und ich werde nicht zu Hause sterben können. Wenn ich sterbe, dann irgendwo unterwegs, vielleicht in Los Angeles, vielleicht in Santa Barbara oder in San Diego *(lachend),* aber nicht zu Hause. Vielleicht nicht einmal in Indien, sondern irgendwo in eurer Mitte, in meiner Familie der Liebe. Die gesamte Familie der Liebe gehört zu mir. Ich gehöre nicht Indien. Ich bin kein Inder - versteht ihr? Ich gehöre dem Reich Gottes und Gott an. Ihr seid auch nicht Amerikaner, Vietnamesen oder Inder. Ihr stammt auch aus dem Reich Gottes und gehört zu Gott. Deshalb sind wir enge Verwandte. Wir gehören zur selben Familie Gottes und zum Reich Gottes und so sollte auch unser Verhalten und unser Umgang miteinander sein - wie in der Familie Gottes, nicht wie in einer menschlichen Familie. So wie Gott wirkt, wie Gott lebt und wie Gott uns liebt, sollten wir einander lieben. In Liebe sollten wir einander dienen. Das ist das Gesetz. In Liebe! Welche Art von Liebe? In göttlicher Liebe, nicht mit dem Gefühl, einen Ausgleich dafür zu verdienen.

Manche Menschen möchten gern Dankbarkeit oder ein ‚Dankeschön' bekommen. Wenn ich jemandem einen Dienst erweise und er sagt nicht ‚Danke' zu mir, schaue ich ihn verwundert an und denke: „Was bedeutet denn das? Er hat sich nicht einmal bedankt." Was habe ich denn von dem ‚Dankeschön'? Habt ihr je etwas davon gehabt? Es ist nur eine Sache unseres verrückten Gemüts. Es hat keine Ahnung davon, dass es eigentlich umgekehrt sein sollte: Wenn ein Arzt einen Patienten von einer Krankheit befreien konnte, wenn also jemand seine Dienste angenommen hat, ist es der Arzt, der sich beim Patienten bedanken sollte: „Du hast meinen Rat und meine Medizin angenommen. Du hast dich mir angeboten und mich als Arzt akzeptiert. Nun geht es dir gut, du bist befreit und ich fühle mich entspannt und wirklich glücklich. Danke!" Aber diese Denkweise findet man nicht in der Welt.

Wenn aber Gott kommt, wenn ein Meister kommt und die Menschen gehen zu ihm hin, um von Problemen, Sorgen, Krankheiten und Tod befreit zu werden und Zufriedenheit und Frieden zu erlangen, dann ist der Meister sehr erfreut: „Bitte, meine Lieben, kommt nur, kommt zu mir. Kommt zu mir!" Er hilft ihnen in jeder Weise und erlöst sie von allen Schmerzen, Nöten, Krankheiten und Leiden. Dann sagt er: „Ich danke euch sehr. Vielen Dank, dass ihr mich und meine Dienste angenommen habt." Dem Gesegneten, der von seinen Schmerzen befreit wurde, gebührt der Dank! Wofür? Dass er die Dienste angenommen hat.

Jetzt versteht ihr das Herz Gottes, das Herz des Meisters und auch die Tatsache, dass es besonders hilfreich ist. Wenn jemand große Mengen an Lebensmitteln hat, mag er denken: „Alle Nahrungsmittel, die ich auf Lager habe, werden verderben. Ich müsste sie dann in den Abfall werfen. Das ist schlimm, schließlich habe ich viel Geld dafür ausgegeben.

Es ist hochwertiges Essen und wenn es jemand brauchen könnte, wäre das gut." Er geht hinaus und ruft: „Hier gibt es Nahrungsmittel umsonst!" Die Leute kommen und nehmen ihm seine Vorräte ab. Da wird er Gott danken: „Danke, lieber Gott. Ich hätte sonst das gute, wunderbare Essen in den Abfall werfen müssen. Das wäre mir von Herzen zuwider gewesen."

Ihr wisst, dass es ein ganz besonders kostbares *(inneres)* Essen gibt, ein einfaches, energiegeladenes, angenehmes und wunderbares Essen. Das hätte ich alles in den Abfall werfen müssen. Aber jetzt sind einige gekommen. Es hat ihnen geschmeckt, es hat sie gesättigt und ich bin von einer großen Last befreit. Ich konnte einigen Menschen damit dienen. Mein Gott wird glücklich sein. Ich bin glücklich und diese Leute sind es auch. Ein solches Verhalten sollten auch wir von Gott und dem Meister lernen. Ich will mich nicht rühmen, aber was ich tue, tue ich für euch. Fragt ihr mich, welchen Nutzen ich davon habe - keinen!

...Es geht mir nicht darum, von irgendjemandem etwas zu bekommen oder einen Vorteil davon zu haben. Das wäre gar nicht möglich. Was könntet ihr mir geben? Womit könntet ihr mir dienen? Mit nichts. Wenn ihr mir zu Diensten sein wollt, arbeitet mit mir in diesem Werk, um der Menschheit zu dienen, den Kindern Gottes zu dienen. Wenn ihr dazu in der Lage seid, mir in dieser Hinsicht zu helfen und mich zu unterstützen - sei es nun körperlich, finanziell oder nur gedanklich mit dem Herzen - wird das genug für mich sein. Ich werde wissen, dass ihr mir gedient habt und Gott wird wissen, dass ihr ihm, seinem heiligen Werk, seiner heiligen Sache gedient habt. Und dadurch seid ihr wirklich wunderbare, gute Kinder Gottes. Gott wird euch lieben und segnen.

Das sind die beiden Wege, Gottes Wohlgefallen und seinen Segen zu erlangen. Der eine ist die direkte Verbindung zu ihm und der andere ist, jene aus der Familie Gottes zu unterstützen, die noch nicht mit ihm verbunden sind. Ihr könnt ihnen helfen, diese heilige Verbindung zu erhalten, so wie ich es tue, und dadurch mit dem Meister in seiner heiligen Arbeit, in seinem heiligen Werk zusammenzuarbeiten. Das ist die großartige Sache, die ihr tun könnt und die ihr auch tun müsst, um würdige Kinder des würdigen Vaters Gott zu sein.

Gott wandelt alles zum Guten

1. Juli 1998, Abendsatsang Oregon, gekürzt

...Unser großes Selbst, unser höheres Selbst, unser in jeder Beziehung wunderbares Selbst wird uns mit allem segnen, was hier in der Welt ist. Die Meister haben in den Schriften gesagt: „Bitte, nehmt euren Platz hier oben am Augenzentrum ein, das ist eure Wohnung. Das ist euer Zuhause, das euch gegeben wurde, damit ihr hier leben könnt." Verweilt also beständig hier im heiligen Licht und im heiligen Klang! Freut euch daran und macht euch keine Sorgen um die Welt! Durch die Meisterkraft wird alles, was eure Familie, euren Beruf und andere Bereiche betrifft, geregelt, denn die Meisterkraft ist die aktive Kraft Gottes.

Gott kann uns nicht direkt helfen. Er ist der absolute Gott. Die Schöpferkraft Gottes manifestiert sich in voller Kompetenz in einem menschlichen Körper. Und dieser Mensch ist der vollkommene Gott hier in der Welt. Er ist mit dem Höchsten, aber auch mit dieser Welt verbunden. Er ist es, den wir wirklich brauchen.

Wir wissen, dass selbst die Mächtigen der Welt leiden. Hier gibt es niemanden, der nicht leidet. Wir kennen keinen Menschen, der sich an Gott erfreut, solche Beispiele sind äußerst selten. Dennoch gibt es Ereignisse, bei denen Menschen Gott praktisch erfahren. Vor ungefähr zehn oder fünfzehn Jahren erfuhr ich von einem solchen Erlebnis. Ein Initiierter aus den USA fuhr mit seinem Auto auf einer Gebirgsstraße. Bei einer Kurve wollte er die Geschwindigkeit des Fahrzeugs verringern, aber als er auf die Bremse trat, reagierte diese nicht. Das Tempo verlangsamte sich nicht und dadurch schaffte er die Kurve nicht. Der Wagen fuhr geradeaus weiter und stürzte den Hang hinunter.

Der Mann erzählte, dass, als das Auto das erste Mal auf den Felsen aufschlug, der erste der fünf heiligen Namen in seinen Ohren erklang. Er hatte nicht an den Simran gedacht, aber er war da. Beim zweiten Aufschlag erklang das zweite Wort. Und was geschah dann? Irgendwie ging die Tür auf und er befand sich ausserhalb des Autos. Er beobachtete, wie das Fahrzeug weiter den Berg hinabstürzte und dabei in seine Bestandteile zersprang. Die Vorderräder flogen weg, der Motorraum brach ab, die Hinterräder machten sich selbständig und auch andere Teile. Er schaute einfach zu, was mit seinem Auto passierte. Auf einmal fiel ihm ein: „Da beobachte ich das Auto, aber was ist denn eigentlich mit mir?" Er fand sich auf einem kleinen Felsvorsprung stehen, auf dem seine Füße gerade Platz hatten. Als er an sich herabsah, sah er nicht den kleinsten Kratzer. Das Auto aber war restlos zerschellt. Er kletterte zur Straße hinauf und wurde von jemandem mitgenommen.

Solche Ereignisse gibt es, aber alles ist so eingefädelt, dass sie durch die Einmischung der Negativkraft nicht allgemein bekannt gemacht werden können. Wenn dies aber regelmäßig möglich ist, werden erst wir selber in der Lage sein, zu glauben und alle anderen, weltlichen Menschen ebenfalls.

Das Entwicklungsstadium, in dem die Gotteskraft der Negativkraft die Verantwortung für das weltliche Leben aus der Hand nimmt, was so sehr herbeigesehnt wird, ist im Kommen! Aber es mag noch einige Zeit dauern. Ich kann nicht definitiv sagen, ob es noch ein Jahr, zwei Jahre oder drei Jahre dauert, aber ich denke nicht, dass es noch lange dauert, denn die Geschwindigkeit, mit der wir uns voranbewegen, ist sehr hoch und zufriedenstellend. All die Kräfte, die in der Lage sind, Gottes Segnungen von uns fernzuhalten, werden immer weniger und immer schwächer. Viele, viele Teufel wurden bereits beseitigt - Milliarden über Milliarden...

Die schwächeren Teufel sind unschädlich gemacht, aber jene, die mächtiger sind - das sind die höheren Kräfte der zweiten Ebene -, sind noch vorhanden. Die äußersten Schichten sind noch aktiv und müssen beseitigt werden. Wie viel Zeit wird das in Anspruch nehmen? Nicht mehr viel! Dieser Prozess findet auf der zweiten Ebene, in Brahmand statt, denn dort ist das Hauptquartier für die Aktivitäten der Negativkraft. Von dort aus wird alles gelenkt und geregelt und die Auswirkungen davon finden auf der astralen und auch auf dieser physischen Ebene statt. Die Dinge, die jetzt dort geschehen, wirken sich hier noch nicht aus. Das Ergebnis gelangt erst hierher, wenn dort eine entscheidende große Wandlung stattfindet. Sie bewirkt eine Veränderung hier in dieser Welt. Dann werdet ihr erleben, dass sich diese Welt in einem einzigen Augenblick verändert. Alle Situationen, die uns jetzt noch bedrücken, werden nicht mehr vorhanden sein.

Die Menschen der Welt wissen nicht, was vonstatten geht. Sie meinen, dass die Gotteskraft vielleicht alles vernachlässigt und wir nur ohne Ende und ohne Hoffnung leiden müssen. Das ist nicht der Fall, meine Lieben! Selbst wenn ihr nicht mit Gott zusammenarbeitet und auch nicht mit dem Meister, wird er dennoch seine Arbeit tun, denn er ist in sich selbst vollkommen.

Wenn ihr mitarbeitet, wird euch das höchsten Lohn einbringen. Er braucht euch nicht, aber er möchte euch segnen. Wenn ihr euch auf seine Seite schlagt, werdet ihr auch an seiner Seite sein, wenn er siegreich in diese Welt kommt. Und ihr werdet wunderbar und großartig gemacht werden. Wenn nicht, dann werdet ihr nicht wagen, ihm unter die Augen zu treten.

Ihr werdet euch schämen, dass ihr als seine Kinder, seine Schüler ihn in seinem großen Werk nicht unterstützt habt, das er für euch, nicht für sich selbst, getragen hat. Wenn der

Meister etwas tut, so tut er es nur für euch. Und ihr haltet nicht zu ihm. Ihr reagiert nicht auf ihn, ihr wendet euch von ihm ab. Dafür werdet ihr euch eines Tages schämen...

Ohne Meditation kann niemand leben. Diese Verbindung ist wie das Aufladen eurer Batterie am Stromnetz. In ein, zwei, drei Stunden ist sie voll. Dann kann sie wieder ganze 24 Stunden arbeiten und euch dienen. Schließt ihr sie aber nicht zwei, drei Stunden an, dann funktioniert sie nicht. 24 Stunden Arbeit werden verloren sein. Um ihre Dienste von 24 Stunden zu nutzen, müsst ihr sie zwei, drei Stunden aufladen. Lassen wir sie aber in diesen zwei oder drei Stunden arbeiten, wie können wir dann erwarten, dass sie die restlichen einundzwanzig Stunden noch eine Leistung erbringen kann?

Ihr wollt gern in der Welt arbeiten, weil ihr glaubt, es sei nützlich für euch. Das mag so sein oder auch nicht. Aber wenn ihr eure Aufmerksamkeit für ungefähr ein oder zwei Stunden den heiligen Meditationen auf Licht und Ton zuwendet, spielt es keine Rolle, ob ihr im weltlichen Leben arbeitet, ihr werdet keine Schwierigkeit und kein Problem haben. Denn die große Kraft der Seele, die sich in euch befindet, wird zu wirken beginnen, und die Arbeit von allen Engeln, Göttern und Göttinnen wird einsetzen.

Alle anderen hilfreichen Kräfte werden für den Menschen in den Dienst gestellt. Die Kräfte aber, die uns stören und Hindernisse und Unheil bereiten, werden verjagt und zunichte gemacht. Alle negativen Faktoren werden weggenommen und alle guten, uns nützlichen werden in unsere Nähe gerückt. Gott selbst wird da sein, und das Gemüt kann diesen Zustand ohne Widerstand und Sorgen auch noch genießen...

„Alles ist durch das Wort gemacht..." und zwar auf göttliche Art und Weise, so dass ihr nur euer Leben zu genießen braucht. Ist das nicht etwas ganz Besonderes? Könnt ihr euch vorstellen, wie der Körper eines Menschen im Leib der Mutter entsteht? Macht ihn die Mutter? Oder leistet das Kind selbst oder der Vater irgendeinen Beitrag dazu? Nichts dergleichen ist der Fall. Es ist der Tonstrom, der das vollbringt. Im Adi Granth wird erklärt, dass Gott, als er seine Schöpfung hervorbrachte, als erstes Shabd geschaffen hat. Shabd ist der Tonstrom. Shabd war die Quelle, aus der alles übrige hervorging. Mit der Kraft von Shabd wird alles erhalten.

Früchte entstehen, Blätter sprießen, Bäume wachsen, und die Frucht reift heran und ändert ihre Farbe. Geschmack, Süße und Qualität erhält das Obst mit der Zeit. Wie funktioniert das alles? Ohne einen Schöpfer kann nichts geschaffen werden, aber wir sehen den nicht, der es macht. Unsere Augen sind nicht in der Lage, ihn zu sehen, denn sie sind nicht die Augen des Wissens und der Weisheit, mit denen wir die Wirklichkeit sehen könnten. Die Seele aber in eurem Inneren verfügt über eine Sehkraft, mit der ihr Gottes Wirken und Existenz überall wahrnehmen könnt und niemanden als von getrennt Gott seht. Er wohnt allen inne...

Da gibt es Steine, Pflanzen, Sandkörnchen, Gold und Menschen, Hunde, Mäuse. Nichts davon ist wichtig. Was in all diesen Formen von Bedeutung ist, ist das Leben, das Bewusstsein, das sogar in der leblosen Materie ist. Ihr wisst ja, dass überall in jedem Material, das es gibt, Atome sind. Sie bestehen aus zwei Komponenten, den Protonen und den Elektronen, und diese bewegen sich auf eine bestimmte Weise. Wo Bewegung ist, da ist Aktivität, da ist Leben. Wo kein Leben ist, da ist nichts. In Gottes Existenz gibt es keinen Ort und kein Ding ohne Leben. Jedes Atom hat seine eigenen Elektronen, die in einer bestimmten Art von Bahnen in ihren besonderen Geschwindigkeiten kreisen, und ihr Zahlenverhältnis wandelt sich immer. Durch diese Veränderung wandeln sich die Dinge. Im Wasserstoff gibt es ein Elektron, im Wasser eins mehr.

Wie kommen also die unterschiedlichen Gase zustande? Dies liegt lediglich an der Anordnung und der Anzahl der Elektronen und Protonen. Deshalb kann man Sauerstoff in Stickstoff, Stickstoff in Wasserstoff, Gold in Silber, Silber in Eisen, und Steine in Juwelen und Diamanten, ja selbst in Gold oder Silber umwandeln. Denn es handelt sich dabei nur jeweils um eine andere Zusammenstellung der Elektronen und Protonen. Das Spiel findet innerhalb dieses Systems statt. Habt ihr aber keinen Zugang zu dieser Gesetzmäßigkeit, so könnt ihr diese Veränderungen nicht bewirken und seid hilflos. Durchschaut ihr das System und seid ihr in der Lage, es zu verändern, könnt ihr alles verändern. Dann könnt ihr alles in irgendeiner Form und aus irgendeinem Material herstellen.

„Alles ist durch dasselbe gemacht, und ohne dasselbe ist nichts gemacht, was gemacht ist." Gemeint ist das ‚Grundmaterial' Gottes, das noch feiner ist als ein Atom. Das Molekül der Astralebene entspricht dem kleinsten Atom dieser Welt. Das feinste Atom unserer physischen Ebene ist also wie das gröbste Molekül der Astralregion. Der größte Bestandteil von Brahmand, der zweiten Ebene, entspricht dem feinsten Atom der Astralregion. Auf dieselbe Weise geht diese Wandlung immer weiter.

Was wirklich nur ein Atom ist, wird in der fünften Ebene zu etwas Riesigem, Groben. Und wir nennen es Molekül oder Atom, denn es gibt für uns nichts Subtileres als das. Aber was ist die Feinheit der Materie, wenn sie die fünfte Ebene erreicht? Sie kann dort nicht untergebracht werden. Sie ist völlig nutzlos, unbrauchbar, völlig wertlos und hat dort keinen Platz. Sie ist so schrecklich. Wenn man aber hierher brächte, was dort oben ist, wäre das so wunderbar, und selbst

Berge von Gold hätten weniger Wert als ein Atom der Substanz der fünften Region. Was ist dann erst mit den höheren Ebenen! Da ist die Substanz noch viel großartiger, viel größer, viel höher...

Hätten wir das Leben des höheren Selbst begonnen, wären wir nach oben und nur aufwärts gegangen, und unser Leben hier wäre sehr angenehm. In Ewigkeit würde es so wunderbar verbleiben. Ob wir nun hier lebten oder in der fünften Ebene, das würde keinen Unterschied ausmachen.

Der menschliche Körper ist mit inneren Ebenen ausgestattet, die eins sind mit dem Reich Gottes, mit der fünften Ebene und sogar mit der achten Ebene. Hier im Menschenkörper könnt ihr die achte Ebene oder die darunter liegenden genießen oder ihr könnt auch in der achten bleiben. Einige kommen zu mir und sagen: „Ich möchte sterben." Ich frage: „Warum möchtest du sterben?" „Ich leide so sehr." Dann geht doch nach oben! Kommt nicht mehr herunter in diese Leidensregion. Bleibt oben! Wenn ihr die achte oder die fünfte Ebene hier nicht erreicht habt, werdet ihr auch nach eurem Tod nichts Besseres vorfinden. Wo immer ihr jetzt seid in eurem inneren Fortschritt, sei es in der ersten, zweiten oder dritten Ebene, dorthin werdet ihr nach eurem Tod gebracht und ihr werdet dort meditieren, das heißt hart arbeiten müssen. Was wir hier an einem Tag erreichen können, dafür werdet ihr dort ein Jahr lang arbeiten müssen! Dort geht die Entwicklung sehr langsam vor sich, denn die Zeiten sind für den Fortschritt der Seele nicht günstig.

Hier in der Welt seid ihr an einem Ort, an dem durch geringe Bemühungen eurerseits sehr ansehnliche Resultate entstehen, denn die Meisterkraft ist sehr hilfreich. In der indischen Mythologie wird in den Schriften erklärt, dass einem Schritt, den ihr auf der physischen Ebene auf Gott zugeht, eine Million Schritte vom Meister hinzugefügt werden.

Wäre die Hilfe nicht so groß, wäre man in der kurzen Lebensspanne von achtzig oder neunzig Jahren niemals in der Lage, etwas zu erreichen. In der indischen Mythologie gibt es auch Berichte darüber, dass das Leben im Goldenen Zeitalter etwa 100 000 Jahre betrug und die Menschen 80 000 Jahre ihrer Lebensspanne meditierten. Das ist durchaus möglich, denn in 10 000 oder 20 000 Jahren konnten sie materiell genug schaffen, um davon zu leben. Trotzdem konnten die Menschen in jenem Zeitalter Gott nicht erreichen, da die Hilfe der Meisterkraft damals nicht wirkte. Sie mussten selbst hart dafür arbeiten und nur, was sie selbst taten, half ihnen weiter...

In Indien gibt es die Geschichte einer Prostituierten. Einmal, als es regnete, ging ein Heiliger durch ihre Straße und suchte im Flur ihres Hauses Schutz vor dem Regen. Die Prostituierte kam herunter, um nachzusehen, wer da war. Anstelle eines gewöhnlichen, weltlichen Mannes, wie sie es gewohnt war, sah sie zum ersten Mal einen Heiligen an ihrer Türe stehen. Sie betrachtete ihn und blickte in seine Augen. Dieser Blick bewirkte sogleich eine große Veränderung in ihrem Herzen und ihrem Denken. Sie fiel ihm zu Füßen, weinte und schluchzte und bat um Vergebung: „Bitte! Gibt es für mich eine Hoffnung? Ich bin eine große Sünderin. Kann es auch für mich Barmherzigkeit geben?" Der Heilige hob ihren Kopf und sagte zu ihr: „Meine Liebe, mache dir keine Sorgen. Durch deine Reue hast du bereits viel weggewaschen. Jeder Tropfen aus deinen Augen hat dazu beigetragen, dich von dem Unrat und Schmutz zu reinigen, den du - nicht nur in diesem Leben - angesammelt hast. Jetzt wirst du gerettet werden. Sorge dich nicht!" „Was soll ich machen? Gibt es etwas, das ich für mich machen kann?"

Damals war es nicht möglich, ihr den Simran *(die fünf heiligen Namen Gottes)* oder die innere Verbindung zu geben, denn der Zustand ihres Gemüts war immer noch ganz und gar schrecklich. Keine Simran-Kraft hätte ihr helfen können, und sie war auch nicht in der Lage, mit dem Ton oder dem Licht in Verbindung zu kommen. Vielleicht haben auch einige von euch diese Erfahrung gemacht. Sie sagen: „Ich sehe kein Licht. Ich höre keinen Ton."

Licht und Ton sind in jedem. Kein Mensch kann ohne Licht und Ton, ohne Gott und das Reich Gottes in diese Welt kommen. Aber bei manchen bestehen solch feste, steinharte Schichten aus ihren vergangenen Leben, dass sie Licht und Ton nicht wahrnehmen können. „Das Licht scheint in der Finsternis, aber die Finsternis hat es nicht begriffen."

Nun, was diese Frau betraf, so konnte sie ihren Beruf nicht ändern, um ein reines Leben führen; sie musste weiterhin als Prostituierte leben. Denn auf der Stelle eine Umwandlung des Gemüts und der weltlichen Umstände herbeizuführen, ist nicht so einfach. Der Heilige, der einen Vogel im Käfig bei sich trug, überlegte, reichte ihr diesen dann und sprach: „Hier ist ein Papagei. Du musst ihm beibringen, dass er ‚Gott, Gott' sagt." Natürlich ging es nicht darum, dem Vogel das Wort ‚Gott' beizubringen. Nein, die Frau sollte dieses Mantra ‚Gott' wiederholen, da es durch den Heiligen mit der Kraft Gottes aufgeladen war.

Die Frau übte nun ein- oder zweimal täglich für eine halbe Stunde mit dem Papagei das Wort ‚Gott, Gott', und ihr Gemüt wurde allmählich gereinigt. Nach einigen Tagen wurde ihre Seele erhellt, und sie begann nach oben zu gehen. Da spürte sie die Verbindung mit dem inneren Ton und sah auch das Licht in sich und um sich herum. Ihre Seele gelangte aus dem physischen Körper heraus, machte die höheren inneren Erfahrungen und erhielt alles Wissen und alle Weisheit. Nun gab sie auch ihre Beschäftigung auf, denn das Gemüt war nun nicht mehr bereit, solch einem schrecklichen

Lebensunterhalt nachzugehen. Sie verabscheute ihn und führte ein sehr einfaches äußeres Leben, rein und fromm. Ihr Fortschritt war wunderbar, und der Heilige besuchte sie öfter. Auch sie ging hin und wieder zu diesem Meister, um seinen Satsang zu genießen. Nach einigen Monaten oder einem Jahr war ihr Leben vollständig verändert.

Rasch verbreitete sich die Nachricht, dass aus der Prostituierten eine wunderbare Heilige geworden war, und andere, die sich selbst als Heilige bezeichneten, dachten: „Wie ist das möglich? Vor einigen Monaten noch war sie Prostituierte und jetzt hören wir nach so kurzer Zeit diese Neuigkeiten über sie. Wir haben uns jahrelang, ja, unser ganzes Leben lang bemüht und haben nichts erreicht! Wie ist ihr das nur gelungen?"

Um die Wahrheit herauszufinden, suchten sie sie auf und sahen den Wandel in ihrem Leben. Sie fragten: „Wie konnte es geschehen, dass wir uns in vielen Jahren harter Mühe nicht ändern konnten, während du mit deinem sündhaften Beruf als Prostituierte dich so schnell wandeln konntest?" Sie verbeugte sich vor ihnen allen: „Meine Lieben, ich bin noch immer eine Prostituierte. Hätte ich mich selbst ändern können, hätte ich das getan, aber ich konnte es nicht. Mir fehlte die Kraft dazu. Aber zu mir kam jemand, der hat gleichsam den Schalter in mir gedreht, und die Dunkelheit war in Licht verwandelt. Das Schlechte wurde zu etwas sehr Gutem, und ich genieße es. Ich habe mich nicht darum bemüht. Ich habe es weder erbeten noch habe ich dafür gearbeitet - es hat mich vielmehr jemand gesegnet. Durch seinen Segen bin ich nun so. Aber ich kann auf diesen Segen oder auf meine Taten nicht stolz sein. Allein durch Gnade, Segen und Barmherzigkeit kann ich mir eine Vorstellung machen, kann ich glauben, kann ich hoffen und die Hoffnung besteht. Ihr müsst euch auch dieselbe Hilfe, dieselbe Führung und denselben Schutz geben lassen, und ihr werdet den gleichen Erfolg haben. Geht zu meinem Meister, er wird euch segnen." Sie gingen hin und konnten das gleiche erfahren.

Ganz besonders im jetzigen Zeitalter gibt es keine Hoffnung für uns, selbst etwas zu erarbeiten, weder weltlich noch spirituell. Auch im Weltlichen könnt ihr nichts Richtiges erreichen, denn der weltliche Weg ist der Weg zur Zerstörung. Er ist bereits der Weg des Leidens und des Nichts. Auf ihm werdet ihr nichts finden. Was ihr habt, das ist ein Trugbild. Jeden Augenblick kann es verschwunden sein oder euch genommen werden. Viele Menschen wurden aus ihren Heimatländern vertrieben. Sie mussten alles zurücklassen und kamen nur mit dem nackten Leben als Flüchtlinge davon. In ihrem Heimatland hatten sie alles, aber dann wurden sie vertrieben. Während unseres Lebens können solche Dinge geschehen, denn wir haben keine Kontrolle und keine Macht über irgendetwas hier in dieser Welt. Hier ist alles nur Lug und Trug. Wohin müssen wir uns also wenden? Dorthin, wo wir alles haben, und das ist hier oben am Augenzentrum - beim heiligen Licht und dem heiligen Ton. Alles befindet sich dort.

Wenn ihr das heilige Licht und den heiligen Ton habt, gibt es nichts, was ihr nicht habt. Fahrt fort, die Verbindung durch Übung zu vertiefen! Fahrt fort, zu meditieren und im Werk des Meisters zu dienen! Macht euer Leben so einfach wie nur möglich! „Im Leben einfach sein heißt das Leben finden", war der Wahlspruch meines Meisters. Einfach bedeutet, durch die Hilfe von Licht und Ton für die Seele zu arbeiten und alle Einfachheit wird automatisch entstehen. Durch euer Gemüt oder eure Intelligenz könnt ihr nichts erreichen. Ihr könnt nicht einmal Gutes denken, alles wird negativ sein. Wie kann man im Leben einfach sein? Wie kann man ein gutes Leben führen? Das geht nur mit Hilfe von Ton und Licht. Sagt zu niemandem: „Du musst gut sein. Du musst einfach sein. Du musst freundlich sein." Nein, ihr solltet so jemanden mit Licht und Ton verbinden, dann wird er von selbst so werden. Er wird zu Gott werden, auch wenn er nichts über Gott und über das Reich Gottes weiß. Erklärt ihm nichts! Gebt ihm die Verbindung, und er wird selbst sagen: „Ich bin Gott geworden. Es gibt Gott. Es gibt das Reich Gottes. Ich habe es gefunden und erfreue mich daran." Er wird heilige Schriften schreiben, er wird das sagen, was die heiligen Schriften sagen. Er wird vielleicht sogar mehr mitteilen als die Schriften, denn er hat alles ohne äußere Information erfahren. Was er in Gestalt von Licht und Ton erhalten hat, ist als Information, als Erwerb, als Erfahrung, als Wissen, als Weisheit und als Kompetenz in sich selbst vollkommen. Alles andere wird dem heiligen Licht und Ton folgen. Das ist das Allerwunderbarste. Nichts ist besser als dieses heilige Leben.

Unter der Obhut Gottes

26. Juni 1998, Morgensatsang Oregon, Auszug

...Gott, euer Gott, ist euer Wohltäter, er liebt euch, er hat Zuneigung zu euch, er möchte, dass ihr weder betrogen noch getäuscht werdet und dass es euch gut geht. Er sagt: „Meine Lieben, ihr habt mich vernachlässigt, ihr habt mich abgelehnt, ihr habt mich beiseite geschoben - und ihr werdet für immer leiden." Das ist keine Kritik, sondern die Realität, die er uns schildert.

Er fährt fort: „Außer mir gibt es niemanden, der für euch da ist. Ohne mich werdet ihr nur leiden, leiden, nichts als leiden. Dieses Leid hat kein Ende - und wenn doch, dann vielleicht erst nach Milliarden von Jahren. Wenn ihr zu mir kommt, werden eure Qualen ein Ende haben. Kommt jetzt zu mir, euer Leid hat ein Ende! Ihr könnt euch Millionen von Jahren anstrengen und alle anderen Hilfsquellen ausprobieren, wenn ihr nicht zu mir kommt, wird dies alles umsonst und nutzlos sein, ihr werdet nichts erreichen. Der Grund liegt darin, dass ich die gesamte Schöpfung geschaffen habe. Was ich gemacht habe, das kenne ich, und deshalb sage ich zu euch: ‚Kommt her zu mir alle, die ihr mühselig und beladen seid, ich will euch erquicken, ich will euch Frieden geben.' Habe ich denn gesagt, dass es eine Alternative dazu gäbe? Dass ihr nicht zu mir zu kommen braucht, sondern zu jener anderen ‚Person' gehen könnt? Dazu wurdet ihr niemals aufgefordert, denn nur ich bin für euch da. Auf mich könnt ihr euch verlassen, mir könnt ihr vertrauen. Bitte, arbeitet daran! Ich komme auch in einem Körper in diese Welt, damit ich mit euch sprechen, euch sehen und bei euch leben kann und eure Leiden kennenlerne. Dadurch erreiche ich euch und kann mit euch sprechen."

Einige von euch glauben diesen Worten Gottes, aber viele andere stehen immer noch unter dem Einfluss des negativen Gemüts. Anstatt den Worten der Meister Glauben zu schenken, glauben sie lieber das, was das Gemüt sagt. Gott sagt: „Sie vertrauen dem, was andere Leute verkünden, mehr als mir. Aber selbst für sie besteht noch Hoffnung, denn meine Zuneigung und Liebe sind ewig und werden immer wirksam bleiben.Wenn ihr mich hundertmal oder millionenmal, milliardenmal ablehnt, werde ich dennoch zu euch kommen. Auch wenn ihr fortfahrt, mich abzulehnen, werde ich nicht aufhören, euch meine Angebote, meine Liebe, meinen Frieden, meine Gaben, mein Leben zu bringen, denn ich bin euch ergeben. So wie ihr mit eurer Ablehnung fortfahrt, werde auch ich weitermachen und nicht müde werden. Irgendwann in eurem Leben müsst ihr euch ändern, denn für mich gibt es keine Änderung, ich bleibe, wie ich bin. Ihr seid es, die sich letztendlich wandeln müssen, ihr werdet mich annehmen müssen, und das wird dann das Ende des Leids für euch und auch für mich sein. Welches Problem habt ihr damit, mich schon jetzt anzunehmen?"

Wir fügen diese Grausamkeit nicht nur uns selbst zu, sondern unser falsches Verständnis breitet sich aus, und wir drängen auch unsere Kinder, die wir doch lieben, dazu, hinter weltlichen Dingen herzulaufen. Aber, meine Lieben, sind unsere weltlichen Bestrebungen erforderlich? Haben denn die anderen Lebewesen alle - immerhin 8,4 Millionen unterschiedliche Arten - eine bestimmte Arbeit zu leisten und Pflichten für ihren Lebensunterhalt zu erfüllen? Alles lebt unter der Obhut Gottes. Die Pflanzen wachsen, ohne dafür arbeiten zu müssen. Trotzdem sind sie mit Früchten beladen. Und dem Menschen wurde ebenfalls nahe gelegt: „Ich bin der Weinstock", bitte hört doch einmal ein wenig geduldig und achtsam zu, was uns da gesagt wird: „Ich bin der

Weinstock, ihr seid meine Reben, meine Zweige. Solange ihr an mir bleibt, werdet ihr blühen und viel Frucht tragen."

Wenn wir das genauer betrachten, sehen wir, dass der Zweig, der mit dem Baum verbunden ist, keinerlei Arbeit zu tun hat. Alles, was er zum Leben braucht, erhält er vom Baum. Dinge, die für ihn gefährlich sein könnten, werden *(solange er verbunden ist)* umgewandelt. Ein Zweig, der dagegen seine Verbindung mit dem Stamm verloren hat, wird zunächst auf den Boden fallen; er wird seinen wunderbaren, sicheren Platz oben in der Luft und im Wind verlieren, wo ihn niemand stören konnte.

Aber für den Zweig am Boden wird der Wind den Tod beschleunigen und ihn rasch austrocknen. Auch die Sonne wird den Zweigen, die am Baum sind, Kraft schenken, das Austrocknen des herabgefallenen Zweiges, der die Verbindung verloren hat, jedoch beschleunigen. Auch das Wasser, das den Baum nährt, wirkt auf den abgebrochenen Zweig negativ und lässt ihn morsch werden. Die Zweige am Baum dagegen werden Früchte und Blätter tragen, sich weiterentwickeln und alles wird ganz wunderbar sein.

Das ist eigentlich auch euer Lebensstil. Was hat solch ein Zweig zu tun? Nichts. Er muss nur mit dem Stamm verbunden bleiben. Ist er einmal am Baum, so ist es dessen Aufgabe, den Zweig bei sich zu behalten. Das gleiche gilt für euch. Seid ihr im Inneren verbunden, dann bleibt verbunden! Macht eure Augen nicht mehr auf, und alles wird von Gott erledigt, denn er hat die Befugnis, alles zu tun: „Alles ist durch dasselbe gemacht, und ohne dasselbe ist nichts gemacht, was gemacht ist." Aber unser Gemüt wird es nicht verstehen, unser Intellekt wird es nicht begreifen, denn sie sind völlig anders ausgerichtet.

In der indischen Mythologie wurde erklärt, was Initiation bedeutet, als Lord Krishna als Meister zu seinem Schüler,

Arjuna, sagte: „Mein lieber Arjuna, zuerst muss ich dich von den drei negativen Attributen, dem Körper, dem Gemüt und dem Intellekt, trennen. Wenn deine Seele von ihrer Herrschaft befreit ist, wird sie erwachen. Sie wird beginnen aufzusteigen und in ihrer wahren Herrlichkeit zu erstrahlen und ihr eigenes Leben zu leben. Sie wird mit dem großen Kraftwerk verbunden werden und von dort alle Kraft, alle Weisheit, alles Wissen, alles Licht, alles Leben, alle Herrlichkeit, alle Schönheit und alles Wunderbare erhalten und beginnen, wirklich zu leben."

Aber diese Kräfte, die euch als Seele getötet haben, nämlich Körper, Gemüt und Intellekt, sind lebendig, und die Seele ist vollkommen leblos. Das wirkliche Leben existiert nicht mehr, und die Dinge, welche die Ursache unserer Qualen, Probleme und Sorgen sind, sind mächtig und haben alles in der Hand.

Wie könnt ihr denn in Gemeinschaft mit diesen Tod-bringenden Kräften leben? Natürlich könnt ihr nicht wirklich getötet werden, aber ihr seid vollständig bewusstlos gemacht worden. Euer ganzes Bewusstsein wurde von diesen Kräften geraubt und benutzt. Ihr aber liegt leblos herum, habt keinerlei Aktivität und kein Bewusstsein davon, dass ihr Seele seid und auch als Seele eine Rolle spielt. Euer Bewusstsein ist ganz und gar von Körper, Gemüt und Intellekt erfüllt. Sie sagen: „Wir sind hier, wir sind bewusst, wir leben." Lebt ihr auf diese Weise wirklich? Die Diebe, die Räuber lassen es sich gut gehen, und der Hausbesitzer ist in einem Verschlag eingesperrt und unauffindbar. Die Einbrecher nehmen von allem, was ihm gehört und prahlen noch: „Wir sind die Besitzer des Hauses, wir sind die Bewohner des Hauses", was sie in Wirklichkeit gar nicht sind.

Warum ist diese Situation eures Lebens so, wie sie ist? Warum entwickelte sich alles auf diese Weise? Diese Frage kann ich auch nicht beantworten. Aber denkt daran: Wenn euer Haus brennt, setzt alles daran, das Feuer zu löschen, bevor ihr die Frage stellt, wer euer Haus angezündet hat. Ich denke, das ist besser. Ihr solltet also jetzt nicht die Frage stellen: „Warum wurden wir in eine solche Lage gebracht? Was ist der Grund dafür?", sondern wir sollten uns bemühen, unsere Probleme so zu lösen, dass nicht gleich wieder neue entstehen.

Wo liegt die endgültige Lösung für unsere Probleme? In unserer Seele, in Gott. Wir haben denjenigen, der unsere Probleme löst, noch nicht aufgeweckt, wir sind nur mit den Kräften in Verbindung, die Probleme bereiten, und deshalb werden wir sie ohne Ende haben. Das war so und wird so sein, da bin ich ganz sicher.

Auch ich habe ein normales Leben geführt. Ich habe sehr viel gesehen und beobachtet, das war mehr als genug, und ich weiß Bescheid. Es gibt einen, der hilft, er wird Gott und euer höheres Selbst genannt. Er ist die einzige Lösung der Probleme, und er befindet sich in uns. Alles in der Schöpfung Gottes, nicht nur diese physische Welt, dient dazu, Probleme zu schaffen. Wir selbst, das heißt Körper, Gemüt und Intellekt stehen dabei an erster Stelle.

Wenn ihr nicht einmal das versteht, gibt es keine Hoffnung. Es tut mir leid, das sagen zu müssen, aber ich möchte es unmissverständlich sagen. Wenn ihr das nicht begreift und solange ihr glaubt, etwas anderes könnte euch helfen, garantiere ich euch, dass es nicht funktionieren wird; es wird niemals gehen.

Wendet ihr euch aber der Verbindung zu, die euch vom Meister im Inneren in Form von Licht und Ton gegeben wurde, und ihr arbeitet daran, wird das all eure Probleme lösen - alle! - in kürzester Zeit, sehr schnell. Das ist sicher, auch wenn Verzögerungen möglich sind. Aus welchem Grund dauert es manchmal länger? Gott weiß es - dabei wollen wir es belassen.

Arbeitet beständig an dieser Verbindung, einfach mit festem Glauben an Gottes Fähigkeiten und mit vollem Vertrauen in die Schöpferkraft eures Wort-Gottes und in das Leben des Lichts, und genießt euer Leben! Was durch die Planung des Schicksals von außen auf euch zukommt, spielt keine Rolle. Wenn die Sonne nach einiger Zeit aufgehen soll, lasst sie aufgehen! Warum sollten wir uns darüber den Kopf zerbrechen? Sie wird aufgehen! Selbst wenn wir unbedingt möchten, dass sie später aufgeht, wird sie nicht später kommen. Und wenn ihr ungeduldig drängt, sie solle ganz schnell erscheinen, wird sie deswegen auch nicht früher aufgehen. Sie hat ihren eigenen Zeitplan.

Lasst alles geschehen, wie es geplant ist und was von der Gotteskraft für euer Schicksal vorgesehen ist und in Verbindung mit eurer Familie, eurer Arbeitsstelle, eurem Geschäft geschehen soll. Im Adi Granth wird diese Situation beschrieben. Der Mensch erhält seine Geburt erst, nachdem der Plan seines Lebens aufgestellt ist: wo er leben wird, in welchem Zustand er sein wird - ob in Armut oder Überfluss, ob gesund oder kränklich, - mit wem er Verbindungen eingehen wird, welche Trennungen er erlebt, welche Krankheiten und Verluste er erleidet, welchen Gewinn er machen wird, wann, wo und aus welchem Grund er sterben wird. Alle diese Dinge stehen bereits fest. Nachdem dieser Lebensplan also wie eine Filmaufnahme festgelegt ist, wird dieser Film nur noch vor dem Publikum abgespielt. Änderungen sind nicht mehr möglich, auch wenn euch manches darin zu hart vorkommt, und ihr es abmildern wolltet. Der Film ist bereits abgedreht.

Zumindest für diesen Lebenslauf des Menschen ist also alles von Anfang an festgelegt. Wenn nun diese Dinge alle geschehen müssen und nicht verändert werden können, wie können wir dann eine Änderung bewirken wollen? Das ist aussichtslos. Wenn überhaupt, könnte dies nur durch die Kraft geschehen, die dafür kompetent ist, und das ist einzig und allein Gott. Nur Gott ist diese Stelle, die das Schicksal verändern kann - wenn auch nicht zu hundert Prozent, aber in einem gewissen Rahmen. Er könnte es ein wenig sanfter gestalten, die harten Situationen abschwächen, die Zeitspanne angenehmerer Lebensphasen verlängern und die harten Zeiten verkürzen. Diese Kompetenz hat er. Gott ist der einzig Handelnde, den niemand in Frage stellen kann. Er steht unter keinem Gesetz.

Und doch kommt bei ihm ein Gesetz zum Tragen: das Gesetz der Barmherzigkeit, Vergebung, Gnade und Liebe. Das ist das Gesetz Gottes. Und dieses Gesetz ist günstig für uns. Es bindet Gott nicht, und es bindet auch uns nicht an unsere Leiden. An seiner Barmherzigkeit, Gnade und Liebe können wir uns erfreuen. Dieses Gesetz existiert, und es kann nur von Gott angewandt werden, keiner sonst kann etwas für uns tun. Niemand kann eine Änderung bewirken, alle befinden sich selbst unter dem karmischen Gesetz. Selbst die Gottheiten konnten und können uns nicht helfen, auch sie sind ihm unterstellt. Wenn sich jemand außerhalb des karmischen Gesetzes befindet, dann ist es Gott - und wir, wenn wir zu ihm gehen, wenn wir uns in sein Reich begeben, wo er allein herrscht. Solange wir unter der Kontrolle von Gemüt und Materie leben, sind wir im Herrschaftsbereich der Negativkraft und sind dem Leiden ausgeliefert, sei es in Brahmand oder in den anderen der drei Welten - der physischen, der astralen und der kausalen. Sind wir aber nicht mehr unter dem Zugriff des Negativen, sind wir sicher. In Sicherheit sind wir nur im Reich Gottes, in dem Gott der Herrscher ist. Er herrscht allein mit Liebe und Frieden und Segnungen. Die Regierung der Negativkraft besteht aus

Unterdrückung und Leid, unter ihr sind wir diesem Gesetz des Karmas vollständig ausgeliefert, das so streng, hart, negativ und gefährlich ist, dass wir das nicht im geringsten auch nur erahnen können; uns fehlen die Informationen darüber.

Meine Lieben, wie soll ich euch mein Herz öffnen, so dass ihr das verstehen könnt, dass ihr in die Lage kommt, es zu begreifen? Es wird zwar von den Aufnahmegeräten aufgezeichnet, sie bewahren meine Worte und nach ein, zwei Monaten oder einem Jahr geben sie euch das Gesagte wieder. Werdet ihr aber danach gefragt, was der Meister heute im Satsang gesagt hat, lautet eure Antwort: „Der Meister hat heute einen schönen Satsang gehalten." Das einzige, woran ihr euch noch erinnert, ist, dass der Meister einen ‚schönen' oder einen ‚harten' Satsang gehalten hat. Und der Inhalt? Den wisst ihr nicht mehr. Wenn aber Eiskrem als gesegnete Speise ausgeteilt wird, werdet ihr das euer Leben lang nicht vergessen - Körper, Gemüt und Intellekt haben es wahrgenommen. Was aber die Seele erhalten hat, darum kümmert sich niemand.

Meine Lieben, wer wird für euch Sorge tragen? Wenn ihr euch nicht um euch selbst kümmert, wer wird es dann tun? Natürlich ist der Meister da, um für euch zu sorgen, für euch da zu sein, und er wird sich zweifellos um euch kümmern; doch wenn ihr ein wenig kooperativ wärt, wie wunderbar wäre das doch! Das ist es, was der Meister benötigt! Ohne eure Mitarbeit ist es auch für ihn schwierig, euch zu helfen.

Bemüht euch also, barmherzig zu euch selbst und auch zum Meister zu sein! Er ist bereits voll Gnade für euch, er liebt euch, und er hat euch alles und jedes gegeben. Aber bitte, vertraut seiner Zuneigung, seiner Liebe und seiner Beziehung zu euch. Alles andere wird dann ganz von selbst auf euch zukommen. Macht euch keine Sorgen, meine Lieben!

Lebt und lehrt diesen Weg

2. Juli 1998, Abendsatsang Oregon, gekürzt

Nun, meine lieben Seelen, wenn wir wirklich an uns selbst als Seelen denken, dann heißt das, größtes Wissen und höchste Weisheit zu haben. Wer sich selbst als Seele erkannt hat, weiß alles, und wer seine Seele gefunden hat, hat alles gefunden. Das ist die Kernaussage der Veden. Wie können wir das erreichen? Es ist ohne Schwierigkeit möglich. Das Problem besteht einzig darin, den wahren Meister zu finden, und das stellt sich für gewöhnlich als sehr schwierig heraus. Die erste große Segnung, die wir von Gott erhalten haben, besteht darin, dass unsere Seele einen menschlichen Körper erlangt hat, egal ob als Mann oder Frau, ob arm oder reich, in welcher weltlichen Position auch immer, das spielt überhaupt keine Rolle.

Die Leute messen der Tatsache, dass sie in einer armen oder reichen Familie oder im Haus von Regierenden oder anderen hochgestellten Familien geboren wurden, sehr großen Wert bei, aber was bedeutet das für uns? Wir haben mit dieser Familie aus dem Reich der Materie eigentlich nichts zu tun. Gereicht es uns denn in irgendeiner Weise zur Ehre, eine Verbindung mit diesem Tal des Todes, dem Reich des Todes zu haben? Hat es irgendetwas mit uns gemein? Es bringt uns ausschließlich Nachteile. Das ist die Hauptschwierigkeit, die wir uns geschaffen haben.

Gibt es in der gesamten Schöpfung Gottes irgendetwas, das unserer Verbindung mit dem Reich Gottes und Gott gleichkommt? Es gibt nichts dergleichen. Diese Tatsache war das einzige, was ich euch klarmachen wollte, damit ihr nicht von Gold, Silber, Juwelen, Diamanten oder irgendetwas anderem Weltlichen verführt werdet. „Was nützt es einem Menschen, wenn er die ganze Welt gewinnt, dabei aber sein Leben verliert?" Im Gegensatz dazu müssen wir unsere eigene Seele finden. Das ist die Kernaussage der Schriften aller gottgesandten Meister, durch die Gott selbst sprach. Und auch euch wurde das Gebot gegeben: „Sucht zuerst das Reich Gottes, alles andere wird euch dazugeben."

Wenn euch der Meister findet, ist das erste, was er tut, euch mit dem Reich Gottes zu verbinden. Selbst wenn er euch nicht initiiert, wird er zumindest eure Seele erwecken und damit beginnen, an ihr zu arbeiten, um sie aus den Fängen von Gemüt und Materie zu befreien und sie dann allmählich für das Reich Gottes und Gott vorzubereiten.

Es spielt keine Rolle, ob wir auf den ersten Blick erkennen, wer oder was der Meister ist oder was er auch nicht ist. Mein ‚Großmeister' Baba Sawan Singh reiste einmal in einem Zug, und in entgegengesetzter Richtung ritt ein Mann auf einem Kamel. Der Reiter beobachtete den Zug, und Baba Sawan Singh betrachtete die Landschaft draußen, denn die Meister lieben die friedliche Natur, in der Gott gegenwärtig ist, sehr. Für den Bruchteil einer Sekunde bestand ein Augenkontakt zwischen der Seele des Kamelreiters und derjenigen Baba Sawan Singhs, da war der Zug auch schon vorbei. Der Mann hatte also einen flüchtigen Blick erhascht.

Nach einiger Zeit wurde er sehr krank und lag im Sterben. Da erblickte er Baba Sawan Singh vor sich, der ihm sagte: „Mach dir keine Sorgen, ich bin bei dir, ich werde dich mitnehmen, du wirst beschützt und gerettet werden."

Daraufhin erzählte er seiner Familie: „Gott ist zu mir gekommen und versichert mir, dass er mich beschützen und retten und mich nicht in den Fängen der Negativkraft leiden lassen wird. Ich werde gerettet."

Nun war auch ein Initiierter Baba Sawan Singhs anwesend, und ihm war klar, dass diese Kompetenz nur sein Meister haben konnte. Er ging nach Hause, holte ein Foto seines Meisters und zeigte es dem Sterbenden: „Ist dies der Mann, der gekommen ist, um dich zu holen und zu beschützen?" „Ja, ja! Das ist er! Ihn habe ich vor einiger Zeit nur einen Augenblick lang in einem Zug gesehen." Er nannte ihn Gott, denn in den letzten Augenblicken des Lebens fallen die von der Negativkraft aufgedrückten Scheuklappen ab, und die Wirklichkeit tritt offen zutage.

Daher sagte der Mann: „Er ist Gott! Gott ist zu mir gekommen! Wer ist er denn, kennst du ihn?" „Er ist mein Meister." „Dann ist dein Meister Gott. Dein Meister ist gekommen, um mich zu retten und zu beschützen."

So sieht die Beziehung des Meisters zu uns aus. Er hat niemals irgendeine Verbindung zu Körper, Gemüt, Intellekt oder weltlichem Besitz, denn er führt ein Leben von sehr, sehr hohem Standard, und er wird nur eine Verbindung mit etwas aufrechterhalten, das ihm ebenbürtig ist, also mit etwas, das wirklich ist, das tatsächlich existiert. In den Schriften steht nicht nur über diese Welt, sondern sogar über alle drei unteren Welten *(die physische, astrale und kausale)* geschrieben, dass sie nichts anderes als Schatten sind. Die Wirklichkeit beginnt erst weiter oben, und dies hier ist nur eine Widerspiegelung dieser höheren Realität.

Manchmal sagt man von dieser Welt auch, sie sei nur ein traumähnlicher Zustand. Wenn wir träumen, erscheint uns der Traum als echt, und das, was wirklich ist, entzieht sich vollkommen unserem Verständnis. Nur wenn der Traum abreißt, kommen wir wieder in Kontakt mit der Realität und sehen sie als wirklich an und den Traum als Traum.

So sieht auch das weltliche Leben aus. Das, was wirklich ist, nämlich Gott, das Reich Gottes und wir selbst als Seele, fehlt jetzt vollkommen. Niemand kann das Gefühl haben: „Ich habe das Reich Gottes und Verbindung mit Gott, und ich bin Seele." Jeder meint nur: „Ich gehöre dieser Welt an, ich bin Körper, und darüber hinaus gibt es nichts." Wir sind wirklich sehr, sehr stark miteinander verstrickt und von den weltlichen Dingen abhängig. Doch wie lange kann diese Illusion oder Täuschung aufrechterhalten werden? Nur bis zum letzten Augenblick eures Lebens im physischen Körper. Danach endet dieser Traum jäh, und wir erkennen die Realität. Wie sieht nun diese Wahrheit aus? „Einst war da Gott, das Reich Gottes und ich als Seele, aber ich habe diese Gelegenheit versäumt, zu Gott zu werden, indem ich meine Seele in der Beziehung zum Reich Gottes und Gott entwickelt hätte. Ich hätte mein Leben wirklich genießen können, da es eigentlich so vollkommen wie das Leben meines Vaters, Gottes, ist. Er hatte mir diese Vollkommenheit bereits gegeben, und ich hätte nur eine Verbindung zu ihm entwickeln sollen, dann wären mein Glück und meine Freude ewig gewesen, und ich hätte nie mehr leiden müssen."

Was für ein großartiges Versprechen, welch ein herrliches Geschenk, welch eine wundervolle Barmherzigkeit und Gnade wurden uns zuteil. Gibt es etwas Besseres, das Gott uns hätte schenken können, und gibt es jemanden, der uns dasselbe oder etwas Höheres hätte geben können? Nicht einmal andeutungsweise. Unser Verständnis ist so sehr verdunkelt worden und die Schleier der Unwissenheit wurden in einer so schrecklichen Weise über uns gelegt, dass wir zwar Zeit und jedes erdenkliche Hilfsmittel haben, aber nicht in diese Richtung schauen. Wir blicken immer dorthin, wo es nichts gibt, wo nur Illusion und Täuschung sind und wir nur leiden müssen. Wir bleiben mit Sicherheit am Leben, denn nichts stirbt oder kann sterben. Wir als Seele sind ewig. Doch in welchem Zustand die Seele verbleiben wird, das ist das Hauptproblem. Jetzt befindet sie sich ausschließlich in unwägbaren Situationen, nichts ist sicher im Hinblick darauf, was uns im nächsten Augenblick geschehen wird. Das kann niemand wissen. Meistens haben wir nur unter Problemen, Sorgen und Krankheiten zu leiden, und der Tod ist auf dieser Welt ein Dauerzustand. Wenn es so etwas wie Freude, Friede und Stabilität gibt, dann keinesfalls hier. Diese Eigenschaften finden sich nur im Reich Gottes, bei Gott, denn er ist ewig, von unveränderlicher Dauer und vollkommen in seiner Lebensweise, der einzigen, die ihm eigen ist. Angesichts seiner Vollkommenheit kann nichts anderes vollkommen genannt werden.

All dieses Wissen wurde euch von Geburt an vermittelt. Jeder wird entsprechend den Gegebenheiten dieser Welt in eine Familie geboren, die Verbindung zu einer Religion hat. Die religiösen Belehrungen sagen uns etwas über Gott und das Reich Gottes, über uns als Seele und unsere Beziehung und Verbindung dazu, und auch darüber, was die stoffliche Welt wirklich ist. Lassen wir uns auf diese Welt ein, sind nur Höllen zu erwarten. Es kann nichts Nützliches oder Erfreuliches dabei herauskommen, wenn wir in diesem ,Tal des Todes' leben und den Weg der Zerstörung beschreiten. Wir werden uns nur selbst zerstören. Diese Tatsache ist völlig klar und ganz eindeutig, aber immer noch bestehen in unserem Gemüt aufgrund der Einflussnahme der Negativkraft Vorstellungen, dass diese Welt überaus wundervoll sei. Ihr sollt ruhig hier euren Spaß haben, darüber hinaus gibt es nichts. Das ist das A und O von allem. So etwas wie das Reich Gottes gibt es nicht, es gibt keinen Gott. Ihr seid nicht Seele, ihr seid nur Körper, Gemüt und Intellekt, und nur mit den Möglichkeiten dieser Welt könnt ihr leben. Darum müsst ihr kämpfen, und wenn ihr etwas bekommt, dann ist es in Ordnung. Erhaltet ihr aber nichts, kämpft ihr immer weiter und versucht, das Leben auf angenehmere Weise zu leben, sei es auf krummem oder geradem Weg. Passt ein bisschen mehr auf, damit die weltlichen Leute eure schlechten Taten nicht sehen und kritisieren, und damit ihr nicht wegen Gesetzesübertretung leiden müsst. Seid einfach vorsichtiger! Ansonsten ist die Welt hier das Wahre für euch, und darüber hinaus gibt es nichts."

Weltlich ausgerichtete Informationen werden uns von Geburt an mit großem Nachdruck eingetrichtert. Auch die vergangenen Leben wirken sich aus, denn das Leben des Menschen geht ja ununterbrochen weiter. Es ist nicht so, dass wir vor diesem Leben nirgendwo waren. Einige Menschen kommen viele Male hintereinander in menschlicher Gestalt wieder hierher. Wenn sie etwas Besonderes erreichen wollen, mag dies mehrere Leben erfordern, zwei, drei, vier, fünf, zehn Leben, so wie es der Fall ist, wenn man Gott finden will. In alten Zeiten währte das menschliche Leben ziemlich lange, doch die Menschen mussten die Arbeit selbst tun, da gab es keinerlei Hilfe durch die Meisterkraft. Der Meister pflegte sie nur auf den Weg zu stellen, und sie mussten die Reise aus eigener Kraft fortsetzen. Leben für Leben, Leben für Leben mussten sie weiterarbeiten, womöglich zehn, zwanzig, dreißig Leben lang, bevor sie das letzte Ziel erreichen konnten, zu dem sie dreißig Leben zuvor aufgebrochen waren.

Um also ein besonderes Ziel zu verwirklichen, gibt es das Gesetz: „Bittet, und es wird euch gegeben werden." Wenn ein unbedeutender Mensch, der nichts besitzt, das Gefühl hat: „Ich muss König werden", aber in seinem Schicksal keine Möglichkeit zu einem solchen Aufstieg vorgesehen ist, und wenn er sein ganzes Leben lang unablässig darum kämpft und in diesem Zustand ungestillten Verlangens stirbt, wird diesem Menschen ein weiteres Leben gewährt, damit er die Gelegenheit zur Erfüllung seines Wunsches erhält. Oder falls dies nicht der Fall ist, weil in seinem karmischen Vorratslager kein entsprechender Same enthalten ist, wird er in diesem weiteren Leben ein Karma schaffen, und dieses wird später als Ursache dafür genommen, dass er sich im übernächsten Leben zwangsläufig am ersehnten Königreich erfreuen kann und sich sein sehnlicher Wunsch erfüllt.

Solche Dinge geschehen also. Besonders das Verlangen oder der brennende Wunsch im letzten Augenblick eines Menschenlebens ist eine sehr starke Ursache für die Umstände bei der nächsten Geburt. Im Adi Granth erzählt der heilige Namdev einige Beispiele dafür: Ein Mann hat sich ein schönes Haus gebaut, und nachdem das Haus fertiggestellt war, stirbt er, ohne darin gewohnt zu haben. Er hat dann nur den einen Gedanken: „Wozu habe ich dieses Haus gebaut? Ich habe so viel Geld ausgegeben, ich habe so schwer gearbeitet, und ich hatte doch geplant, dass ich mein Alter in diesem wundervollen Traumhaus genießen werde." Doch er stirbt. Was wird entsprechend seinem Verlangen passieren? Es wird ihm ermöglicht, in diesem Haus in Gestalt eines ‚Geistes' zu wohnen. Sein übergroßes Verlangen ist innerhalb eines Lebens nicht zu stillen. Dazu sind viele aufeinander folgende Leben erforderlich, und das ist nur als Geist möglich. Dieser Mensch muss womöglich zehn-, hunderttausend oder eine Million Jahre lang immer wieder als Geist erscheinen.

Es wird noch ein weiteres Beispiel angeführt: Jemand hat irgendwo Gold oder andere Werte versteckt und liegt im Sterben, ohne jemandem etwas über seinen Schatz erzählt zu haben. Nur er weiß davon, aber er kann es nicht einmal jetzt jemandem anvertrauen, weil niemand bei ihm ist, der ihm nahesteht. Nun wird ihn dieser Gedanke, was wohl mit seinem Besitz passieren wird, nicht loslassen, und in Gedanken an diesen Schatz tut er seinen letzten Atemzug. In diesem Fall wirkt sich das Naturgesetz in der Form aus, dass die Seele eine Existenz bekommt, die es ihr erlaubt, dorthin zu gehen und für lange, lange Zeit dort zu bleiben. Mit größter Wahrscheinlichkeit wird sie die Gestalt einer Schlange erhalten. Ihr habt vielleicht schon einmal gelesen, dass bei Schätzen immer Schlangen zu finden sind. Wer ist solch eine Schlange? Es ist der Mensch, der diesen Schatz dort vergraben hat und mit dem bohrenden Gedanken gestorben ist, seine Schätze verloren zu haben, was wohl mit seinem Besitz passieren werde, der doch schließlich ihm gehört. Der Schatz wird diesem Menschen wieder gegeben, doch er wird ein Leben als Schlange erleiden müssen, und zwar viele Lebensläufe hindurch.

Namdev nennt noch andere Beispiele: Wenn ein alter Mann stirbt, und seine Kinder können noch nicht für sich selbst sorgen, denkt er: „Wie wird meine Familie überleben? Wie werden sie leben? Sie werden leiden, es wird ihnen schlecht gehen, sie werden unglücklich sein. Was wird ohne mich mit ihnen geschehen?" Diesem Menschen wird dann eine Geburt in der Gestalt eines Hundes gewährt. Dieser Hund wird Tag und Nacht über die Familie wachen, um die er sich so große Sorgen gemacht hat. Das bedeutet, dass jeder weltliche Wunsch oder Gedanke ein Problem schafft. Das ist unsere Hauptschwierigkeit. Im allgemeinen wird die Art von Gedanken oder Wünschen im letzten Augenblick eures Lebens derjenigen entsprechen, die ihr während eures gesamten Daseins hindurch entwickelt habt, und wenn ihr in jenen letzten Momenten auch an Gott denken wolltet, so könnt ihr es nicht, weil euer Gemüt bereits von der Welt und weltlichen Eindrücken besetzt ist. Wie könnt ihr am Ende eures Lebens einen Gedanken an Gott hervorbringen, wo ihr dazu schon nicht in der Lage seid, wenn ihr zu meditieren beginnt? Eine halbe oder eine Stunde lang bewegen nur weltliche Reize eure Gedanken. Das Gemüt läuft und rennt und dreht sich. Ihr wollt euch oben konzentrieren, aber das Gemüt zieht nach unten. Vielleicht werdet ihr nach einer Stunde oder länger in der Lage sein, einen Gedanken an Gott zu denken und eine kleine Verbindung mit Gott und seinem heiligen Licht oder Ton erfahren. Aber trotz all eurer Bemühung wird es euch nicht gelingen, längere Zeit, vielleicht eine Stunde lang, an Gott oder sein Licht zu denken oder es zu sehen. Wie könnte dies dann in euren letzten Augenblicken möglich sein? In Indien ist es Tradition, am Sterbebett Texte aus den heiligen Schriften, sei es aus der Bhagavad Gita, dem Adi Granth oder anderen Schriften zu rezitieren, damit die Gedanken des Sterbenden von der weltlichen Seite abgezogen und in die Richtung Gottes gelenkt werden. Doch das ist nicht möglich. Alle diese Bemühungen sind ohne Erfolg. Es besteht keine Hoffnung, dass sie wirken, weil dies nicht funktioniert.

Was ist nun im wesentlichen bei euch anders? Wo liegt eure Sicherheit? Wenn der Meister bei der Initiation seine eigene strahlende Gestalt in euch eingebettet hat, wird er euch im letzten Augenblick erscheinen, selbst wenn ihr euer gesamtes Leben lang den Meister innen nicht gesehen oder noch nicht einmal Licht und Ton gefunden habt Er wird in einer solch anziehenden und liebevollen Weise zu sehen sein, dass er euer Herz erobern wird. Dadurch werden alle weltlichen Eindrücke verblassen, und seine Wirkung wird alles überstrahlen, weil er Gott ist. Während dieser letzten Momente werden seine göttlichen Eindrücke alle weltlichen Prägungen, und sei es aus Millionen von Jahren, vertreiben. Ein so mächtiges Wesen ist Gott, der Meister! Das ist die einzige Weise, in der wir Erlösung finden können. Deshalb solltet ihr die Aufmerksamkeit des Sterbenden, des Initiierten, so ausrichten, dass dieser denkt: „Das ist das einzige, was ich finden sollte, und jetzt habe ich es gefunden." Gemüt und Intellekt akzeptieren dies, und die Seele hat es längst angenommen. Sie hat überhaupt keine Schwierigkeit damit. Auf diese Weise spielt der Meister seine Rolle, und jeder, der initiiert worden ist, wird mitgenommen und kann das nächste Leben in einer spirituell ausgerichteten Familie erhalten. Von Anfang an ist die Seele dann mit der Gotteskraft verbunden, und im Alter von zehn, zwölf oder fünfzehn Jahren wird sie initiiert. Aufgrund der Atmosphäre, in der diese Seele aufgezogen wird, ist sie nun spirituell ausgerichtet und wird fortfahren zu meditieren, auf dem Weg des Lebens voranschreiten und das Ziel erreichen.

Alle diese Vorkehrungen werden also vom Meister getroffen. Es ist ein großes Privileg, einen Meister zu finden. Deshalb heißt es auch: Wenn es jemanden gibt, der Erlösung, Leben oder irgendetwas in dieser Welt finden konnte, dann nur dank des Meisters. Konnte man einen Meister finden, mag man in der Lage sein, seine Anweisungen zu befolgen oder auch nicht. Ob ihr den Meister akzeptiert oder abgelehnt habt, zumindest hat der Meister euch angenommen. Das ist mehr als ausreichend. Er wird euch nicht verlassen, er wird an euch arbeiten und auch beginnen, in eurem Herzen zu wohnen, nachdem er es von den weltlichen Eindrükken befreit hat. Zu einem bestimmten Zeitpunkt wird es ihm gelingen, alles Fremde daraus zu entfernen, und er wird dem Herzen des Initiierten seine eigenen Eindrücke einprägen, sei es noch in diesem Leben oder in einem anderen. Dieser beständige Prozess, diese ununterbrochene Segnung dauert an und wird immer weiter anhalten. Wenn wir sagen, dass wir etwas oder alles durch die Gnade des Meisters erlangt haben, entspricht das der Wahrheit.

Wenn ihr behauptet: „Ich habe dies oder jenes getan; durch meine Bemühungen habe ich etwas erreicht", mag das zu ungefähr 0,1 Prozent zutreffen. Aber nicht einmal das ist der Fall. Wenn wir irgendetwas finden wollen, müssen wir uns dem Mitgefühl und der liebevollen Einstellung des Meisters hingeben, denn er ist der einzige, der uns segnen kann und auch die Macht hat, uns in dieser Welt zu segnen. Unsere weltlichen Eltern und Verwandten versuchen zwar, uns zu helfen, aber sie werden scheitern. Der Arzt wird uns eine Medizin verabreichen, damit wir gesund werden, doch er muss nicht unbedingt Erfolg haben. Wir mögen einen Rechtsanwalt damit beauftragen, etwas für uns durchzufechten. Aber auch die andere Seite beauftragt einen Rechtsanwalt, und nur einer von den beiden Gegnern wird den Fall gewinnen, der andere verliert. Beide Rechtsanwälte versuchen also ihr Bestes, doch wer Erfolg hat, ist nicht sicher. Es kann auf jeden Fall nur einer sein.

Alle weltlichen Einrichtungen, deren wir uns bedienen, bieten also keine Sicherheit. Ihr könnt nie das Gefühl haben: „Ich habe nun eine Vorkehrung getroffen, und das wird bestimmt funktionieren." Gott aber funktioniert. Es gibt nichts, was in Gott unmöglich wäre! In Gott ist nichts unmöglich. Wollt ihr König der ganzen Welt sein - obschon dies bis zum heutigen Tag nicht möglich war, denn niemand hat jemals die gesamte Welt beherrscht -, wird Gott dennoch eine neue Welt für uns erschaffen, sofern wir ihn darum bitten und eine Verbindung zu ihm erhalten haben. Er wird die gegenwärtigen Herrscher dieser Welt nicht stören, sondern eine neue Welt hervorbringen und sie euch übergeben, damit ihr euren Wunsch erfüllen könnt.

Da ihr euch auf seine Hilfe verlassen und an seine Fähigkeit geglaubt habt, wird er den Beweis antreten: „Ich bin zuverlässig, ich bin glaubwürdig, ich bin kompetent. Es gibt nichts, was in mir unmöglich ist. Glaubt an mich, und ihr werdet alles erhalten!" Er wird keinen seiner Initiierten in einem verzweifelten Zustand oder enttäuscht zurücklassen. Nie bestand auf dieser Welt auch nur die Chance dazu. Seine Gesinnung ist so, dass jeder alles erhalten wird, worum er auch bittet. „Bittet und es wird euch gegeben werden. Suchet, und ihr werdet finden." Das ist Gesetz im Reich Gottes und bei Gott.

Warum konnten wir diese Wahrheit nicht in unserem Herzen festigen? Wir verlassen uns immer noch lieber auf die weltliche Seite. Das ist darauf zurückzuführen, dass wir den Meditationen nicht die angemessene Zeit gewidmet haben. Mit „angemessener Zeit" möchte ich sagen, dass ihr möglicherweise auch nicht wirklich gute Meditationen habt, dass ihr vielleicht nichts seht und nichts hört. Aber dennoch möchte der Meister euch alle bis zu einem gewissen Maß verbinden, und jeder einzelne wird seinem Hintergrund entsprechend mehr oder weniger erhalten.

Der Tonstrom ist sehr leicht zugänglich und die Tonmeditation viel leichter durchzuführen. Mit dem Licht ist es ein bisschen schwieriger. Fast jeder kann den Ton hören und darüber meditieren. Er wirkt sehr stark reinigend und besitzt sehr große Kraft. Eine Stunde Hörmeditation bringt das gleiche Resultat wie vier Stunden Sehmeditation. Der Ton hat die gleiche Macht wie Gott, er ist die Gotteskraft. Bei der Sehmeditation werdet ihr jedoch die Hilfe des Simran beanspruchen müssen.

Ohne Simran ist die Sehmeditation aufgrund der Angriffe der Negativkraft voller Gefahren. Konzentriert ihr euch jedoch auf den Tonstrom, besteht keine Gefahr, dass euch die Negativkraft angreift. Im allgemeinen setze ich die Tonmeditation ein, wenn Initiierte von negativen Wesenheiten besetzt sind. Sie werden mit Hilfe des Tonstroms sehr leicht, sicher und mit Erfolg gereinigt, wenn es auch etwas Zeit beanspruchen mag.

Nun haben einige eine lang anhaltende Verbindung mit negativen Kräften. Der Grund dafür ist, dass sie im vergangenen Leben lange Zeit ‚Geschäfte' mit solchen Wesenheiten gemacht hatten und sie für sich arbeiten ließen. Nun lassen diese sie ihrerseits für sich arbeiten. Das ist der Ausgleich für den Handel, den sie angefangen hatten. Bis nicht alles abbezahlt ist, wird die Abwicklung so weitergehen, obwohl die Meisterkraft sehr ernsthaft daran arbeitet, den Einfluss dieser Wesenheiten zu verringern und auch die Zeit abzukürzen.

Hierfür trägt der Meister von sich aus zur Abzahlung bei und gibt von seinem eigenen Meditationsvorrat sehr viel, während vom Initiierten sehr wenig dazu geleistet wird. Dennoch gibt es ganz unterschiedliche Fälle. Einige werden sehr schnell befreit, bei anderen dauert es ein wenig länger und bei wieder anderen noch länger. Doch bitte glaubt daran: Es gibt keinen Fall, der hoffnungslos ist. Es ist nur eine Sache der Zeit und der Anstrengungen. Eure Pflicht ist es, die größte Bemühung für die Meditation auf das heilige Licht und den heiligen Ton zu verwenden. Versucht auch, zu allen übrigen Stunden des Tages und der Nacht so gut wie irgend möglich den Simran zu halten. Sind negative Wesenheiten da oder bedrängen euch schlimme, negative Einflüsse, werden diese dadurch automatisch nach und nach immer schwächer.

Fast jeder trägt solche Wesenheiten in sich. In einigen Menschen zeigen sie sich und in anderen nicht. Bei der Initiation hüpfen einige Teilnehmer aufgrund ihrer Wesenheiten. Vorher war keine Spur davon, nichts von alledem war zu bemerken, denn diesen Wesen ging es vorher gut, sie wurden nicht gestört. Aber nun hat der Meister seinen Sitz neben der Seele des Initiierten eingenommen. Er muss das ganze Haus für Gott reinigen, und deshalb müssen diese negativen ‚Bewohner' hinausgejagt werden. Er beginnt damit, sie mit seiner Naam-Kraft zu bearbeiten. Dadurch werden diese Mächte gestört und zeigen sich. Wenn sie sich bemerkbar machen, heißt das, dass sie nun weggehen werden. Sie wurden aufgescheucht, in ihrem Zugriff und ihrer Einflussnahme erschüttert, und nun sind sie in Schwierigkeiten. Sie werden nicht lange bleiben können. Sie werden dieses Haus früher oder später verlassen müssen, nachdem ihre Rechnungen, die sie bei der Seele offen hatten, mit Hilfe der Meisterkraft ausgeglichen wurden.

Euer Leben nach der Initiation ist also wirklich ein Leben ganz zu euren Gunsten. Um alles, was euch stört, unangenehm ist, euch verletzt oder Schwierigkeiten und Probleme bereitet, kümmert sich die Gotteskraft, die Meisterkraft ganz von selbst. Ihr braucht nur damit fortzufahren, etwa drei Stunden täglich zu meditieren, das ist nicht schwer. Von vierundzwanzig Stunden kann man leicht drei Stunden dafür verwenden, und was wird dies bewirken? Wundervolles! Unglaublich Wunderbares! Die Arbeit, für die ihr bisher zehn Stunden benötigt hattet, wird, nachdem ihr initiiert worden seid und angefangen habt, drei Stunden pro Tag zu meditieren, in vier statt zehn Stunden erledigt sein. Auf diese Weise spart ihr sechs Stunden ein; ihr habt drei Stunden eingesetzt und sechs Stunden gewonnen.

Dieses ‚Geschäft' ist so gewinnbringend, dass ihr alles, was ihr investiert, zurückbekommt und dazu noch etwas mehr. Euer Leben wird so angenehm, wunderbar und befriedigend werden, dass es keine Schwierigkeit, kein Problem, kein Leid, kein Rätsel und keine Verwirrung mehr geben wird. Mit dem Leben wird es so sein wie mit dem Fluss, der im Winter, da es keine Überschwemmungen gibt, Tag und Nacht still und ruhig dahinfließt. Genauso wird auch unser Dasein ruhig, ohne Turbulenzen, ohne jedes Auf und Ab, ohne Schwierigkeiten, Leiden und Verwirrung verlaufen - immer in Verbindung mit dem heiligen Licht und Ton.

Nun, meine Lieben, etwas Besseres als das, was ihr erhalten habt, gibt es nicht. Es gibt nichts, was dies ersetzen könnte. Dieser Ort hier am Augenbrennpunkt ist der einzige, der wahre Arbeitsplatz in euch, wo sich tatsächlich alles befindet. Auch in der Offenbarung wurde verkündet, dass zur Zeit der Zerstörung ein Engel von der Gotteskraft herabgesandt wurde, der mit lauter Stimme sprach: „Fügt der Luft, dem Wasser und den Bäumen keinen Schaden zu, bis alle Diener Gottes an der Stirne versiegelt worden sind!" Was bedeutet das ‚Versiegeln der Diener Gottes'? Mit ‚Diener Gottes' sind diejenigen gemeint, die eine Verbindung mit Gott haben, die ihm und seinem heiligen Werk dienen und mit ihm durch seine heiligen Bindeglieder in Form von Licht und Ton verbunden sind. Diese sollen an der Stirn versiegelt werden. Was befindet sich in der Stirn? Das Tor zum Reich Gottes, und wir dürfen es betreten. Mit Versiegeln ist das gemeint, was ihr erfahren habt, als ihr an der Stirn ‚versiegelt' worden seid.

Ihr seid tatsächlich bereits alle an der Stirne versiegelt worden, und wenn ihr die Augen schließt und eure Aufmerksamkeit von der äußeren Welt und vom Körper unterhalb der Augen zurückzieht, betretet ihr das Reich Gottes, wo es nichts gibt, was euch stören könnte. Außen mögen Bombenangriffe stattfinden, das wird euch nicht berühren. Ihr werdet vollkommen in Sicherheit sein. Das ist die großartige Hilfe, die es gibt. Gott hat es so eingerichtet, dass jeder, dem es in dieser Welt gutgehen soll, einen kompetenten, wahren Meister finden muss. Das ist der einzige Weg. Aber wie ich bereits gesagt habe, ist es auch sehr schwierig, hier einen wahren Meister zu finden.

Eigentlich ist es gar nicht so schwer. Es ist nur unser Ego, das uns daran hindert, einen wahren Meister zu finden, und so gehen einige auch in die falsche Richtung. Wenn wir zu

Gott beten, dass wir die Wirklichkeit finden wollen und nicht durch trügerische oder irreführende Kräfte betrogen oder getäuscht werden möchten, ist Gott da, uns zu helfen. Mein Meister berichtete über seine eigene diesbezügliche Erfahrung. Als er noch nicht initiiert war, betete er immer zu Gott:

„Mein lieber Gott, ich weiß, dass niemand ohne dich in dieser Welt leben kann, und du wiederum kannst nur mit Hilfe eines wahren Meisters gefunden werden. Wenn aber ein Meister von der Gotteskraft hierher gesandt wird, werden hundert Nachbildungen eines solchen Gottmenschen von der Negativkraft um diesen echten Meister herum gruppiert. Auf diese Weise findet doch niemand den wahren Meister. Alle werden von den falschen Meistern aufgegriffen. Was mag das Schicksal dieser armen, unwissenden Menschen sein, denen die Fähigkeit fehlt festzustellen, wer ein wahrer und wer ein falscher Meister ist? Das ist nur mit deiner Hilfe möglich. Wenn du barmherzig bist, wenn du Mitleid hast, kannst du einen Menschen zu einem wahren Meister bringen, und dann muss und wird ihm geholfen werden. Ich weiß, dass dieses Leben ohne einen Meister ein einziger Scherbenhaufen ist. Aber an einen falschen Meister zu geraten und keinen wahren Meister zu haben ist nicht weniger katastrophal. Ich würde dann mein ganzes Leben verschwenden, und die Chance, die ich erhalten habe, ginge verloren. Das wäre ein sehr großer Verlust, den ich nicht will. Bitte hilf mir, dass ich in diesem Leben einen wahren Meister finde, einen wahren, und keinen, durch den ich leiden werde."

Das war sein inständiges, aufrichtiges Gebet. Und was geschah? Sieben Jahre vor seiner eigentlichen Initiation erschien ihm sein späterer Meister Baba Sawan Singh in der Meditation. Baba Sawan Singh bereitete seine Seele sieben Jahre lang vor, bis Sant Kirpal Singh zum Meister fand und initiiert wurde. Als er dem Meister die Frage stellte: „Du bist mir schon vor sieben Jahren erschienen, warum dauerte es so lange, warum bin ich erst nach sieben Jahren initiiert worden? Warum hast du mich nicht gerufen und damals vor sieben Jahren initiiert?", lächelte Baba Sawan Singh und sprach: „Mein Lieber, alles dauert seine Zeit. Nichts ist schon fertig. Wenn ein Kind als Königskind geboren wird, kann ihm das Königreich nicht übergeben werden, sondern es muss erst darauf vorbereitet werden. Du hast, um Gott zu finden, zu Gott um einen wahren Meister gebetet, und es wurde so eingerichtet, dass der wahre Meister zu einer bestimmten Zeit mit dir verbunden wurde. Als ich mit dir verbunden war, musste ich dich auf die Initiation vorbereiten. Nachdem dies geschehen war, ist schließlich der richtige Zeitpunkt gekommen; die Zeit war reif, dass du angenommen wurdest. Nun arbeite daran und genieße es! Jetzt gibt es nichts mehr, worüber du dich sorgen musst. Entsprechend deinen aufrichtigen, von Herzen kommenden Gebeten zu Gott hat die Gotteskraft alles so gelenkt.

Ja, meine Lieben, in dieser Welt sind die Dinge sehr hart und schlimm; aber ich habe alle Hoffnung für euch, weil ihr alle angenommen worden seid. Doch ihr bietet euch nicht wirklich an, das ist mein Problem. Was ich euch gebeten habe zu tun, ist eine sehr einfache Aufgabe. In der Welt müsst ihr viele Stunden arbeiten, sechzehn bis achtzehn Stunden täglich. Ihr könnt diese Arbeit auf zehn oder zwölf Stunden reduzieren und drei Stunden meditieren. Dann nimmt die Gotteskraft alles in die Hand. Selbst wenn ihr einen Hundertstundentag hättet und den ganzen Tag arbeiten würdet, könntet ihr eure physischen Bedürfnisse nicht zufriedenstellen. Meditiert ihr aber zwei, drei Stunden täglich, wird die Gotteskraft für alles Sorge tragen. Aber ihr glaubt das nicht und leidet immer noch. Immer noch hält das Leid an. Nicht nur ihr leidet, sondern auch alle übrigen Menschen hier.

Wenn ein Mensch dazu bestimmt ist, als Arzt zu arbeiten, aber faul ist und sich nicht anstrengt, seine Ausbildung abzuschließen, werden alle Patienten krank darniederliegen und ohne Hilfe sterben. Ihr, meine Lieben, seid es, die als Ärzte ausgebildet werden! Die ganze Welt leidet, und die Menschheit wartet auf euch und eure Dienste. Ich weiß schon, warum ich Tag und Nacht, Tag und Nacht so hart kämpfe. Ich könnte mich auch ausruhen. Ich bin nun fast siebzig Jahre alt, und mein Körper ist nicht mehr so stark, dass ich eine solche Anstrengung verkraften kann. Der Grund jedoch, warum ich mich nicht ausruhe, ist, dass mich die Lage dieser Welt dazu zwingt, dazu nötigt, dazu treibt, weil sie meine Hilfe braucht.

Leider aber muss ich sagen, dass keiner aus meiner Armee Lust hat zu kämpfen. Alle bitten mich sogar: „Wir brauchen deine Hilfe, wir brauchen deine Unterstützung, versuche uns zu helfen, uns zu retten!" Was kann dann der König schon tun? Er ist nur einer, und er ist auf die Hilfe von euch allen angewiesen. In Indien gibt es viele Initiierte, die vorbereitet wurden und bereit sind. Doch wer ist in den westlichen Ländern da, wer würde das tun? Ihr seid für eure eigene Heimat im Westen verantwortlich, ihr müsst also bereit sein! Deshalb bin ich ein wenig besorgt und darauf bedacht, so oft und so schnell hintereinander zu euch zu kommen. Ihr freut euch vielleicht auch, dass ich zu euch komme, was ich aber von euch erbitte, ist: „Wenn ihr mich liebt, haltet meine Gebote!" Dann werde ich wirklich darüber erfreut sein, dass all diese Bedürftigen, die eure Hilfe brauchen, sie erhalten, denn sie sind eure Patienten und ihr seid die Ärzte. Das ist die Wirklichkeit. Ich übertreibe nicht! Ihr werdet als Ärzte ausgebildet. Gott wird in euch erweckt, lauter göttliche Schwingungen sollen von euch ausgehen, und ihr werdet die Krankheiten aller Bäume, Pflanzen und Früchte auslöschen.

Ihr werdet Worte wie ‚Leid', ‚Sorge', ‚Problem' und ‚Krankheit' auf dieser Welt ausradieren, und alle werden spüren, dass diese Welt Teil des Reiches Gottes ist. Das ist so! Ihr könnt diesen Zustand schaffen. Es ist das Reich Gottes, in dem Gott lebt. Gott hat sein Reich gleich einer duftenden Blume geschaffen, die ihre eigene Welt um sich herum erbaut, nämlich aus lauter Duft und nochmals Duft.

Der Duft ist nicht vor der Blume da. Die Blume blüht auf und erfüllt die Atmosphäre mit Wohlgeruch. Genauso seid ihr Gott, und wenn ihr zu Gott werdet, werdet ihr, wo immer ihr seid, euer eigenes Reich erschaffen. Seid ihr auf dieser Welt, wird sie das Reich Gottes sein, euer Reich und Gottes Reich, in dem niemand leiden wird. Überall spürt man die Vollkommenheit Gottes und seines Reiches, und sie bestimmt eure Lebensweise.

Meine Lieben, was seid ihr also? Ihr habt noch nicht verstanden, was eure Pflichten sind und welche Verantwortung ihr habt. Ihr habt es nicht begriffen, und das ist das Hauptproblem. In den acht Tagen, die ich auf dieser Tour hier bei euch war, habe ich euch jedoch in den Satsangs genügend Informationen über die Allmacht des göttlichen Wissens und der göttlichen Weisheit gegeben. Ich glaube nicht, dass etwas ausgelassen wurde, was ihr noch hättet erfahren müssen. Das Übrige, falls da noch etwas ist, werdet ihr im Inneren finden. Das ist der letzte Satsang auf dieser Reise. Ich will gerne wiederkommen, aber ich möchte nicht, dass ihr nur Patienten seid. Viele von euch sollten Ärzte sein! Fast alle solltet ihr Ärzte sein! Ärzte dieser Art haben selbst keine Krankheiten, sondern sind kompetent, andere von ihren Krankheiten zu befreien. Ich habe mich also bemüht, euch zu Ärzten zu machen, die andere von Problemen, Sorgen und Leiden befreien können. Ich bin nicht gekommen, mir eure Probleme, Sorgen und Leiden anzuhören, weil euch alle Vorkehrungen bereits gegeben wurden, um diese hinter euch zu lassen. Wenn ihr diese Mittel und Wege nicht anwendet, ist das eure Schwäche. Was kann ich dann noch tun? Was ich tun musste, habe ich bereits getan.

Dennoch werde ich mich weiterhin darum kümmern. Es bleibt noch immer meine Verantwortung, aber auch ihr müsst euch um euch selbst kümmern. Seid nicht faul und habt nicht das Gefühl, eurem Gemüt gehorchen zu müssen! Macht Tag und Nacht weiter, Tag und Nacht! Der wahre Tag währt ununterbrochen von Ewigkeit zu Ewigkeit, es gibt keine Nacht und keinen Tag. Es gibt kein Jahr, keinen Monat, keine Woche. Die Entwicklung geht ununterbrochen vor sich, jeden Augenblick sollt ihr voll bewusst sein. Ihr braucht nie zu schlafen und seid nie faul, müde oder erschöpft. Nie werdet ihr euch ausruhen wollen. Nie müsst ihr in die Küche zum Essen gehen. Eure Nahrung ist bereits in euch, und ihr werdet sie finden. Ein solcher Existenzzustand ist für euch vorbereitet, aber ihr habt ihn noch nicht erlangt. Bemüht euch, ihn zu erreichen, macht ihn euch zunutze, erfreut euch an ihm!

Und dann lebt! Und lehrt diesen Weg des Lebens auch andere, wie ich es euch bereits nahegelegt habe. Vielen Initiierten wurde die Vollmacht erteilt, als Initiationsbeauftragte zu arbeiten, denn das ist es, was ich will. Das ist notwendig. Wenn ihr nicht in der Lage wart, auf diesem Gebiet zu arbeiten, verdient ihr eine solche Autorisation nicht. Dennoch habe ich sie euch erteilt, denn der Meister kann selbst einen Stein für sich arbeiten lassen, wenn er eine bestimmte Arbeit benötigt. Ich brauche Arbeit von euch, egal, in welchem Zustand ihr euch befindet.

Bemüht euch, euren Zustand zu verbessern und sehr gewissenhaft, liebevoll und verantwortungsbewusst zu arbeiten! Versteht die Worte des Meisters, lasst meine Worte in euch und euch in mir sein! Auch in der Bibel sagt der Meister: „Wenn meine Worte in eurem Herzen wohnen, werdet ihr in mir wohnen und ich in euch." Dies ist die großartige, wunderbare Beziehung zwischen dem Meister und euch. Der Meister ist nicht von euch getrennt. Ich werde euch nicht verlassen. Morgen geht mein Körper, aber der Meister ist nicht der Körper.

Der Meister ist bereits in eurem Herzen, in eurer Seele. Sie ist in eurem Körper, wie könnte er euch da verlassen? Kann er euch verlassen? Wird er euch verlassen? Habt ihr dieses Gefühl? Wenn ich morgen physisch fortgegangen bin, wird dann euer innerer Meister ebenfalls nicht mehr da sein? Euer Meister wird bei euch bleiben. Selbst wenn ich meinen physischen Körper verlasse, wird euer physischer Körper nicht ohne den Meister sein, denn das ist eine dauerhafte Beziehung und Verbindung, die nicht gelöst werden kann. Diese ewige Beziehung ist es, die ihr aufbauen müsst. Verbindet euch mit ihr und genießt sie!

Meere der Liebe

Meine Lieben, ich freue mich, dass ich bei euch bin. Ich war etwa eine Woche hier, doch eine Woche reicht niemals. Wir könnten ein volles Jahr zusammen bleiben. Da aber auf Erden alles begrenzt ist, reicht diese Zeitspanne aus. Schon ein einziger Blick des Meisters ist wirklich etwas Kostbares und repariert alle Schäden. Eine Woche ist also mehr als überreichlich, weil die Gemeinschaft mit dem Meister sich nicht mit der Gesellschaft einer weltlichen Person vergleichen lässt. Wo auch immer der physische Meister sich aufhalten mag, die Herzen müssen einander nahe sein. Das Herz ist in der Beziehung zum Meister von entscheidender Bedeutung. Wenn euer Herz bittet und nach dem Meister ruft, ist er unverzüglich da.

Andererseits gibt es Menschen, die beim Meister leben oder gelebt haben und im Herzen doch völlig von ihm getrennt und ihm fern sind. Sie sind mit Ego angefüllt, weil sich ihr Ego durch die äußeren Umstände sehr aufgebläht hat. Sobald diese Menschen aus dem engeren Umkreis des Meisters verehrt werden, verhärten sich ihre Herzen im Ego und werden undurchlässig. Diese Dinge sind nicht einfach. Mein Meister sagte von seinen eigenen Leuten, die mit ihm lebten, immer: „Diese Menschen saugen mir das Blut aus, aber Menschen, die ein Herz haben und ein oder zweimal im Jahr mit ihren Herzen kommen, nehmen auch mein ganzes Herz mit. Sie gehen mit meinem Herzen heim, und ihnen wird wirklich alles Wunderbare zuteil."

Es ist also nicht so, dass ich von euch gehe, meine Lieben. Ist der Meister erst einmal bei euch, so ist er es für immer und wird euch niemals verlassen. In der Beziehung zum

Meister zählt der physische Körper nicht, denn der Meister ist nicht der Körper und ihr seid es auch nicht. Der Meister ist mit eurer Seele verbunden. Seinen Körper mag er verlassen, aber euren Körper wird er nicht verlassen. Er ist stets bei euch. Ihr und ich mögen unsere Körper verlassen, aber wir werden zusammen sein. Diese Verbindung ist etwas Fundamentales; das müssen wir begreifen, und wenn wir es noch nicht begriffen haben, befinden wir uns noch irgendwo unterwegs auf halber Strecke.

Wir haben die wahre Perspektive des menschlichen Lebens nicht begriffen. Wie könnten wir das Leben des Meisters begreifen, wenn wir nicht einmal das Wesen unseres eigenen Lebens erfasst haben? Die Erkenntnis, dass wir Seelen sind und nicht Körper, muss sich felsenfest in unseren Herzen eingraben. Wenn euch jemand fragt: „Wer bist du?" und ihr antwortet: „Ich bin Seele", wird diese Antwort den Fragenden sehr verblüffen. Vielleicht neigt er dazu, euch zu glauben, ihr aber werdet es nicht merkwürdig finden, sondern ganz selbstverständlich sagen: „Das ist ganz natürlich und ein Lebensprinzip. Ich bin Seele, kein Körper. Ich habe jetzt diesen Körper, früher hatte ich ihn nicht. Der Körper ist seit einer gewissen Zeit bei mir und irgendwann werde ich ihn abschütteln und nicht mehr haben. Er begleitet mich nur zu einem gewissen Zweck, und nachher werde ich als Seele leben. Ich gehöre zu Gott und in das Reich Gottes."

Der Tag wird kommen, an dem dieses grundlegende Wissen jedem von uns selbstverständlich ist und wir diese Worte aus tiefstem Herzen sagen. Sie werden unsere Herzen vollkommen in Besitz genommen haben. Jetzt aber ist genau das Gegenteil der Fall. Wir betrachten unsere Kleidung und überlegen, welchen Eindruck wir machen. Wir mustern unseren Körper und fragen uns, wie er aussieht. Wir sehen die Körper unserer Mitmenschen an und beurteilen sie.

Manche Körper gefallen uns nicht, andere finden wir schön. Wir mögen die Kleidung mancher Menschen nicht, eine andere gefällt uns wiederum, und es ist uns wichtig, dass uns jemand einen ‚guten Morgen' oder ‚guten Abend' wünscht. Werden wir nicht gegrüßt, denken wir: „Ein schwieriger Mensch; mit dem ist nicht auszukommen."

Was bewirkt es, wenn jemand ‚guten Morgen' sagt? Sagt jemand: „Du bist schlecht", was soll das? Oder sagt mir jemand: „Du bist sehr gut", was bedeutet das? Gar nichts! Der andere hat mich damit weder schlecht noch gut gemacht. Er hat sich bloß geäußert, und diese Äußerung ist nicht wichtig. Wichtig ist es zu sein. Wir wissen, was wir sind, und sämtliche Bemerkungen sind unbegründet, wirkungslos und ohne Bedeutung, denn die Leute wissen nicht, was wir sind. Wir wissen es. Wie wollen sie für uns entscheiden? Wie für uns bestimmen, ob wir gut oder schlecht sind? Unsere eigene Denkweise aber ist so verworren, dass wir selbst nicht wissen, was wir sind. Wir hängen vom Urteil und den Meinungen anderer ab. Dadurch gelangen wir nie zur Ruhe. Wir hängen vom Verhalten anderer ab - ob mir dieser Mensch gut tut, ob er mich liebt, für mich sorgt, mich schützt und auch wirklich ehrlich zu mir ist. Ist nichts davon der Fall, was bleiben wir dann? Was sind wir dann? Wir sind von einem anderen abhängig.

Geht die Sonne auf, bringt sie uns Licht. Ohne sie haben wir kein Licht, sondern nur Dunkelheit. Wir aber sollten unser eigenes Licht haben und alles aus uns selbst schöpfen. Andere mögen von uns abhängig sein, aber wir dürfen auf niemanden angewiesen sein.

Dieses Leben der Vollkommenheit brauchen wir, meine Lieben. Abhängigkeit ist der größte, schwerste und schrecklichste Fluch, unter dem wir nicht glücklich sein können. Das ist bitter. Muss ein anderer uns den Bissen in den Mund stekken oder einen Schluck Wasser einflößen, so sind wir nicht lebensfähig, denn eines Tages ist der andere vielleicht nicht mehr da und wir bekommen nichts zu essen und zu trinken; dann sind wir in Not.

Alles, was wir für uns selbst benötigen, sollten wir aus eigenen Quellen beziehen. Dafür hat Gott alle Voraussetzungen geschaffen. Und was tut der Meister? Er gibt euch diese Kraft, so dass ihr selbst für euch sorgen könnt und ihr niemandem zu Dank verpflichtet seid oder irgendwelche Dienste annehmen müsst. Ihr aber könnt allen Menschen dienen, ohne auf ihre Dankbarkeit angewiesen zu sein. Im Namen eurer liebevollen Verbundenheit auf der seelischen Ebene und auf der Ebene Gottes, der unser aller Vater ist, werdet ihr allen dienen. Dann werden wir gute Bewohner im Reich Gottes sein. Gott wird uns als seine würdigen Kinder ehren, wir werden unser eigenes, großartiges Leben genießen und in der gesamten Schöpfung Gottes als großartig, liebenswert und wunderbar angesehen werden. Überall und von jedem werden wir hoch geachtet werden.

Genießen wir auf Erden die Hochachtung einiger Menschen, so gibt es andererseits doch so viele, die uns nicht kennen und denen wir gleichgültig sind. Wieder andere kritisieren und hassen uns womöglich. Vielleicht gibt es mehr Menschen, die uns ablehnen, als solche, die uns lieben, oder umgekehrt, aber der Unterschied ist belanglos. Diese Existenz ist kein Leben, und wir können darauf nicht stolz sein und behaupten: „Ich bin ein Mensch." Wir sind kaum mehr als Tiere. Auch Tiere werden von manchen Menschen gemocht und von anderen nicht. Wir aber sollten in Gottes Schöpfung keinem missfallen, sondern für alle Menschen so großartig und wunderbar sein, dass jeder Mensch und jedes Lebewesen, ja Gott selbst sich über unser Kommen freut, da mit uns etwas Wertvolles und Gutes erschienen ist. Gott selbst soll

Freude und Genugtuung empfinden, dass wir zu ihm gekommen sind.

So muss und wird unser Leben beschaffen sein. Das muss erreicht werden, denn anders werden wir nie unseren angemessenen Platz finden. Gott ist vollkommen und wird überall von allen respektiert und geehrt, denn er ist zu allen gut. Menschen mögen sich ihm widersetzen und ihn ablehnen, doch er wird niemals in gleicher Weise darauf reagieren, sondern stets aus seiner mächtigen, umfassenden Liebe heraus handeln.

Gott ist reine Liebe. Daher kann er nicht anders, als uns alle zu lieben. Wenn ihr einen Vorrat Äpfel besitzt, den ihr verschenken möchtet, wird es euch Freude machen, die Äpfel an irgendwelche Menschen verteilen zu können. Seid ihr jedoch auf jemanden wütend, werdet ihr eher nach einem Apfel greifen und ihn dem anderen in Ermangelung eines anderen Geschosses zornig an den Kopf werfen. Selbst in eurem Zorn noch müsst ihr einen Apfel schleudern, weil ihr sonst nichts habt. Das gilt auch für Gott: Er muss einfach alle lieben, da er nur über Liebe verfügt. Hass kennt er nicht.

Gott ist reine Liebe, und sie wird auch der Maßstab eures Lebens sein. Ihr werdet nicht anders können, als alle Menschen zu lieben. „Liebe deinen Nächsten wie dich selbst und liebe deine Feinde." Diese Lebensweise wird sich von selbst einstellen, und ihr werdet auch das Gebot erfüllen können: „Du sollst Gott, deinen Vater, von ganzer Seele, von ganzem Gemüt und von ganzem Herzen lieben." Da er hundertprozentige Liebe ist, werdet ihr es ebenso sein, und beide Seiten ziehen einander durch die Kraft ihrer Zusammengehörigkeit an. Diese Anziehungskraft ist immer gleich stark.

Diese Liebe wird also ewig sein, weil beide die gleiche Richtung haben. Wir sind Reisegefährten auf der Straße der Liebe. Wir werden niemals getrennt sein, sondern immer beisammen bleiben. Das ist die großartige und mächtige Art des Seins, die uns ein ganz, ganz wunderbares, ehrenvolles, schönes Leben ermöglichen wird. All die ungeheuren Meere der Liebe, die in uns bereitliegen, werden vom Tonstrom erweckt werden.

Der Adi Granth sagt, dass es dieser Tonstrom ist, der erfüllt ist von Liebe, Elixier, Manna des Lebens, Brot des Lebens und Wasser des Lebens. Ihr werdet ihn beglückt genießen, aber erst, wenn ihr gereinigt seid. Vorläufig ist der Tonstrom noch dabei, euch zu reinigen. Noch empfinden wir ihn nicht so köstlich, so wohltuend und geschmackvoll, wie er tatsächlich ist, denn ein Großteil seines Geschmacks, seiner Köstlichkeit und Süße geht in den Schlacken, dem Schmutz und der Bitternis verloren, die wir in der Außenwelt und von dem Negativen der drei Welten angesammelt haben. Dazu ist zweifellos eine gewisse Zeit notwendig, doch wir machen Fortschritte und werden unser Ziel sicher erreichen.

Jeder muss dieses Ziel erreichen! Der Meister wird uns nicht auf halbem Weg zurücklassen. Sein erstes Versprechen lautet: „Ich will und werde dich nicht verlassen, ehe du nicht eins geworden bist mit Gott." Seid ihr erst eins mit Gott, dann seid ihr bereits so wie er, ihr seid in ihm und bei ihm, und das ist wahrhaftig unser wahres Leben, zu dem uns der Meister verhilft. Arbeiten wir mit ihm zusammen, so ist das sehr gut und ganz wunderbar. Tun wir es aber nicht, verlängern wir damit nur unsere Reise in diesem Dasein des Leidens oder verzögern sie ein wenig. Lasst uns mit dem Meister zusammenarbeiten! Er wird alles für uns zum Guten lenken, und wir werden glücklich sein - je eher, desto besser.

In Indien gibt es folgendes Sprichwort: „Musst du etwas Gutes tun, dann frage niemanden um Rat, sprich mit niemandem darüber und tu es auf der Stelle. Hast du jedoch etwas weniger Gutes oder gar Böses vor, hole dir von allen

Seiten Rat!" Vielleicht sagt euch dann einer: „Tu es nicht! Das ist schlecht." Dann werdet ihr überlegen: „Manche haben mich dazu ermuntert, andere haben mir abgeraten. Na schön, ich lasse es lieber!"

Was euch aber der Meister sagt, das tut unverzüglich! Wenn euch die Menschen etwas raten, erkundigt euch beim Meister: „Soll ich tun oder lassen, was meine Mutter sagt, was mein Vater sagt, meine Kinder sagen, mein Gemüt sagt? Führt das zu etwas Gutem?" Fragt ihn, und wenn er es erlaubt, ist es gut. Erlaubt er es aber nicht, dann lasst es! Erfüllt den Willen des Meisters, denn sein Wille ist der Wille Gottes. Der Wille Gottes ist euer eigenes Selbst, das euch helfen und segnen wird, und das ist das einzige, wovon euch Hilfe und Segen zuteil werden kann. In der gesamten Schöpfung Gottes kann uns nur Gott und Gottes Wille helfen und nichts sonst!

Unser Gemüt und unser Verstand weisen uns zu hundert Prozent in die Gegenrichtung, denn sie sind das genaue Gegenteil von Gott. Daraus ergibt sich ganz klar, dass Gott, wenn er unser eigenes Selbst ist, uns hilft. Wir sollten ihn also anerkennen. Alles, was im Widerspruch zu Gott steht, kann nicht gut für uns sein; wir dürfen es nicht akzeptieren. Nur Gott und sein Wille können uns helfen. Wir gehören ihm und er gehört uns. So einfach ist das! Er ist bereits bei uns, und diese heiligen, wunderbaren Verbindungsglieder zu ihm wurden durch den Meister hergestellt.

Was für ein gewaltiger Wandel hat sich in euch vollzogen! Noch vor ‚kurzem' wart ihr wenig mehr als Schafe, Mäuse und Katzen, die ziellos umherzogen, ohne jeden Sinn und Zweck, ohne jeden Wert und Nutzen. Was seid ihr jetzt? Ihr seid Seelen, ihr seid die wunderbaren Kinder Gottes. Ihr gehört Gott. Gott ist in euch, der Meister ist in euch, und ihr seid herrlich. Was für ein wunderbares Leben ist das! Was für ein herrliches, besonderes Leben! Meine Lieben, ihr seid so lieb, so wunderbar, so großartig, dass ich es gar nicht in Worte zu fassen vermag *(lacht)*. Ich kann mich nur an euch freuen, und auch ihr werdet euch erfreuen können. Auch ihr werdet imstande sein, im Inneren Freude zu erfahren. Ihr werdet tiefe Freude erleben.

Vielleicht kann ich einige lebende Beispiele vorbereiten, die aufzeigen, was sich in eurem Inneren verbirgt, was ihr genießen könnt und dass ihr ein großartiges, herrliches Leben besitzt. Es bedarf einiger lebendiger Vorbilder, denen die Menschen dieser Welt Glauben schenken und die sie davon überzeugen können, dass jemand tatsächlich das wahre Leben erlangt hat und auch ,lebendig' genannt werden kann.

Wie werden die weltlichen Menschen darauf reagieren? Es wird ihnen klar werden, wie nutzlos und wertlos ihr eigenes Leben ist. Was haben sie auf Erden vollbracht? Selbst als Herrscher über die gesamte Welt wären sie absolut ohne jeden Nutzen. Die Menschen mit jener Verbindung hingegen sind wirklich ganz, ganz wunderbar. Wenn man jemanden loben und preisen kann, so sind es die Menschen mit dieser Verbindung. Alle Menschen auf Erden werden eifersüchtig sein - oder besser noch - einsehen, dass sie nicht länger ihre Zeit vergeuden sollten. Nachdem diese Menschen den höchsten Nutzen aus ihrem Leben gezogen haben, sollten auch wir alles daran setzen, dasselbe zu erfahren wie sie, damit wir nicht ohne die Segnungen bleiben, die sie genießen.

Ein tiefes, echtes Verständnis wird in den Herzen der Menschen erwachen, sobald sie solche Persönlichkeiten sehen, wie sie in der Bibel oder in anderen heiligen Schriften geschildert werden. Es werden lebende Beispiele vorhanden sein. Ihr werdet sie sehen können und wünschen, ebenso zu werden wie sie. Zumindest aber werdet ihr den Wunsch haben, die Generationen nach euch in diese Richtung zu lenken, damit sie ebenfalls den Wert, die Nützlichkeit und Größe erreichen, die auch in ihnen schlummern. Sie sollen nicht ihren Wert und das, was sie besitzen, verlieren. Wird der Mensch geboren, kommt er bereits mit allen Gaben zur Welt, vollkommen und vollständig wie Gott. Doch er lebt völlig getrennt, ohne Verbindung zu diesen Fähigkeiten, und beschränkt sich ganz auf den physischen Körper und das Vergängliche in diesem ‚Tal des Todes'. Sein Leben auf Erden vergeht, und am Ende ist der Mensch ein großer Verlierer, der größte Verlierer überhaupt. Was hat er verloren? Das Reich Gottes, Gott und die gesamte Schöpfung Gottes sowie sein eigenes Selbst, die Seele.

Was für einen tragischen, gewaltigen Verlust hat der Mensch in dieser Welt erlitten! Hätten wir zehn Millionen Dollar oder sonstigen Besitz in diesem Wert verloren, so wäre das nichts, denn verglichen mit dem Wert der gesamten Schöpfung Gottes, dem Reich Gottes und uns selbst als Seele verblassen sämtliche weltlichen Dinge zu nichts.

Der Mensch muss sich hier etwas verdienen. Und was? Er muss einfach nur finden und zusammenhalten, was Gott ihm gegeben hat, wozu Gott ihn gemacht hat und womit er ihn gesegnet hat. Das müsst ihr erkennen, erfahren und bewahren. Eine Steigerung von dem, was ihr bekommen habt, gibt es nicht. Ihr könnt dem nichts hinzufügen. Aber verliert auch nichts von dem, was Gott euch bereits geschenkt hat! Soweit zumindest sollte der menschliche Verstand reichen. Wir werfen alles Gold und Edelsteine und andere wertvolle Dinge weg und sammeln nichts als Abfall, Schmutz und Schlacken ein. Diese Dinge werden uns nicht begleiten. Sie werden ebenfalls hier bleiben.

Es ist ein Irrtum, eine Art Unwissenheit, die den Menschen befallen hat. Er leidet und wird auch weiterhin leiden, meine Lieben. Das will ich nicht. Das gefällt mir nicht. Auch euch gefällt es nicht, doch ihr wurdet getäuscht und habt kein wahres Wissen erlangt. Jetzt ist die Zeit günstig, und es ist höchste Zeit! Zumindest habe ich versucht, euer Verständnis zu wecken, und bis zu einem gewissen Grad habt ihr es auch verstanden. Das freut mich. Trotzdem ist ein noch stärkeres Erwachen notwendig; ihr müsst vollständig wach werden.

Weckt die Mutter ihr Kind auf und sagt: „Komm, mein Kleines, steh auf, geh ins Bad!", setzt sich das Kind auf. Kaum hat die Mutter sich entfernt, legt sich das Kind wieder hin. Nach einer halben Stunde kommt die Mutter wieder, und das Kind ist nicht im Bad, sondern liegt noch im Bett. Sie weckt es erneut: „Steh auf, steh auf!" „Ja, ja! Ich stehe schon auf." Wieder geht die Mutter, und das Kind legt sich wieder hin. So sollte das nicht sein, meine Lieben. Jetzt habt ihr vierzehn bis sechzehn Stunden meditiert, sechzehn bis achtzehn oder zwölf bis vierzehn Stunden, so ungefähr. Ist der Meister aber fort, werdet ihr sagen: „Keiner ermahnt uns mehr. Jetzt wollen wir uns endlich ausruhen, wie an einem Sonntag. *(Lacht.)* Wir können ausruhen und ungestört schlafen, schlafen, schlafen. Zwischendurch stehen wir nur kurz einmal auf, baden, trinken eine Tasse Tee oder Kaffee, essen eine Kleinigkeit zum Frühstück, und dann schlafen wir gleich wieder weiter." *(Lacht.)*

Meine Lieben, das ist nicht gut. Ist der Meister da, müsst ihr tun, was er sagt. Ist er nicht da, müsst ihr doppelt so viel tun, damit er stolz auf euch sein kann, weil ihr wirklich gute Kinder seid. Er soll euch seine ‚guten Kinder' nennen dürfen. Wenn ihr etwas Gutes tut, wird er sehr stolz auf euch sein!

Nun gut, meine Lieben, es gibt nicht viel zu sagen. „Ein Gramm Praxis ist mehr wert als Tonnen von Theorien." Das hat mein Meister immer gesagt, und das trifft wirklich zu.

Ich kann pausenlos reden, reden und nochmals reden, aber wenn ihr meine Worte nicht in die Praxis umsetzt, wird sich nichts ändern. Erst wenn ihr etwas tut, wird sich ein Ergebnis einstellen. Wiederholt ihr aber bloss andauernd: „Ach, das Feuer brennt nicht. Feuer, brenne, brenne, brenne! Feuer, Feuer, Feuer brenne doch!", werdet ihr euer Leben lang dem Feuer vorsagen, dass es brennen soll, aber es wird nicht brennen, ehe ihr nicht Hand anlegt und es anzündet.

Nur ein Leben der Verwirklichung ist Leben. Theorien allein sind kein Leben. Beschränkt euch also nicht auf Theorien! Setzt in die Tat um, was euch gesagt wurde! Das Leben, wie es der Meister euch erklärt hat, ist das einzige, das es wert ist, verwirklicht zu werden. Das muss euch klar sein. Alles andere ist wertlos, nutzlos und schädlich. Einige Dinge hat er euch zu tun erlaubt, andere hat er euch empfohlen und von wieder anderen hat er euch abgeraten. Haltet diese drei Bereiche genau ein! Was er nicht erlaubt hat, das tut nicht! Was er euch gestattet hat, das dürft ihr tun. Und was er euch empfohlen hat, das müsst ihr tun. Es ist eure oberste Pflicht.

Fragen und Antworten in Odessa

23. Mai 1998, Abendsatsang Odessa, Auswahl

Meine Lieben, heute gibt es einen Frage-und-Antwort-Satsang. Aber ich erwarte keine Fragen von euch, weil ihr dafür vorbereitet worden seid, selbst die Antwort auf jede Frage zu sein. Ich bringe euch dazu, jede Frage der ganzen leidenden Menschheit beantworten zu können. Wenn Patienten zum Arzt gehen, haben sie Fragen. Der Arzt aber soll die Patienten von ihren Krankheiten befreien und ihre Fragen beantworten. Wann entstehen Fragen? Wenn es Probleme, Leiden und Sorgen gibt und wir sie aus eigener Kraft nicht beseitigen konnten. Damit gehen wir zu Verwandten, Freunden oder zu irgendeiner uns wohlgesonnenen Person. Manchmal erhalten wir Hilfe. Manchmal aber auch nicht, und dann sind wir verzweifelt.

Die Welt ist eine Frage an sich. Jeder, zu dem ihr geht, hat Probleme und Sorgen. Niemand hat bisher eine Lösung gefunden und alle leiden. Die Regierungen leiden, die Bevölkerung leidet, die Reichen leiden und die Armen leiden. Sie versuchen, einander zu helfen, aber das funktioniert nicht. Ich bereite euch darauf vor, selbst die Lösung aller Probleme auf allen Ebenen zu sein - ob sie Ameisen, kleine Tiere, Vögel oder auch Könige betrifft. Euch wurde der Kontakt zu einer Macht gegeben, die fähig ist, sich um jedes Lebewesen zu kümmern, angefangen bei der kleinsten Ameise oder einem winzigen Wurm bis hinauf zu Elefanten oder sogar Königen und Kaisern.

Diese Verbindung habt ihr erhalten, damit ihr ihnen helfen könnt. Ihr werdet keine Schwierigkeiten haben. Junge Menschen wurden initiiert. Auch sie arbeiten an ihren Meditationen. Sehr alte Leute, die im Krankenhaus beziehungs-

294

weise im Bett liegen, wurden mit dieser Kraft verbunden. Auch sie genießen es. Die einzige Bedingung ist, dass man ein Mensch ist und lebt. Ihr werdet einen Zustand großer Vollmachten erreichen und in der Lage sein, Großartiges zu vollbringen. Das ist euch bestimmt. Die Schwierigkeit besteht darin, dass ihr wie eine Sonne seid, die die ganze Welt erleuchten soll, dabei aber selbst mit vielen Schichten umhüllt ist. Dadurch hat sie ihr Licht und ihre Hitze verloren und leidet selbst.

Der Mensch, der geschaffen wurde, um alle Lebewesen von ihren Krankheiten zu befreien, steckt selbst tief im Leid. Doch ihr erkennt das noch nicht einmal als Problem. Deswegen habe ich euer Problem gelöst, und jetzt solltet ihr mit mir zusammenarbeiten und euch selbst helfen.

Euch wurden vollkommene Mittel und Wege zur Verfügung gestellt, die sehr leicht genutzt werden können. Ihr seid mit allem Notwendigen versorgt und braucht es nur noch zu genießen. Ihr müsst nicht obdachlos draußen in Kälte und Regen leiden, denn es wurde ein Haus für euch erbaut. Leben müsst ihr allerdings selbst darin.

Der schwierigste Teil, nämlich aus eurer Notlage herauszukommen, wurde bereits gelöst. Doch eure Pflicht ist es, im Haus zu wohnen, und das ist sehr einfach. Ihr seid mit dem heiligen Licht und Ton, die ihr nicht finden konntet und die niemand finden kann, verbunden worden.. Gestern habe ich euch das Beispiel von einer Person erzählt, die sich im Goldenen Zeitalter 82 000 Jahre lang bemüht hatte, die göttlichen Offenbarungen zu finden - ohne Erfolg. Es gab auch sehr viele andere Menschen, die sich deswegen ebenfalls sehr langen und harten Disziplinen unterzogen haben. Doch dadurch magerten sie bloß zu Skeletten ab, konnten aber jene übergeordnete Hilfsquelle nicht erreichen und sich auch nicht selbst helfen. Das liegt allein in der Macht und Kompetenz dessen, der von Gott damit beauftragt wurde und mit speziellen Kräften ausgestattet hierher gesandt wird.

Glücklicherweise habt ihr das gefunden, was euch allein zu finden unmöglich gewesen wäre. Wenn ihr also etwas äußerst Kostbares gefunden habt, das man kaum je alleine finden kann, dann haltet es ganz fest! Es ist so kostbar, so nützlich, also benutzt es! Verschwendet nicht eure Zeit und Kraft und hört auf zu leiden!

Das ist meine aufrichtige, herzliche Bitte an euch alle: Keiner von euch soll noch leiden, sondern ihr sollt alle Lebewesen dieser Erde von ihren Leiden erlösen. Fahrt fort, an diesen heiligen Verbindungen zu arbeiten! Das bereitet sogar Freude und ist keine trockene Angelegenheit.

Frage: Lieber Meister, bitte erkläre, welche Bedingung ich erfüllen muss und wie meine Bemühungen genau aussehen sollen, wenn ich die Chance haben möchte, Gott in der kurzen Zeit von ein oder zwei Jahren zu finden.

Meister: Niemand kann diese Frist bestimmen, denn sie hängt von der inneren Struktur eines jeden einzelnen ab. Aber die Kompetenz des Meisters ist wirklich groß - viele Leute, etwa zehn oder zwanzig Prozent finden Gott bereits am Tag der Initiation.

Einige sehen ihren Meister, an den sie geglaubt haben, wie beispielsweise Rama, Krishna oder Guru Nanak in Indien. Im Westen glauben die meisten an Christus oder das Kreuz, und wieder andere an Buddha und den Buddhismus. Sie finden diese einflussreichen Persönlichkeiten, die sie den höchsten Gott nennen, im Inneren, und wer einen Heiligen oder Meister gesehen hat, den er für Gott hält, kann sagen: „Ich habe Gott gesehen." Das Kriterium ist, dass ein Meister, dem ihr im Inneren begegnet, vor der Wiederholung der heiligen fünf Worte bestehen bleibt; dann ist er Gott - ob ihr ihn nun kennt oder nicht. Versucht, durch seine Augen oder seine Stirn in ihn einzudringen, und ihr werdet euch so lange verwandeln, bis ihr eins mit ihm geworden seid.

Für diejenigen, die den Meister innen noch nicht gefunden haben, sondern nur etwas Licht, steht die Tür auch offen. Sie sollten dem Licht und dem Ton folgen, und sie werden das gleiche erfahren. Wenn die Sonne aufgeht, sagen einige: „Die Sonne ist da und der Tag fängt an." Aber andere meinen: „Die Dunkelheit der Nacht hat abgenommen, jetzt ist etwas nebliges Licht zu sehen und es ist weniger finster." Sie werden erwarten, dass in etwa einer Stunde die Sonne, von der das Licht stammt, auch zu sehen sein wird und die Dunkelheit vertreibt. Alle nötigen Methoden sind euch gegeben worden. Ihr habt sie ganz praktisch bekommen und werdet mit Sicherheit und ohne Zweifel Gott finden. Die dafür benötigte Zeit ist für jeden individuell verschieden. Sie hängt hauptsächlich davon ab, wieviel Zeit ihr für eure Meditationen einsetzt und von eurer Aufrichtigkeit, Liebe, Hingabe und eurem Glauben an ihn.

Frage: Was ist der Hauptunterschied zwischen der Initiation, die der Meister erteilt, und der Initiation, die ein Initiationsbevollmächtigter übermittelt? Kann man vom Meister initiiert werden, nachdem man von einem Beauftragten initiiert worden ist?

Meister: Wenn der Besitzer eines Schatzes selbst den Leuten Geld gibt und dann jemanden einsetzt, der den Schatz verwalten soll, mit der Begründung: „Ich muss anderen Verpflichtungen nachkommen. Gib den Leuten von meinem Geld!", dann besteht zwischen beiden kein Unterschied. Alle zur Initiation Bevollmächtigten sind mit den Schätzen des Meisters verbunden. Alles kommt direkt von ihm. Ihre Aufgabe ist es, der Menschheit zu dienen, da ich nicht zu jedem kommen kann. Die Leute haben, wenn sie von meinen Beauftragten initiiert werden, dieselben inneren Erfahrungen, die sie auch bei einer Initiation direkt durch mich erhalten.

Wenn ihr also von einem Initiationsbevollmächtigten initiiert worden seid, ist es nicht nötig, noch einmal von mir persönlich initiiert zu werden. Ihr solltet aber auf jeden Fall versuchen, mich danach so bald wie möglich physisch zu sehen. Das ist sehr hilfreich,um eure innere Verbindung zum Meister zu verbessern, besonders für diejenigen, die den Meister innen noch nicht gesehen haben. Wer aber den Meister innen vor dem physischen Meister gesehen hat, braucht das nicht.

Frage: Du empfiehlst uns, das spirituelle Tagebuch zu führen. Wie wichtig ist es für unseren spirituellen Fortschritt, dieses Tagebuch zu führen, denn wir ignorieren es ja oft?
Meister: Das spirituelle Tagebuch ist sehr wichtig, denn es macht euch eure Handlungen bewusst und auch wie gut oder schlecht ihr seid.

Es war einmal ein Mann, der jeweils einen Kieselstein an einen bestimmten Ort legte, wenn er etwas Falsches getan hatte. Nach einer Woche stellte er fest: „Das ist aber ein riesiger Haufen!"

Wir begehen ständig Sünden, aber unser Gemüt vergisst gewöhnlich alles Unrechte und erinnert sich nur an das Gute. Wenn ihr jemanden fragt: „Hast du etwas Schlechtes getan?", erwidert dieser: „Nein, niemals." Sagt ihr darauf: „Gestern habe ich dich aber beobachtet, wie du dies oder jenes getan hast", antwortet er: „Das war das einzige Mal - vorher habe ich so etwas noch nie getan!" Erinnert ihr ihn dann an den vorgestrigen Tag, als ihr ihn auch bei etwas erwischt habt, lautet die Ausrede diesmal: „Ja, aber das war das einzige Mal!"

Das Gemüt neigt dazu, alles Schlechte zu verbergen und nur mit dem Guten zu prahlen, das man getan hat. Es will sich nicht daran erinnern. Dieses Tagebuch wird euch den wahren Zustand eures Gemütes zeigen. Es ist kein Tagebuch im normalen Sinn, sondern eine Selbstbeobachtung eures Gemütes. Wenn es behauptet: „Ich habe nichts getan", dann haltet ihm das Tagebuch hin: „Hier stehen deine Handlungen." Es wird sich schämen und merken: „Alles, was ich falsch mache, wird registriert. Ich sollte es lieber lassen."

Auch die Meditationszeiten werden eingetragen, und ihr werdet überblicken, ob sie kürzer geworden sind, und euch fragen, warum das so ist. Ihr werdet euch dessen bewusst sein und versuchen, wieder mehr Zeit einzusetzen. So wird euer Leben geregelt; die Meditationszeiten und auch euer Tun werden verbessert.

Und der dritte sehr wichtige und hilfreiche Faktor des Tagebuches ist, dass ihr den Anweisungen des Meisters folgt. Selbst wenn ihr keine Ahnung vom Nutzen dieser Arbeit habt, die euch der Meister aufgetragen hat, und ihr ihm einfach nur folgt: „Ich muss dem Meister gehorchen", so bringt euch das allein schon reiche Belohnung. Seine Gebote zu halten und dies an die erste Stelle zu setzen - ob ihr sie nun versteht oder nicht - bringt euch den größten Segen.

Ich selbst habe festgestellt, dass mir das Führen des Tagebuches sehr zugute kam. Wenn ich es vernachlässigte, ging es mir nicht gut, obwohl ich wusste, dass bei mir so weit alles in Ordnung war. Das Tagebuchführen bewahrt euren Gehorsam den Geboten des Meisters gegenüber, und das wiederum hält eure Verbindung zum Meister aufrecht.

Mein Meister gab nach der Initiation immer jedem das Tagebuchblatt. In Indien war unter den Neuinitiierten einmal eine alte, ungebildete Frau. Da sie weder lesen noch schreiben konnte, wusste sie nicht, was auf dem Formblatt stand, noch was sie darauf eintragen sollte. So legte sie das Blatt an einen sauberen, hübschen Platz und legte jeden Tag ein paar Rosenblätter darauf. Nach ein oder zwei Monaten brachte sie das Tagebuchblatt voller Blütenblätter mit zum Meister: „Du hast mir aufgetragen, das Tagebuch zu führen. Das habe ich getan. Bitte nimm es!"

Der Meister war sehr glücklich: „Sie kann weder lesen noch schreiben; dennoch hat sie mir gehorcht und mein Gebot geachtet. Voller Respekt führte sie das Tagebuch, indem sie Blütenblätter darauf streute." Da fragte der Meister: „Wie ist dein innerer Fortschritt?" Sie antwortete: „Ich sehe dich im Inneren, und ich spreche mit dir." Damit bekräftigte der Meister, wie wichtig es ist, das Tagebuch zu führen.

Frage: Lieber Meister, du sagst, wir sollen den inneren Meister erreichen, der seit dem Zeitpunkt der Initiation bei uns ist. Ist es wirklich nötig, ihn zu sehen? Ich sehe ihn nicht, spüre aber, dass er bei mir ist und mir hilft. Ist das real oder bloß Gemüt?

Meister: Seht, wenn ein Mädchen heiratet, was bekommt sie dann eigentlich nach der Hochzeit? Vielleicht bekommt sie wunderschöne Kleider, viel Geld oder Wohlstand durch ihren Mann. Sie denkt: „Mein Mann ist ein guter Gatte. Er kümmert sich um mich und gibt mir viele Sachen." Wenn sie den Gatten aber nicht zu Gesicht bekommt, hat sich der Sinn ihrer Heirat nicht erfüllt. Die Hilfe oder die Gegenwart des Meisters lediglich zu spüren erfüllt nicht den Zweck. Trotzdem ist es in Ordnung, immerhin besser als nichts. Aber gebt euch nicht damit zufrieden! Wenn euer Ehegatte euch allen Besitz der Welt gibt, aber nicht selbst zu euch kommt, habt ihr nichts. Den Meister im Inneren zu finden, mit ihm zu sprechen und damit alles zu erhalten, das stellt eine vollständige Beziehung dar, die vollkommene Hochzeit eurer

Seele mit Gott. Lasst euch nicht täuschen und durch nichts davon abhalten, ihn persönlich zu sehen. Ihr müsst ihn finden! Das ist das erste Gebot.

Frage: Auf welcher Ebene beginnt das Reich Gottes? Auf der Astralebene oder auf der fünften Ebene?
Meister: Wisst ihr, es gibt zwei Eisenbahnlinien. Jede führt zu einem anderen Ort. Es gibt auch Lichter und Klänge, die einen bis an die obere Grenze von Brahmand, dem Reich des Bösen, bringen. Am Anfang ist der Weg der gleiche, denn der Weg, der uns in die höchste, die fünfte Ebene des Reiches Gottes bringt, führt auch durch die drei unteren Regionen. Aber die Initiierten, die von Meistern des Brahmand eingeweiht sind, werden dort behalten, während wir weitergehen können.Ansonsten beginnt das Reich Gottes in dem Augenblick, da ihr aus dem physischen Körper kommt und die erste Ebene betretet. Dann seid ihr im Reich Gottes.

Von Anfang an bekommt ihr die Segnungen des höchsten Gottes, der in der fünften und auch in der achten Region weilt, weil ihr mit dem Königreich Gottes und dem König, dem Meister, mit Gott, verbunden seid. Jene sogenannten Meister, die nur bis zu den astralen oder kausalen Regionen Zugang haben, können ihren Initiierten zwar auch gewisse Lichter und Klänge vermitteln, doch sie werden das Reich Gottes niemals erreichen und sind auch nicht damit verbunden.

Ihr jedoch habt diese Verbindung von Anfang an. Welches Licht und welchen Ton ihr auch immer erfahrt, sie stammen aus dem Reich Gottes, ebenso wie alles andere, was ihr im Inneren wahrnehmt. Aber solange wir in der Region der Negativkraft sind, drängt sie uns immer wieder ihre eigenen Sachen auf - doch sie werden alle durch die heilige Kraft des Simran geprüft. Auf diese Weise seid ihr auf eurem Weg in das Reich Gottes sicher und beschützt und werdet seine höchsten Verbindungsglieder erreichen, ohne dass euch die Negativkraft davon abhalten kann.

Wenn wir auf das Licht meditieren, ist es also dringend erforderlich, die Worte des Simran zu wiederholen, damit wir beschützt bleiben, solange wir durch die Regionen reisen, die von der Negativkraft beherrscht werden. Der Ton jedoch ist alleine stark genug, um jede Einmischung des Negativen zu verhindern. Das einzige, was es tun kann, ist zu versuchen, euch vom Ton zu trennen. Bemüht euch also immer, mit dem Ton in Verbindung zu bleiben!

Frage: Kann man wissen, auf welche Ebene man gestiegen ist, und wie kann man erkennen, ob man die fünfte Ebene erreicht hat?

Meister: Es ist unnötig zu wissen, wo ihr angelangt seid, denn in den dazwischen liegenden Regionen steht ihr sozusagen immer ‚unter Verschluss‘. Die unteren Regionen sind so entsetzlich trügerisch! Sie würden eure Aufmerksamkeit anziehen, um euch vorzugaukeln, dass sie das Höchste sind und es darüber hinaus nichts gibt. Und ihr würdet ins Negative hinausspringen. Ihr dürft nichts von den Schönheiten oder Herrlichkeiten jener Regionen genießen, die ihr durchquert, weil das sehr gefährlich für euch wäre.

Doch der Meister wird euch manchmal erscheinen und persönlich mit euch reden. Ab und zu dürft ihr Sonne, Mond oder Sterne sehen, anhand derer ihr feststellen könnt, in welcher Region ihr seid. Aber der Kontakt mit dem Ton ist zuverlässiger - ihr hört den Ton der entsprechenden Ebene. Doch diese Information ist auch nicht immer korrekt, weil der Ton manchmal, wenn ihr harte Karmas abbezahlen und Krankheiten, Schmerzen oder Probleme durchleiden müsst, in niedrigere Ebenen herabkommt.

Ihr könnt eure Karmas nur auf der ersten oder zweiten Ebene abbezahlen, und der Ton bringt euch auch nach unten, indem er selbst herabsteigt. Aber manchmal, wenn das Karma zu Ende ist und ihr frei seid, seid ihr wieder oben und genießt den höheren Ton, an dem ihr überprüfen könnt, wo ihr wirklich seid. Normalerweise solltet ihr den dazwischen liegenden Bereichen keine besondere Aufmerksamkeit schenken. Der Meister ist bei euch. Er kümmert sich um euch und wird euch zum Ziel bringen. Ihr seid nur für eure Licht- und Tonmeditation verantwortlich.

Frage: Was wird auf dieser Erde geschehen, wenn die Mehrzahl der Menschen das göttliche Licht und den göttlichen Ton erreicht haben und die Negative Kraft verschwindet? Kann sich Leben auf der Erde entwickeln, wenn es keinen Kampf zwischen der Positiven und der Negativen Kraft mehr gibt?
Meister: Selbstverständlich wird euer Haus friedlich und wundervoll sein, wenn alle Diebe, Skorpione und Schlangen aus ihm entfernt worden sind. Nicht das Negative wird verschwinden, sondern nur seine negative Haltung. Die Diebe bleiben in eurem Haus, aber sie entwickeln sich zu euren Freunden. Sie werden euch weder verletzen noch euch irgendwelche Probleme bereiten. Sie werden geändert.

Wenn ihr ein sehr ungezogenes Kind habt, das nichts als Probleme in eurem Haus verursacht, werdet ihr es dennoch nicht hinauswerfen. Ihr werdet es dem Meister übergeben. „Bitte, nimm du es!" Er wird es annehmen, es reinigen, alles Schlechte herausziehen und es mit allem Guten anfüllen. Dann wird er es euch zurückgeben. Auf diese Weise wird uns das Negative, das uns jetzt so sehr verletzt, nicht mehr feindlich gegenüber stehen, sondern uns wohlgesonnen und dienstbereit sein. Diese Welt wird in ein Paradies verwandelt, von dem wir jetzt nicht einmal träumen können.

Bemüht euch also! Die Meisterkraft ist da, Gott ist da, und ihr werdet Erfolg haben. Ich bin ganz und gar sicher und überzeugt, dass wir die Welt in ein Paradies verwandeln können. Das werdet ihr genießen. Manche Initiierte kommen zu mir mit dem Wunsch, die Welt zu verlassen. Sie sei ihnen zu schlecht, um darin leben zu können. Dann frage ich sie, ob sie sich darauf vorbereitet haben. Der Ort, an den ihr gelangen sollt, ist bereits in euch. Gott, das Reich Gottes oder die Himmel sind nicht irgendwo ,da oben', sondern in eurem Inneren. Der Tod wird euch nicht helfen. Ihr werdet euch nur neue Probleme schaffen, nachdem ihr diese Chance verpasst habt, euch selbst zu reinigen und euch für das Reich Gottes vorzubereiten. Kommt also aus diesem irdischen Körper heraus, betretet das Reich Gottes und genießt es!

Ihr werdet zwischen dem Leben innerhalb und außerhalb des physischen Körpers keinen Unterschied spüren. Selbst wenn ihr dann im Körper seid, befindet ihr euch dennoch nicht im Körper, sondern an einem höheren Ort. Wenn ihr dann den physischen Körper endgültig verlasst, seid ihr sofort wieder hier oben im Stirnzentrum. Dann ist es für euch ein und dasselbe. Der einzige Unterschied besteht darin, dass ihr ab und zu in den physischen Körper hinabsteigen müsst, um die Rechnungen eures Schicksals mit euren Verwandten, Freunden oder Familienmitgliedern zu begleichen. Das ist der einzige Grund, warum wir nach der Initiation im physischen Körper sein müssen. Die Schicksalskarmas werden nicht verbrannt. Sie müssen bezahlt werden. Wenn der Meister in der Lage ist, alle Rechnungen eures Schicksalskarmas zu begleichen, werdet ihr sofort erhoben.

Fragen und Antworten in Jesolo

30.5.1998, Nachmittagssatsang Jesolo, Auswahl

Frage: *Ich wurde vor einigen Wochen initiiert und während der Meditation schlafe ich meistens. Ist das normal?*
Meister: *(lachend)* Genieße es! Wenn jemand schlecht einschläft, kann sich das gut auswirken. Manche Menschen haben Spannungen und Probleme, und wenn sie nicht einschlafen können, beginnen sie zu meditieren. Die Meditationen sind gute ‚Schlaftabletten'. *(Lachen.)* So haben die Meditationen wenigstens einen Nutzen. Wenn ihr mit geschlossenen Augen in Meditation sitzt, ist das Gemüt manchmal eine gewisse Zeitlang sehr aktiv und kämpft mit äußeren Dingen. So viele Gedanken tauchen auf, die sinnlos und bedeutungslos sind und immer wieder kommen. Ich kann sagen, das ist wirklich der schwerste Abschnitt eurer Meditationen.

Nach kurzer Zeit jedoch hat die Gotteskraft, die Meisterkraft, das Gemüt mehr unter Kontrolle, die Gedanken sind nicht mehr so stark, das Gemüt ist friedlicher und die Seele ist befreiter für den Beginn ihrer Reise. Aber wegen der Karmalasten oder aufgrund der Gewohnheit der Seele, hinabzusinken, tut sie das und dann seid ihr in einem schläfrigen Zustand. Das ist der zweite Abschnitt eurer Meditationen, und er ist besser als der erste.

Die Meisterkraft fährt jedoch fort, im Stillen und ohne euer Wissen, an euch zu arbeiten. Nach einiger Zeit ist auch dieser schläfrige Zustand überwunden, und die Seele wird wieder hierher gebracht *(der Meister deutet auf die Stirnmitte)* und ist voll bewusst. Im gleichen Moment, in dem ihr zu meditieren beginnt, fängt der Meister an, eure Schwierigkeiten und Probleme zu bereinigen, damit der Weg für euch frei ist.

Diejenigen, die meditieren, werden solche Erfahrungen schon gemacht haben. Wenn ihr dann wieder hellwach seid, wird es nicht mehr schwer sein, sich an der inneren Verbindung zu erfreuen. Aber es mag einige Zeit dauern, die ersten beiden Arten unseres mentalen Zustandes hinter uns zu bringen, manchmal je zehn, zwanzig Minuten oder sogar eine halbe Stunde und manchmal auch mehr, entsprechend unserem eigenen, individuellen Zustand.

Eure eigentlichen Meditationen beginnen erst dann, wenn ihr durch diese Zustände der mentalen Unruhe und der Schläfrigkeit hindurch seid. Wenn ihr in bewusstem Zustand seid, wird die Verbindung da sein und ihr könnt weitergehen. Das gilt gleichermaßen für alle Initiierten, gleichgültig ob sie schon lange oder erst seit kurzem initiiert sind. In der Zeit, in der wir uns in der Welt befinden, nehmen wir so viel Negatives auf und können deshalb nicht sofort die Verbindung erfahren. Zuerst muss diese Reinigung stattfinden, die sowohl für den Teil der Gemütsunruhe wie auch für den schläfrigen Zustand ihre Zeit benötigt.

So seid bitte nicht enttäuscht, wenn euer Gemüt ruhelos ist oder ihr schläfrig seid. Wartet und zur rechten Zeit wird ein bewusster Zustand eintreten und eure Verbindung wird hergestellt. Deshalb wird empfohlen, dass ihr wenigstens eine Stunde oder besser noch länger in Meditation sitzt, damit ihr den Zustand der eigentlichen Meditation erreicht und wenigstens ein paar Minuten meditiert. Mit dieser Meditation werdet ihr euch glücklich und aufgeladen fühlen und sie genießen.

Frage: In meiner Kindheit habe ich viel körperliche Gewalt durch meinen Vater erfahren und habe bis heute keine Rache geübt. Was können wir tun und wie können wir unsere eigenen Aggressionen handhaben?

Meister: Seht ihr, wenn jemand aggressiv ist, ist es nicht die Schuld des anderen. Alles beruht auf den Schicksalskarmas. In den vergangenen Leben haben wir dem anderen etwas zugefügt und hier in diesem Leben müssen wir dafür bezahlen. Aber sät keine neuen Saaten, mit denen ihr wieder neue Konten eröffnet! In den Schriften wird uns angeraten, jemandem, der uns auf die linke Wange schlägt, unsere rechte Wange hinzuhalten. Fühlt euch nicht geschlagen, sondern betrachtet es als die Möglichkeit, Karma abzuzahlen. Dies wird euch entlasten und für eure Verbindung mit Gott vorbereiten. Aber unser Gemüt ist, was diese Gesetze betrifft, so unwissend und beginnt sofort zu denken: „Wenn mir jemand einen Schlag versetzt, gebe ich ihm zehn Schläge zurück!" Nur dann ist unser Gemüt befriedigt und beruhigt. Es ist von der Negativkraft so gewollt, dass wir ein Karma bezahlen, um gleichzeitig die Saat für zehn neue Karmas zu säen.

Aber die entgegengesetzte Verhaltensweise ist auch in so vielen anderen Schriften beschrieben, und das ist das wahre Gesetz, das zweifellos schwer für uns zu befolgen ist, aber wenn ihr es schafft, wird es euch sehr viel nützen. Danach solltet ihr euch, nicht nur bei euren eigenen Familienangehörigen, richten.

Frage: Lieber Meister, wenn ich während der Sehmeditation einen Ton von der rechten Seite höre, soll ich mich dann diesem Ton zuwenden oder mich nur auf das Licht konzentrieren?

Meister: Gemäß den Meditationsanweisungen sollen wir eine Sache zu einer Zeit tun. Ihr könnt eure Aufmerksamkeit nicht gleichzeitig auf zwei Dinge lenken, denn dann ist sie geteilt und ihr werdet keinen Erfolg haben. Wenn ihr euch auf das Licht konzentriert und es kommt auch der Ton, was vorkommen kann, dann ist das nichts Schwieriges oder Seltsames. Es ist so, als ob ihr in eine Richtung geht und jemand kommt und gibt euch etwas Hilfe. So nehmt diese Hilfe als solche an, aber euer Ziel oder eure Richtung, in der ihr euch weiter fortbewegen sollt, bleibt die gleiche. Beachtet also dann den Ton nicht! Mag er auch weiter klingen, lasst es so sein. Aber eure Aufmerksamkeit sollte auf euren Konzentrationspunkt, das Licht, gerichtet sein.

Ähnlich verhält es sich mit dem Ton. Wenn ihr in Tonmeditation sitzt, findet eine so starke Reinigung statt, dass auch einige Dinge sichtbar vor euch erscheinen. Dann solltet ihr dem Tonstrom dankbar sein, dass er so wirkungsvoll und hilfreich ist und dank seiner Hilfe die Reise sehr gut vorangeht. Ihr werdet euch dann mehr mit dem Ton verbunden fühlen, weil sich aufgrund der Tonmeditation gute Ergebnisse einstellen. So fahrt weiter fort, euch am Tonstrom festzuhalten. Die anderen Ergebnisse werden weiterhin von selbst kommen und gehen. Macht euch um sie keine Sorgen!

Frage: Was sind die wichtigsten Eigenschaften, die jemand haben sollte, der im Werk Gottes arbeiten will oder schon arbeitet?

Meister: Das Allerwichtigste ist, auf das heilige Licht und den Ton zu meditieren. Das ist das Wichtigste, was wir tun müssen. Das zweite ist der Dienst im Werk des Meisters. Aber wir müssen auch unser weltliches Leben beachten. Wenn ihr irgendwelche Pflichten oder eine Arbeit habt, müsst ihr auch damit weitermachen, denn unser äußeres Familienleben und generell unser äußeres weltliches Leben sollen wir nicht vernachlässigen. All das muss aufeinander abgestimmt werden, und es hängt von eurer Klugheit ab, inwieweit euch das gelingt. Wenn ihr jedoch meditiert, werden diese Dinge alle von der Gotteskraft, der Meisterkraft gelenkt, und ihr werdet stillschweigend geführt. Es werden die entsprechenden Gedanken in euch aufkommen: was gut ist für euch, was nötig ist und wie es zu tun ist. Mit der Meditation auf Licht und Ton habt ihr eine wunderbare Führung und Hilfe, die in jeder Beziehung vollkommen und geeignet für euch ist und die euch immer zur Verfügung steht.

Frage: Lieber Meister, du sagst, wir sollten den inneren Meister finden. Heißt das, dass wir ihn im Inneren sehen müssen, oder kann es auch heißen, dass man ihn im Inneren fühlt?
Meister: Das hat nichts mit Fühlen zu tun. Gewöhnlich empfinden wir, dass das, was wir im Äußeren sehen, tatsächlich vorhanden ist. Der Meister ist im Inneren jedoch wirklicher und echter als das, was ihr außen mit euren äußeren Augen seht. Wenn ihr irgendjemanden oder den Meister mit euren äußeren Augen seht, seht ihr ihn nur, solange ihr ihn anschaut. Aber wenn der innere Meister kommt,wird er dableiben, selbst dann, wenn ihr nicht meditiert, sondern eure Augen geöffnet habt und mit dem inneren Meister nicht verbunden seid. Er wird euch nicht verlassen, denn er ist zu euch gekommen und hat eine wahrhaftige, echte Beziehung zu euch. So ist der innere Meister wirklicher; der äußere Meister dagegen ist nur etwas Vorübergehendes. Ihr werdet den inneren Meister viel wirklicher und echter sehen. Ihr empfindet zwar die äußeren Dinge als wirklich, aber die inneren sind viel realer.

Frage: Wenn der innere Ton alle 24 Stunden von oben und von rechts zu hören ist, muss dann das rechte Ohr auch verschlossen werden?
Meister: Wenn ihr auf den Ton meditiert, muss das rechte Ohr verschlossen werden. Nur das zählt als Meditationszeit, die ihr in euer Tagebuch eintragen könnt. Natürlich könnt

ihr, ohne die Ohren zu verschließen, auf den Ton, der von rechts oder von oben kommt, hören und ihn genießen, aber das ist nicht als Meditationszeit in euer Tagebuch einzutragen.

Frage: Wenn eine Seele die höchste Ebene erreicht hat, wird sie dann wieder in die Materie herabgeschickt, um wiedergeboren zu werden?

Meister: Wenn jemand sein Zuhause erreicht, wird niemand den, der lange Zeit verloren war und gelitten hat, wieder wegschicken, sondern er erhält die Erlaubnis, sich an seiner ewigen Heimat zu erfreuen, zu der er gehört. Es gibt jedoch einige Seelen mit einer besonders hingebungsvollen Einstellung, die wieder in diese Welt geschickt werden möchten, um den leidenden Seelen zu helfen. Aufgrund dieses Angebotes richtet Gott es dann ein, dass diese Seelen, ausgestattet mit besonderen Kräften oder Gaben und Aufträgen, wieder herabgeschickt werden, um den leidenden Seelen zu helfen. Aber es ist ganz klar, dass sie nicht hierher in diese Welt kommen, um Karma abzuzahlen. Sie leben nicht hier, um zu leiden, und sie gehen nicht zurück, um nach den Anordnungen der Negativkraft in Himmel oder Höllen zu gehen oder um gerichtet zu werden. Sie kommen hierher nach dem Willen Gottes, leben in dieser Welt beständig nach dem Willen Gottes und kehren zurück, wenn Gott sie zurückbringen möchte oder wenn sie selbst zurückkehren wollen.

Frage: Wie kommt der Teufel ins Dasein?

Meister: Den Teufel gibt es nicht wirklich. In Abwesenheit der Sonne ist es automatisch dunkel. So ist die Dunkelheit an sich nichts Wirkliches, sondern es ist nur die Abwesenheit von Licht. Aber auch die Dunkelheit hat ihre große Macht und Herrschaft. Wenn jedoch das Licht kommt, verschwindet die Dunkelheit automatisch. Die Dunkelheit aber kann das Licht nicht vertreiben. Solange Licht vorhanden ist, kann die Dunkelheit nichts ausrichten. Das bedeutet, dass das Licht existiert und Wirklichkeit ist, während die Dunkelheit nur die Abwesenheit von Licht ist. Das ist also das, was wir Teufel oder Negativkraft nennen. Ersetzt lediglich eure innere Dunkelheit durch das Licht Gottes, und es wird keine Negativkraft mehr geben.

Frage: Lieber Meister, ich möchte dir für alles danken. Wenn wir einen Menschen lieben, wie sollten wir ihn lieben? Wie ist die richtige Art, menschlich zu lieben, um Gott zu finden?
Meister: Das sind ja zwei Fragen. Die eine ist, wie sollen wir lieben, und die andere ist, wie finden wir Gott.

Wenn wir jemanden lieben, werden wir ihm kein Gift geben, auch kein süßes. Der andere mag uns vielleicht sogar um süßes Gift bitten, weil er nicht weiß, dass es Gift ist, sondern nur weiss, dass es sehr süß und gut schmeckt. Der Meister liebt alle seine Seelen. Was gibt er ihnen allen? Das Beste und Nützlichste ist, und das ist die Verbindung mit Gott. Damit ist einem am meisten geholfen und gedient, denn er ist ein Freund - der beste unter allen Menschen. Niemand auf der ganzen Erde kann freundlicher zu euch sein und euch mehr lieben als der Meister.

So sollte es sein. Wenn ihr dienen wollt, dann wollt ihr nicht nur einer oder zwei oder vier, fünf Personen oder nur eurer eigenen Familie dienen. Alle Leidenden, denen ihr begegnet, brauchen eure Hilfe und ihr solltet sie lieben; sie brauchen euer Mitgefühl. Versucht, ihnen vom Pfad zu erzählen und bringt sie mit dem Meister in Verbindung! Das ist die beste Freundschaft, die beste Liebe, mit der ihr diesen leidenden Seelen dienen und helfen könnt. Darum haben die Meister nicht empfohlen, dass ihr eure Familien lieben sollt. Nein, sie sagen, wenn ihr liebt, dann liebt euren Meister und bringt auch alle eure Familienangehörigen zu ihm, der die Quelle aller Liebe ist. Ihn könnt ihr lieben, nur seine Liebe sollt ihr empfangen.

Auch in der Bibel erklärt der Meister: „Ich bin in diese Welt gekommen, um den Mann von der Frau zu trennen, die Kinder von der Mutter, den Bruder vom Bruder", denn diese Beziehungen und die Liebe und die Verbindung in diesen Beziehungen sind nicht nützlich. Sie erzeugen Gebundenheit und karmische Lasten, die uns immer mehr verketten, uns immer weiter herabziehen und uns von dem wahren Leben Gottes abbringen. Doch die Art der Meister, uns voneinander oder von unseren Familienmitgliedern zu trennen, ist anders. Zuerst verbinden sie euch mit eurem Vater, Gott und seinem heiligen Reich. Dann werdet ihr immer mehr mit dieser großen Familie, der Liebe Gottes und den Segnungen im Reich Gottes verbunden, wodurch ihr euch automatisch nicht mehr so stark zu dem Niedrigeren, dem Geringeren hingezogen fühlt. Es findet also keine richtige Trennung statt, sondern es geschieht ganz von selbst, dass wir uns nicht mehr hingezogen fühlen.

Das ist die beste Freundschaft und die beste Art der Liebe, von der wir dann sagen können, dass wir jemanden lieben und wodurch man wirklich Segnungen der höchsten Art findet. Deshalb heißt es in allen Schriften: „Liebe deinen Vater Gott mit all deiner Seele, mit ganzem Herzen und mit ganzem Gemüt." Wenn ihr also jemanden liebt und ihm Gutes wünscht, dann erzählt ihm von dieser grundsätzlichen Lehre und helft ihm zu lieben, - nicht euch, sondern nur Vater Gott, den er mit all seiner Seele, seinem ganzen Herzen und seinem ganzen Gemüt lieben soll.

Fragen und Antworten in Jesolo

31. Mai 1998, Nachmittagssatsang Jesolo, Auswahl

Frage: *Lieber Meister, zeigen uns die inneren Erfahrungen unseren Fortschritt in der Meditation?*

Meister: Ja, bis zu einem gewissen Ausmaß zeigen sie uns, wo wir stehen. Aber es ist nicht notwendig, dass uns gezeigt wird, wo und was wir sind, denn es ist gefährlich für das Seelenkind, das für die direkte Verbindung mit Gott noch nicht stark genug ist. Die Schönheit, Herrlichkeit und die Verlockungen auf den niedrigeren Ebenen, vor allem der zweiten Ebene, sind sehr gefährlich, denn in diesen Ebenen, - der physischen, astralen und kausalen - haben wir noch das Gemüt. Bis zur obersten Grenze der zweiten Ebene hat das Gemüt noch eine beherrschende Auswirkung auf uns und es wird verrückt danach sein, die Freuden, die die Negativkraft in der zweiten Ebene, Brahmand, anbietet, zu genießen.

Die meisten von uns sind bis jetzt zur zweiten Ebene gelangt, denn in diesen drei Ebenen ist die Reise am schwierigsten. Es sind große Bemühungen nötig und auch der Einsatz von Zeit spielt eine bedeutende Rolle. Nichts darf der initiierten Seele in diesen Ebenen gezeigt werden, denn das wäre gefährlich. So sind die Initiierten oft niedergeschlagen, weil sie in der Meditation gewöhnlich nur mit Schlaf und Dunkelheit zu kämpfen haben. Manchmal jedoch, wenn ihr ein wenig verzweifelt seid, werden euch kleine Einblicke gewährt. Die Gotteskraft ermutigt euch und zeigt euch: „Da hast du etwas, sei nicht verzweifelt." Dieses gelegentliche Aufleuchten in uns dient unserer Zufriedenstellung und will uns sagen: „Du tappst nicht nur im Dunkeln. Du musst durch diese Dunkelheit hindurch, aber du wirst ganz sicher ein herrliches, ewiges Licht sehen, an dem du dich erfreuen kannst."

Die Negative Kraft hat das Leben in diesen drei Ebenen nicht nur erschwert, sondern sie schuf für die Initiierten noch besondere Schwierigkeiten, also für jene, die sich auf die Reise nach innen machen, um der Kontrolle der Negativkraft zu entkommen. Deshalb ist es für beide Seiten ein wenig schwierig, sowohl für den Meister als auch für die Initiierten, bis diese drei anstrengenden Ebenen durchquert sind. Setzt trotzdem allen Glauben in den Meister und macht weiter, unabhängig von eurer Verfassung und unabhängig davon, ob Dunkelheit, kleine Lichtblitze oder andere Dinge erscheinen. Fest steht, dass es auf jeden Augenblick, den ihr in der Meditation auf Licht und Ton verbringt, ankommt.

Frage: Mein Problem ist, dass mir die Meditationszeit nicht reicht, weil ich viel Schlaf brauche, vor allem in der Nacht und am Morgen. Am Tag muss ich mich um die weltlichen Aufgaben kümmern. Wie kann ich das verbessern?

Meister: Das kann man in den Griff bekommen. Versucht vor allem, abends früher zu Bett zu gehen und morgens früher aufzustehen, etwa um drei oder vier Uhr. Duscht euch und zieht euch nicht zu warm an, denn wenn sich der Körper zu sehr erwärmt, fällt er sehr leicht in Schlaf. Setzt euch nicht auf das Bett, sondern vielleicht auf den Fußboden oder auf einen Stuhl, wo man sich nicht hinlegen und schlafen kann. Auch ist es von Vorteil, abends etwas weniger zu essen. Versucht, noch vor Sonnenuntergang zu essen, denn die Sonne hat starke Kräfte, die helfen, das, was ihr esst, richtig zu verdauen, so dass es keine Schläfrigkeit oder Trägheit in eurem Körper hervorruft. Versucht auch, den Simran zu halten, wenn ihr in der Welt arbeitet, besonders während körperlicher Arbeiten zu Hause oder irgendwo anders!

In den Büros und an anderen Stellen, wo ihr geistig oder intellektuell arbeitet, ist es ein wenig schwierig, den Simran zu halten. Aber versucht, die Gegenwart des Meisters zu spüren! Das ist möglich. Des Meisters Gegenwart zu fühlen oder den Simran zu halten wird euch mit Energie und Kraft aufladen, und ihr werdet, wenn ihr nach Hause zurückkehrt, nicht müde sein. Manche Menschen meinen, mit Tee, Kaffee oder ähnlichem nachhelfen zu können, aber bitte lasst dies nicht zur Gewohnheit werden. Es gibt Leute, die sich durch Tee oder Kaffee etwas wacher fühlen, aber es gibt auch Leute, die damit sehr gut schlafen können.

Frage: Lieber Meister, meine Schwester ist seit einigen Jahren initiiert, aber sie ist vom Weg abgekommen. Sie isst auch wieder Fleisch. Kann ich oder meine Familie ihr helfen, wieder auf den Weg zurückzukommen, oder kann dies nur durch Vorleben unsererseits geschehen?
Meister: Ja, eure Lebensweise ist die beste Art, andere Menschen etwas Gutes zu lehren. Fahre fort, mehr zu meditieren, dann werden die Schwingungen, die von dir ausgehen, sie erreichen, und sie wird auf den Pfad zurückkehren. Wir können mit solchen Leuten auch darüber sprechen und versuchen, sie zu überzeugen, wenn wir mit ihnen zusammentreffen. Das ist die weltliche Art und Weise, jemanden im Gespräch vom richtigen Weg zu überzeugen. Aber wir haben auch die Gedankenkräfte. Wenn wir meditieren und dabei eine gewisse Verwirrung in unserem Kopf herrscht, wird sie sich durch die Gotteskraft legen. Im physischen Körper sind unsere Gedanken sehr schwach, doch wenn wir uns im astralen oder kausalen Körper befinden, sind auch unsere Gedanken sehr mächtig. Auf einer bestimmten Stufe jedoch, wenn wir über Brahmand hinausgelangen und bei Gott sind, werden unsere Gedanken tatsächlich so mächtig sein, dass

wir Veränderungen in der Welt oder auch bei unseren Familienmitgliedern damit bewirken können. Bis jetzt funktioniert dies allerdings noch nicht so, wie es sein sollte, weil die Negativkraft einen viel stärkeren Einfluss hat.

Es gab Zeiten und es wird sie auch wieder geben, in denen sich diejenigen von euch, die mit dem Meditieren schon weiter entwickelt sind, in die oberen Regionen erheben und von dort in der Lage sein werden, der ganzen Menschheit zu helfen. Es ist schließlich so, dass in der jetzigen Zeit eine Kraft herrscht, die alle Menschen auf der Welt verrückt macht, stört und nur in Dunkelheit hält. Es gibt keine Schulen, Hochschulen oder Institute, die Glücksspiele, Diebstahl, Raub und Hehlerei unterrichten. Doch diese Kraft wirkt automatisch so, dass sie jeden in diese reißende Strömung hineinzieht. Diese Strömung kann sich jedoch ändern, und es wird eine so wunderbare Schwingung entstehen, dass sich alle zur positiven Seite hingezogen fühlen und sich keiner mehr von der negativen Seite angezogen fühlt. Dies wird eintreten, wenn Gott in der Mehrzahl der Weltbevölkerung wohnt und nur noch eine Minderheit die Negativkraft oder Dunkelheit in sich trägt. Eure Familie Gottes muss gestärkt werden, und automatisch wird die Familie der Negativkraft schwächer.

Frage: Lieber Meister, ich bin schon auf Licht und Ton von einem anderen Meister initiiert und denke nicht, dass eine zweite Initiation durch dich notwendig ist. Kann es Schwierigkeiten oder Probleme geben, wenn ich mit deinen Schülern meditiere?

Meister: Seht ihr, in Amerika initiierte ich eine Frau, die vorher schon von 124 Meistern initiiert worden war. Sie schrieb mir in einem Brief: „Du bist der Hundertfünfundzwanzigste. Was geschieht mit meiner Beziehung zu den anderen Meistern?" Ich antwortete ihr *(der Meister ergreift seinen Stock)*: „Wer den stärkeren Stock hat, wird dich übernehmen. Die anderen werden in die Flucht geschlagen, und der Stärkste wird dich in seine Obhut nehmen." Es ist in Ordnung, lasse dich auch von mir initiieren, das macht nichts. *(Lachen)* Und dann genieße den ‚Kampf' zwischen den Meistern. Für dich entsteht dadurch keine Schwierigkeit.

Frage: Lieber Meister, ich habe zu Hause eine sehr schwierige Situation. Ich bin seit ungefähr zehn Jahren initiiert, mein Mann nicht. Ich muss für ihn Fleisch kochen. Es ist für mich schrecklich, diese Art Essen zuzubereiten, aber ich tue es. Aber was ist mit dem Karma, wenn ich dieses Fleisch kaufe und zubereite?

Meister: Das ist in Ordnung. Du kannst Fleisch kaufen, zubereiten und servieren, aber koste nicht selber davon. In unserer Familie müssen wir mit dieser Situation auf liebevolle Art und Weise umgehen, und das geht nur, wenn wir einander in Liebe dienen. Beim Zubereiten von Fleisch oder jeder anderen Speise können die Hausfrauen wirklich der ganzen Familie helfen, wenn sie dabei den Simran halten. Das Essen wird dadurch sehr stark mit der Meisterkraft aufgeladen, und wer davon isst, dessen Gedanken werden sich ändern und sich der Gotteskraft zuwenden - so wie der Meister auch oft mit seiner Kraft Speisen segnet, und wer davon isst, eine Reinigung seines Gemütes erfährt. Ähnlich wird auch euer Simran das von euch zubereitete Essen aufladen, und es wird auch eine Art gesegneter Speise.

Im übrigen werden die durch eure Meditationen hervorgerufenen Schwingungen die anderen Menschen erreichen und ihre Gemüter beeinflussen, so dass sie sich früher oder später wandeln werden. Je stärker ihr seid, desto schneller wird der Schwächere geändert. Das ist ein Gesetz. Nehmt etwas Parshad vom Meister; gewöhnlich wird gern gesegnetes Salz genommen, und fügt dem Essen immer etwas davon bei! Man braucht nur sehr wenig Salz zu verwenden; damit können dann jene gesegnet werden, die dieses mit dem gesegneten Salz versehene Essen zu sich nehmen. Man kann in so einer Lage auch den Meister um Hilfe bitten, und die Hilfe wird da sein.

Frage: Im Zusammensein mit Nichtinitiierten fühle ich mich oft geschwächt. Bei Menschen, die mir nahestehen und nicht initiiert sind, fühle ich mich sogar im Schlaf gestört. Mein Schlaf ist dann unruhig, unterbrochen. Was kann ich tun, dass mir meine Energie erhalten bleibt und ich diese Menschen nicht zurückweisen muss?

Meister: Seht ihr, das ist das Problem, das viele unserer Initiierten haben. In manchen Gegenden gibt es nur sehr wenige Initiierte, vielleicht einen oder zwei, und auch in den Familien sind oft nur ein oder zwei Mitglieder initiiert. Natürlich ist dann die Negativkraft, die in so vielen Menschen vorherrscht, stärker als die Kraft, die unsere Initiierten haben. Das ist der Grund, warum ihr gebeten werdet, den Satsang zu besuchen. Ihr solltet wenigstens einmal wöchentlich in eurer eigenen Familie sein und mit der Meisterkraft aufgeladen werden. Dann wird es euch etwa eine Woche lang möglich sein, den negativen Einflüssen durch die weltlichen Menschen standzuhalten.

Auch eure regelmäßigen Meditationen werden die Atmosphäre dort, wo ihr seid, reinigen. Jeder, der im selben Haus oder Gebiet wohnt wie ihr, wird von eurer Schwingung beeinflusst, während sich die Schwingung der anderen nicht auf euch auswirken kann, weil ihre Kraft schwächer ist als die eures Meisters. Es ist so, als ob ein Löwe bei einer Herde von tausend Schakalen auftaucht: Alle tausend werden davonlaufen, denn der Löwe ist stärker als sie alle zusammen. Genauso ist die Gotteskraft in euch sehr viel stärker. So versucht, sie zu entwickeln, und ihr werdet alle anderen beeinflussen können! Bis jetzt ist die Lage in der Welt noch sehr schwer, besonders für uns, und es ist schwierig, die Verbindung mit dem heiligen Pfad aufrechtzuerhalten. Solange wir nicht tatsächlich mit der Gotteskraft verbunden sind, hat die Mehrheit die Macht.

Wenn jedoch die Kraft Gottes in euch erwacht und ihr täglich drei, vier Stunden meditiert und immer an den Meister denkt, seid ihr stärker als selbst Millionen anderer. Dann könnt ihr den Wandel vollbringen und die Welt wird nicht mehr von der Negativkraft, sondern von der Gotteskraft beherrscht. Doch bis jetzt sind wir selbst noch sehr schwach in der Ernsthaftigkeit und Regelmäßigkeit, für die Meditationen die nötige Zeit einzusetzen.

Habt ihr keinen Feind, könnt ihr mit eurer geringen Kraft für euch allein leben. Habt ihr viele Feinde, die euch verletzen oder töten wollen, müsst ihr eure Kraft stärken, damit ihr den anderen überlegen seid und sie euch nicht überwältigen können. Daneben gibt es noch so viele unsichtbare Kräfte in feinstofflichen Körpern und in Kausalkörpern, die ebenfalls unseren Pfad sowie unsere Initiierten angreifen, entweder durch Nichtinitiierte oder auch direkt. Die Situation in dieser Welt ist sehr gefährlich; daran sollten wir immer denken.

Auch euer eigenes Gemüt kann euch vom Pfad abbringen. Menschen lassen sich initiieren - warum? Sie spürten in ihrem Herzen: „Diesen Weg des Lebens kann ich annehmen, er ist sehr nützlich." Aber nach einiger Zeit haben sich innere oder äußere negative Kräfte ihres Herzens bemächtigt, und sie glauben nicht mehr an diesen wunderbaren Weg des Lebens. Ich weiß, dass eine Zeit kommen wird, in der durch uns die Herrschaft der Gotteskraft so zunehmen wird, dass sie stärker ist als die Negativkraft. Dann werden nicht nur jene Menschen, die den Pfad verlassen haben, wieder zurückkommen, sondern auch fast alle anderen Menschen, die ihn bisher nicht begriffen haben, werden ihn verstehen.

Die Meisterkraft arbeitet intensiv daran, diesen Zustand herbeizuführen, aber die Mitarbeit von euch allen, ihr Lieben, ist dringend nötig; sie darf nicht vernachlässigt werden. Eure guten Herzen werden gebraucht, um der Menschheit mit diesem Weg des Lebens zu helfen, sei es in körperlicher oder finanzieller Hinsicht oder auf sonstige Weise.

Ihr seid die Mitglieder der Familie Gottes, ihr seid jetzt nicht mehr mit der Familie der Negativkraft verbunden. Ihr seid wirklich großartig und wundervoll und werdet für immer glücklich sein. Ihr seid eine solch starke Armee, dass ihr die Sieger sein und nie besiegt werdet. Wenn von den fünf Milliarden Menschen auf dieser Erde auch nur ein einziger Mensch vom Meister initiiert ist und dieser eine beginnt zu arbeiten, kann die Gotteskraft durch ihn wirken und erreichen, dass nach einer gewissen Zeit alle Menschen auf der Welt initiiert sind. Denn nicht einmal Millionen Menschen der anderen Kraft können euch etwas antun oder verletzen, aber ein einzelner von euch kann Millionen der anderen beeinflussen. Zweifellos erscheint die Negativkraft sehr hart und stark. Das ist sie auch, aber eigentlich doch nicht.

In der Geschichte der Spiritualität gibt es Beispiele dafür, dass jemand, der sich auf dem rechten Pfad befand, nicht von noch so vielen Verfolgern verletzt werden konnte. In der gleichen Lage befinden wir uns jetzt, denn wie viele sind wir denn schon in dieser Welt, die mit Negativem angefüllt ist. Aber wir werden sie ganz sicher besiegen, die anderen werden sich ergeben müssen, und wir werden in der Lage sein, sie auf den Weg des Lebens zu bringen.